D1937658

WIEN 1·9·0·0

KUNST ARCHITEKTUR & DESIGN

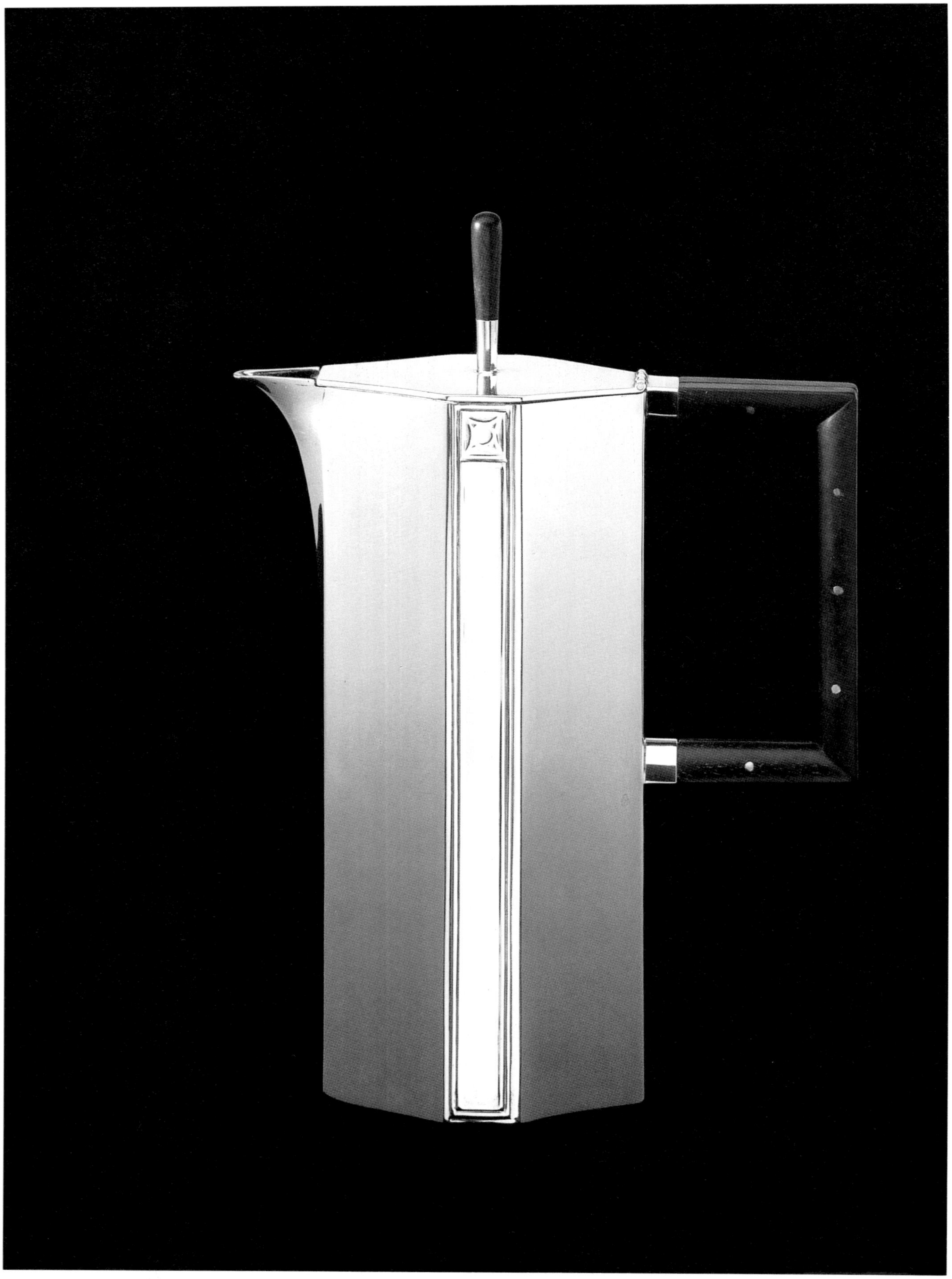

WIEN 1·9·0·0

KUNST ARCHI-TEKTUR & DESIGN

K. VARNEDOE

TASCHEN

Umschlag, Vorderseite: Gustav Klimt. *Judith I.* 1901. Öl auf Leinwand, 84×42 cm. Österreichische Galerie, Wien.
Umschlag, Rückseite: Otto Wagner. Postsparkassenamt. Haupthalle. 1904–06.
Frontispiz: Josef Hoffmann. Kaffeekanne. 1905. Silber, Ebenholz, 24,8×17,6×5,8 cm. Privatsammlung
Vignetten:
S. 13: Nach der Vorlage von Steven Schoenfelder
S. 23: Josef Hoffmann. Vignette für *Ver Sacrum.* 1899
S. 77: Koloman Moser und Josef Hoffmann. Zeichen der Wiener Werkstätte. Um 1903.
S. 147: Oskar Dietrich. Detail eines dekorativen Musters für eine Schale, die von Josef Hoffmann entworfen wurde. 1913.
S. 217: Josef Hoffmann. Detail eines dekorativen Musters für ein Weinglas. 1912.

Die Originalausgabe erschien in englischer Sprache, veröffentlicht vom Museum of Modern Art, New York

Übersetzung aus dem Englischen: Michael Koulen
Layoutbearbeitung: artcolor GmbH Verlagsservice, Hamm
Gesamtherstellung: Druckerei Ernst Uhl, Radolfzell
ISBN 3-8228-0059-7

INHALT

VORWORT

Die Ausstellung, die dieses Buch begleitet, hatte ihren Ausgangspunkt in der großartigen Schau Wiener Kulturgeschichte, die unter dem Titel *Traum und Wirklichkeit: Wien, 1870–1930* von März bis Oktober 1985 im Künstlerhaus von Wien gezeigt wurde. Wir sind den Initiatoren jener Ausstellung zu tiefem Dank verpflichtet für ihre Zusammenstellung des umfangreichen Materials und die Erstellung des sehr informativen Katalogs. Besonderer Dank gilt Herrn Hofrat Dr. Robert Waissenberger, Direktor des Historischen Museums der Stadt Wien, der das didaktische Konzept für *Traum und Wirklichkeit* entwarf, sowie Herrn Prof. Hans Hollein, dem Architekten jener Ausstellung. Trotz der Belastung mit ihrer eigenen Ausstellung und extremer Terminnot haben beide unser Unternehmen auf großzügige Weise mit Zeit, Rat und Ermutigung unterstützt. *Traum und Wirklichkeit* ist von der Stadt Wien finanziell unterstützt worden. Die Stadt, repräsentiert durch Herrn Dr. Helmut Zilk, Landeshauptmann und Bürgermeister von Wien, sowie Herrn Franz Mrkvicka, Amtsführender Stadtrat für Kultur und Sport, hat unsere Bemühungen um die Vorbereitung der New Yorker Ausstellung mit steter Hilfe begleitet. Besonders dankbar sind wir für die Unterstützung, die uns durch die Republik Österreich, speziell Herrn Dr. Heinz Fischer, Bundesminister für Wissenschaft und Forschung, zuteil geworden ist. Zum Regierungskomisär der Ausstellung im Museum of Modern Art wurde John Sailer berufen, ein langjähriger Freund, mit dem an diesem Projekt zusammenzuarbeiten unser besonderes Vergnügen gewesen ist. Seine Hilfe war von unschätzbarem Wert.

Ein großer Teil des Ausstellungsmaterials von *Traum und Wirklichkeit* ist auch in der Ausstellung im Pariser Centre Georges Pompidou *Vienne, 1880–1938: Naissance d'un siècle* gezeigt worden. Bei der Vorbereitung unserer eigenen Ausstellung konnten wir umfassend auf die großzügige Kooperation der Organisatoren jener Ausstellung, speziell von Jean Clair, Commissaire Général, und Martine Silie, Chef du Service des Expositions, zurückgreifen.

Die Vorbereitung unserer Ausstellung verlangte umfassende Recherchen in den reichhaltigen Sammlungen in und um Wien. Hier wurde unsere Arbeit unermüdlich von zahlreichen Museumsdirektoren unterstützt, die auch mit großzügigen Leihgaben zu unserer Ausstellung beigetragen haben: Hofrat Dr. Waissenberger, Historisches Museum der Stadt Wien; Hofrat Dr. Hubert Adolph, Österreichische Galerie; Hofrat Dr. Walter Koschatzky, Graphische Sammlung Albertina; Prof. Oswald Oberhuber, Hochschule für angewandte Kunst; Herr Peter Noever, Österreichisches Museum für angewandte Kunst; Hofrat Prof. Peter Weninger, Niederösterreichisches Landesmuseum; Herr Peter Baum, Neue Galerie der Stadt Linz/Wolfgang-Gurlitt-Museum sowie Herr Dr. Seipel, Oberösterreichisches Landesmuseum Linz.

Unsere Recherchen profitierten auch von der geduldigen Hilfe und den hilfreichen Vorschlägen zahlloser Mitarbeiter dieser Museen. An dieser Stelle geht ein besonderer Dank an Frau Dr. Erika Patka von der Hochschule für angewandte Kunst; an Frau Dr. Hanna Egger, Frau Dr. Angela Völker, Frau Dr. Elisabeth Schuttermeier und Herrn Dr. Christian Witt-Döring vom Österreichischen Museum für angewandte Kunst; an Herrn Dr. Günter Düriegl, Frau Dr. Sylvia Wurm, Frau Dr. Regina Forstner und Frau Dr. Renata Kassal-Mikula vom Historischen Museum der Stadt Wien; an Herrn Dr. Richard

Bösel vom Loos Archiv, Graphische Sammlung Albertina, sowie an Herrn Dr. Gerbert Frodl von der Österreichischen Galerie.

Für ihre besondere Unterstützung bei der Recherche sowie der Vermittlung privater Leihgaben möchten wir Herrn Dr. Paul Asenbaum und Frau Dr. Doris Langeder von der Österreichischen Postsparkasse sowie Herrn Dipl.-Ing. Rainer Pirker aus dem Architekturbüro von Prof. Hollein unseren Dank aussprechen.

Der International Council des Museum of Modern Art ist von Anfang an eine treibende Kraft bei der Organisation unserer Ausstellung gewesen. Wir danken Herrn Waldo Rasmussen, Direktor des Internationalen Programms, und Frau Elizabeth Streibert, Mitdirektorin, für ihre wichtigen Beiträge und richten unseren besonderen Dank auch an die Wiener Mitglieder des Council, Herrn Prinz Karl zu Schwarzenberg sowie Herrn Guido und Frau Stephanie Schmidt-Chiari, für ihre Unterstützung und Ermutigung; ein Dankeschön auch an Herrn Gregor und Frau Beatrix Medinger aus New York.

Von den zahlreichen Freunden, die uns bei unserem Projekt geholfen haben, geht unser besonderer Dank an Herrn Serge Sabarsky. Sowohl persönlich als auch durch die Serge Sabarsky Gallery hat er uns Informationen, Anleitung und Unterstützung von großem Wert zukommen lassen. Mit größter Selbstverständlichkeit stellte er uns nicht nur sein Wissen auf dem Gebiet der Wiener Kunst, sondern auch sein diplomatisches Geschick zur Verfügung, wofür wir ihm sehr verpflichtet sind. Für seine besondere Hilfe bei einigen Leihgaben danken wir Herrn Furio Colombo von FIAT, USA. Verschiedene kenntnisreiche Händler Wiener Kunst haben uns geholfen, entscheidende Leihgaben aufzuspüren und zu erhalten; wir mußten sie oft in Anspruch nehmen, doch sie waren stets geduldig und hilfsbereit. Frau Jane Kallir von der Galerie St. Etienne und ihre Mitdirektorin Frau Hildegard Bachert haben uns auf dem Gebiet der Malerei und Graphik entscheidend weitergeholfen. Die Herren Wolfgang Ritschka von der Galerie Metropol und Barry Friedman von Barry Friedman, Ltd., haben uns mit Informationen aus dem Gebiet des Designs versorgt und uns das Entrée zu zahlreichen Sammlungen verschafft. Auch Herr Frank Maraschiello von der Modernism Gallery hat uns geholfen. Ferner danken wir den Herren Max Protetch von der Max Protetch Gallery und Ian Dunlop von Sotheby, Inc., für ihre Hilfe bei der Bestimmung des Werts einiger Objekte. In Wien geht unser besonderer Dank an Herrn Dr. Paul Asenbaum; er half uns bei der Vermittlung von Leihgaben und stellte Photographien und Recherchenmaterial zur Verfügung.

Bei der Archivrecherche haben uns freundlicherweise die Herren William B. Walker und sein Assistent Patrick Coman von der Bibliothek des Metropolitan Museum of Art sowie Frau Friederike Zeitlhofer vom Austrian Institute unsere Arbeit erleichtert. Kooperation und bereitwillige Unterstützung des Austrian Institute sind von Anfang an sehr wichtig gewesen, und wir möchten in diesem Zusammenhang Herrn Dr. Wolfang Petritsch vom Austrian Information Service danken.

Einen ganz besonderen Dank schulden wir Herrn Ronald S. Lauder, einem der Treuhänder dieses Museums, der neben zahlreichen Sammlerinteressen, die er hat, auch ein leidenschaftlicher und kenntnisreicher Sammler der Wiener

Kunst jener Zeit ist. Ohne Herrn Lauders Enthusiasmus, seine Entschlossenheit, daß dieses Projekt realisiert werden sollte, und ohne seine großzügige finanzielle Unterstützung hätte die Ausstellung in New York vielleicht nicht gezeigt werden können. Auch den übrigen Mitgliedern der Familie Lauder – Jo Carole Lauder, Estée Lauder sowie Evelyn und Leonard Lauder – sei für ihre großzügige und zuvorkommende Unterstützung des Projekts herzlich gedankt.

Finanziell wurde die Ausstellung auch vom Federal Council on the Arts and the Humanities unterstützt, was uns zu großem Dank verpflichtet.

Wir danken Herrn und Frau Milton Petrie für die Ermöglichung der Reihe von Konzerten moderner Wiener Musik, die in Verbindung mit dieser Ausstellung stattgefunden hat. Die Idee zu dieser in Zusammenarbeit mit der 92nd Street Y realisierten Konzertreihe stammte ursprünglich von Frau Ethel Stein, der geschäftsführenden Assistentin des Direktors. Herr Omus Hirshbein, Direktor der Abteilung für Kunstaufführungen am 92nd Street Y, entwarf und plante dieses außergewöhnliche Programm mit großer Sachkenntnis.

Diese Ausstellung begleitet eine umfangreiche didaktische Broschüre in Zeitungsform. Ihre Produktion wurde durch die großzügige Unterstützung des *Star-Ledger,* Newark, New Jersey, ermöglicht. Wir möchten uns bei Frau Virginia Coleman, Direktorin der Abteilung für Sonderveranstaltungen, für ihre besondere Hilfe bei der Realisierung von Broschüre und Konzertreihe bedanken.

Die Organisation der Ausstellung gelang nur mit Hilfe der außergewöhnlichen Geschicklichkeit und Ausdauer des New Yorker Ausstellungsleiters, Herrn Kirk Varnedoe, Professor der bildenen Künste am Institute of Fine Arts der New York University und Adjunct Curator der Abteilung für Malerei und Skulptur des Museums. Mit verschiedenen Versionen der Ausstellung in drei Städten und sich überschneidenden Leihverpflichtungen waren die Vorbereitungen ungewöhnlich komplex, wenn nicht gar entmutigend. Herr Varnedoe überwand diese Schwierigkeiten mit Erfahrung, Sensibilität und viel Energie. Er fand sogar Zeit, den luziden Text für dieses Buch zu schreiben und die Illustrationen dafür auszuwählen. Wir zollen ihm unsere Anerkennung und schulden ihm wärmsten Dank.

Der entscheidende Beitrag zu jeder Ausstellung ist aber die Großzügigkeit der Leihgeber. Die zahllosen Privatpersonen und Institutionen aus Österreich, ganz Europa und den Vereinigten Staaten, die freundlicherweise dazu beigetragen haben, werden in diesem Buch an anderer Stelle aufgeführt. Wir sind ihnen unendlich dankbar, daß sie sich von ihren Kunstwerken für eine längere Zeit getrennt haben. Wir hoffen, daß das Ergebnis die vielen Opfer schließlich gerechtfertigt hat, und möchten ihnen unsere aufrichtige Verbundenheit aussprechen.

Richard E. Oldenburg
The Museum of Modern Art, Direktor

DANKSAGUNG

Zwei Personen, nämlich Diane Farynyk und Gertje Utley, haben mit mir an diesem Projekt besonders eng zusammengearbeitet, und ich verdanke ihnen mehr, als sich hier ausdrücken läßt. Frau Farynyk leistete übermenschliche Arbeit bei der Kontrolle der endlosen, unübersichtlichen und sich oft ändernden Checkliste der Leihgaben und -geber, was nicht nur umfangreichste Korrespondenz, sondern auch außergewöhnliche Beharrlichkeit im Detail erforderte. Gleichzeitig organisierte sie das für die Ausstellung und diese Publikation anzulegende riesige Photoarchiv und fertigte auch noch die Zeittafel für den Anhang an. Kraft ihrer herausragenden Fähigkeiten der Recherche hat mich Frau Utley mit einem Großteil der Literatur über Wien und die Wiener Kunst versorgt. Ihre Arbeit fand unmittelbaren Niederschlag in den Anmerkungen zu meinem Text, Frau Utley hat auch die Bibliographie für dieses Buch vorbereitet. Ohne die aufopferungsvolle Anstrengung, den unschlagbaren guten Humor und allgemein die professionelle Kompetenz dieser beiden Mitarbeiterinnen wären weder Ausstellung noch Buch möglich gewesen.

Ich danke auch Susan Forster für außergewöhnliche Anstrengungen bei der Koordination der Photographien und für ihre unschätzbare Hilfe bei der Dokumentation. Lisa Kurzner hat mir im entscheidenden Augenblick Beistand geleistet. Ruth Priever half in unzähligen Fällen bei Kommunikation und Korrespondenz.

Die Aufgabe, *Wien 1900* vorzubereiten, ist mir ursprünglich von William Rubin anvertraut worden, dem Direktor der Abteilung für Malerei und Skulptur; ich habe die ganze Zeit seine zuverlässige Unterstützung in sämtlichen Angelegenheiten genossen. Ich weiß es sehr zu schätzen, daß er mir immer wieder sowohl die wirkungsvollen Ressourcen seiner Abteilung als auch den Schatz seiner Erfahrungen und Einsichten zur Verfügung gestellt hat. Ich möchte auch Richard Oldenburg, dem Direktor des Museums, für alle Mühen danken, die er in die Förderung des Ausstellungsprojektes gesteckt hat, sowie für seine freundliche persönliche Unterstützung. Die Leiter der übrigen Abteilungen des Museums haben der Ausstellung Kunstwerke zur Verfügung gestellt und meine Bitten um Informationen und Beistand großzügig beantwortet. Namentlich geht mein Dank an Arthur Drexler, den Direktor der Abteilung für Architektur und Design; an Cara McCarty, stellvertretender Kustos derselben Abteilung; an Riva Castleman, die Direktorin der Abteilung für Druckgraphik und illustrierte Bücher; an Janis Ekdahl, den stellvertretenden Leiter der Museumsbibliothek, sowie an John Elderfield, den Direktor der Abteilung für Zeichnungen, der vor allem im Frühstadium der Verhandlungen um die Leihgaben sehr hilfsbereit war. Auch Carolyn Lanchner, Kustos für Malerei und Skulptur, die am Projekt der *Wien*-Ausstellung schon sehr früh entscheidend beteiligt war, hat mir enorme Hilfe geleistet. Cora Rosevear, stellvertretender Kustos für Malerei und Skulptur, hat mir bei besonderen Problemen mit den Leihgaben geholfen, und Rose Kolmetz, Forschungsberaterin beim Internationalen Programm des Museums, war bei den Übersetzungen eine große Hilfe.

Der Umgang mit den Leihgaben dieser komplexen Ausstellung verlangte eine besondere Hingabe von allen, die mit dem Transport, dem Schutz oder der Installation der vielen verschiedenen Objekte betraut waren. In dieser Hinsicht hat sich Lynne Addison, stellvertretende Registratorin, als besonders effizient und aufmerksam erwiesen. Sie hat dabei eng mit der Registratorin Eloise Ricciardelli und mit Elizabeth Streibert vom Internationalen Programm zusammengearbeitet, um den glatten Verlauf des Projekts zu gewährleisten. Ihnen allen meinen aufrichtigen Dank. Die schwierige Aufgabe, die Geldmittel und Versicherungen zu kontrollieren, betreute Richard L. Palmer, der Ausstellungskoordinator, der bei den auftretenden Änderungen und Verzögerungen sehr geduldig reagierte. Seine hilfreiche Unterstützung erfolgte stets mit großer Gelassenheit und allgemein geschätztem Humor. Ferner danke ich auch Marjorie Frankel Nathanson, Assistenzkustos für Malerei und Skulptur, und Lacy Doyle, Stiftungsverwalterin, für ihre Arbeit auf demselben Gebiet. Die vielfältigen Aufgaben der komplizierten Inneneinrichtungen lagen in den talentierten Händen von Jerome Neuner, dem Produktionsmanager des Ausstellungsprogramms. Er hat sich ihnen mit besonderer Hingabe und Gründlichkeit gewidmet; dabei hat er es nicht nur auf wunderbare Weise fertiggebracht, der Kunst ihre angemessene Umgebung zu schaffen, sondern er konnte auch alle am Projekt Beteiligten mitreißen. Auch den Mitarbeitern der Restaurationsabteilung muß ich danken, weil sie sich um Schutz und angemessenen Umgang mit den uns anvertrauten Leihgaben gekümmert haben. Philip Yenawine, Direktor der pädagogischen Betreuung, und die pädagogische Mitarbeiterin Emily Kies haben mit der ihnen eigenen Genauigkeit unsere Vorbereitungen für die Ausstellungstexte, Informationsschriften und Broschüren überwacht. Auch der Chefgraphiker James Faris hat seine beachtlichen Talente diesem Teil der Vorbereitungen gewidmet. Und die ganze Zeit über haben sich Jeanne Collins, die Direktorin der Abteilung Öffentlichkeitsarbeit, Jessica Schwartz, die stellvertretende Direktorin, und die Presseassistentin Deborah Epstein Solon energisch darum bemüht, die weiteste Verbreitung von Informationen über die Ausstellung zu gewährleisten. Auch dem Entwicklungsdirektor John Limpert jr. möchte ich für seine Anstrengungen danken.

Die Vorbereitung dieser Publikation war eine besondere Aufgabe, die häufig noch zusätzlich erschwert wurde durch die Wechselfälle beim Fortschreiten des Ausstellungsprojekts. Louise Chinn, die geschäftsführende Direktorin der Publikations- und Verkaufsabteilung, hat dieses anspruchsvolle Projekt überwacht; dabei haben ihr Harriet Bee, geschäftsführender Herausgeber, und Tim McDonough, Produktionsmanager, zur Seite gestanden. Mit großem Geschick hat Susan Schoenfeld den außerordentlich komplizierten Produktionsprozeß organisiert, bei dem James Leggio als Lektor fungierte. Auch Richard Tooke, der Leiter der Abteilung Rechte und Lizenzen, und Frances Keech, der Betreuer der Abdruckerlaubnisse, trugen ihren Teil bei, während Kate Keller, die leitende Fotografin für Kunst, und die Kunstfotografin Mali Olatunji unsere Vorbereitungen unterstützten. All diese Kollegen haben unter besonderem Zeitdruck gearbeitet und immer wieder das Unmögliche möglich gemacht. Ich bin ihnen allen, speziell aber James Leggio zu großem Dank verpflichtet, dessen wache Aufmerksamkeit meinem Text zahllose Fehler erspart und ebenso viele Verbesserungen beschert hat. Bewunderung und

Dank möchte ich auch Steven Schoenfelder aussprechen, der dieses Buch gestaltet hat und mit dem zusammenzuarbeiten ein großes Vergnügen war.

Viele Freunde haben mir dabei geholfen, Wien und seine Kunst besser zu verstehen. Schon früh überließ mir Christianne Crasemann-Collins ihre jüngsten Schriften zu diesem Thema. Auch Carl Schorske hat mir sehr geholfen mit seinen exzellenten Kenntnissen auf diesem Gebiet und seiner persönlichen Großzügigkeit und Ermutigung. Ich bedanke mich für die von Christopher Wilk vom Brooklyn Museum erteilten Ratschläge auf dem Gebiet des Designs. Rosemarie Bletter hat mir beim Studium und bei den Texten über Architektur und Design geholfen, und ihre Anregungen und Ermutigungen waren sehr wertvoll für mich. Einen besonderen Dank schulde ich Mme. Nele Haas-Stoclet und Mme. Jacques Stoclet für ihre wunderbare Großzügigkeit und Gastfreundschaft; sie stellten mir die ausgezeichnete photographische Dokumentation des Palais Stoclet zur Verfügung, die zu den herausragenden Beiträgen dieses Buchs gehört.

Besonderer Dank geht an alle, die mir nicht nur Zeit und Talent zur Verfügung gestellt haben, sondern mir auch unentbehrliche persönliche Unterstützung zuteil werden ließen. Von den schon im Vorwort erwähnten Freunden möchte ich hier noch einmal John Sailer erwähnen, mit dem zusammenzuarbeiten ein großes Vergnügen war, sowie Serge Sabarsky und Dr. Paul Asenbaum. Mehr als allen spreche ich einen ganz speziellen Dank jener kleinen Gruppe von Menschen aus, die von den Auswirkungen eines pausenlosen Termindrucks besonders betroffen waren und die mir durch seelischen und intellektuellen Beistand besonders geholfen haben: mein Bruder, Sam Varnedoe jr., Adam Gopnik und insbesondere meine Frau, Elyn Zimmerman, ohne deren Liebe, Geduld und Rat ich es nicht geschafft hätte. K. V.

In den Bildunterschriften erfolgt die Größenangabe in Zentimetern; dabei gilt die Reihenfolge: Höhe vor Breite vor Tiefe. Sofern nicht anders angegeben, sind alle Zeichnungen und Drucke auf Papier ausgeführt (angegeben ist die Blattgröße), und die Architekturzeichnungen sind nur vorbereitende Studien. Bei Büchern beziehen sich die Größenangaben auf die ganze Seite. Bei den Photographien von Gebäuden und Architekturskizzen wird die Stadt nur genannt, wenn das Gebäude nicht in Wien steht.

W

1900

Heinrich Lefler und Joseph Urban. Entwurf für einen Kalender. 1899. Bleistift, Tusche, Aquarell, Gouache und Tempera, 39,7×36,6 cm. Österreichisches Museum für angewandte Kunst, Wien. Der Entwurf enthält neben den Sternzeichen und der Aufzählung der Tagundnachtgleichen und der Sonnenwenden die Provinzen Österreich-Ungarns und deren heilige Schutzpatrone.

EINFÜHRUNG

Aus dem ölglatten Geist der zwei letzten Jahrzehnte des neunzehnten Jahrhunderts hatte sich plötzlich in ganz Europa ein beflügelndes Fieber erhoben. Niemand wußte genau, was im Werden war; niemand wußte zu sagen, ob es eine neue Kunst, ein neuer Mensch, eine neue Moral oder vielleicht die Umschichtung der Gesellschaft sein solle. Darum sagte jeder davon, was ihm paßte. Aber überall standen Menschen auf, um gegen das Alte zu kämpfen. Allenthalben war plötzlich der rechte Mann zur Stelle; und was so wichtig ist, Männer mit praktischer Unternehmungslust fanden sich mit den geistig Unternehmungslustigen zusammen. Es entwickelten sich Begabungen, die früher erstickt worden waren oder am öffentlichen Leben gar nicht teilgenommen hatten. Sie waren so verschieden wie nur möglich, und die Gegensätze ihrer Ziele waren unübertrefflich. Es wurde der Übermensch geliebt, und es wurde der Untermensch geliebt; es wurden die Gesundheit und die Sonne angebetet, und es wurde die Zärtlichkeit brustkranker Mädchen angebetet; man begeisterte sich für das Heldenglaubensbekenntnis und für das soziale Allemannsglaubensbekenntnis; man war gläubig und skeptisch, neutralistisch und preziös, robust und morbid; man träumte von alten Schloßalleen, herbstlichen Gärten, gläsernen Weihern, Edelsteinen, Haschisch, Krankheit, Dämonien, aber auch von Prärien, gewaltigen Horizonten, von Schmiede- und Walzwerken, nackten Kämpfern, Aufständen der Arbeitssklaven, menschlichen Urpaaren und Zertrümmerung der Gesellschaft. Dies waren freilich Widersprüche und höchst verschiedene Schlachtrufe, aber sie hatten einen gemeinsamen Atem; würde man jene Zeit zerlegt haben, so würde ein Unsinn herausgekommen sein wie ein eckiger Kreis, der aus hölzernem Eisen bestehen will, aber in Wirklichkeit war alles zu einem schimmernden Sinn verschmolzen. Diese Illusion, die ihre Verkörperung in dem magischen Datum der Jahrhundertwende fand, war so stark, daß sich die einen begeistert auf das neue, noch unbenützte Jahrhundert stürzten, indes die anderen sich noch schnell im alten wie in einem Hause gehen ließen, aus dem man ohnehin auszieht, ohne daß sie diese beiden Verhaltensweisen als sehr unterschiedlich gefühlt hätten.

Robert Musil, *Der Mann ohne Eigenschaften* (1930)[1]

Mit dieser Mischung aus erinnerter Leidenschaft und ironischer Distanz erweckte der österreichische Schriftsteller Robert Musil, gerade fünfzigjährig, die unbekümmerten Dogmen seiner Jugendzeit zu neuem Leben. Doch wenn wir heute Musil, Stefan Zweig oder die anderen Zeugen der Jahrhundertwende in Wien lesen, wird unsere sehnsüchtige Erinnerung unausweichlich überschattet von dem Gefühl, daß diese Zeit nicht nur vorbei, sondern irreparabel zerstört ist.[2] Zwar hat der Erste Weltkrieg Wien nicht als Metropole mit einer kreativen Funktion für ganz Europa vernichtet; doch hat er hier, mehr als in jeder anderen westlichen

Josef Divéky. Postkarte zum Jubiläum Kaiser Franz Josefs. 1908. 14×8,9 cm. Leonhard A. Lauder Sammlung.

Hauptstadt, einen endgültigen Bruch bewirkt. Der betagte Kaiser Franz Joseph starb 1916, und binnen nur zwei Jahren gab es seine Armee, die jahrhundertealte Habsburger Monarchie und das Reich nicht mehr. Im Jahre 1918 verschwand Österreich-Ungarn von der europäischen Landkarte, und Wien blieb nichts weiter als die Hauptstadt eines drastisch geschrumpften, völlig veränderten Landes Österreich. Im selben Jahr verstarben auch vier jener Männer, die für die kulturelle Energie der Wiener Jahrhundertwende besonders verantwortlich gewesen waren: der Architekt Otto Wagner, der Gestalter Koloman Moser sowie die Maler Gustav Klimt und Egon Schiele. Sicherlich konnten Musil und seine Zeitgenossen spüren, daß in dieser kurzen Zeitspanne eine ganze Welt voll alter Gewißheit, aber auch neuer Energien, verschwunden war und nie mehr ersetzt würde.

Rückblickend stellten die Überlebenden fest, daß ihre versunkene Welt stets sehr zweideutig und von untergründigen Strömungen bedroht gewesen war. Das Reich selbst schien bis in die Spitze hinein auf jener Art von Kompromissen aufgebaut gewesen zu sein, die Musils Erinnerung hervorruft; Kompromisse, bei denen widerstrebende Kräfte in trügerischer Eintracht gehalten wurden. Seit Franz Joseph seinen Thron im Gefolge der Revolution von 1848 bestiegen hatte, hatte er seine Macht mit einer ehrgeizigen neuen Mittelklasse teilen müssen, die sich weder von Thron noch Kirche bevormunden lassen wollte.

Im Jahre 1860 hatte sie ihm eine Verfassung aufgezwungen und die Kontrolle über die Hauptstadt entrissen. Als Folge der österreichischen Niederlage gegen Preußen wurde 1867 die Staatsmacht weiter eingeschränkt. Der entsprechende Vertrag war wieder so ein unhandlicher Kompromiß, der Budapest und Wien zu halbautonomen Partnern in der Doppelmonarchie Österreich-Ungarn machte, das sich von Venetien bis Rußland erstreckte und elf Nationalitäten mit beinahe ebenso vielen Sprachen umfaßte.

Diese Größe bedeutete nicht Stärke, sondern Instabilität, weil das buntscheckige Reich selbst den Mangel einer Seele spürte, einer kollektiven, durch Blut, Geographie oder Tradition bestimmten Identität. Auch die Mißgeburt der konstitutionellen Monarchie bot den nationalistischen Strömungen kein Gegengewicht, sei es nun in Form dynastischer Rechte oder der liberalen Werte der „universellen" Aufklärung. So standen sich am Ende des Jahrhunderts die germanischen und slawischen Fraktionen in gefühlsbetonter, unversöhnlicher Sehnsucht nach nationaler Trennung gegenüber. Dieser Konflikt manifestierte sich in gewaltsamen Auseinandersetzungen über die Frage der offiziellen Reichssprache und bewog schließlich den Kaiser, die Nationalversammlung im Jahr 1897 aufzulösen und selbst durch Verordnungen zu regieren.[3]

Die einzige Kraft, die alles zusammenzuhalten schien, war der Kaiser selbst, dessen scheinbar grenzenlose Lebensenergie die Wiener mit einer Reihe von Jubiläen (1879, 1898, 1908) immer wieder feierten. Noch zur Jahrhundertwende, also in der Blütezeit der von Musil erinnerten Optimismen, war es vielleicht nicht offensichtlich, daß sogar diese Stabilität eine gefährliche Illusion war, die in Widerspruch stand zu Geschehnissen in Franz Josephs Leben sowie auch in seinem Reich. Doch als sich die Herbstparaden des Jahres 1898 formierten und der Kaiser seinem siebzigsten Geburtstag entgegensah, während Musil noch keine zwanzig Jahre alt war, hatte sich die Sonne seines Reiches schon dem Horizont genähert. Franz Josephs einziger Sohn, der Kronprinz Rudolf, hatte 1889 im Jagdschlößchen Mayerling mit seiner Geliebten Selbstmord verübt. Die Kaiserin Elisabeth, die schwermütige „Sissi", war 1898 von einem Anarchisten ermordet worden, während sich Franz Joseph auf die Jubiliäumsfeiern vorbereitete. „Mir ist im Leben nichts erspart geblieben", sprach der Kaiser.[4] Aber es sollte noch schlimmer kommen; wie die Ereignisse von Sarajewo 1914 zeigten, war die Verwundbarkeit dieser Familie und die Unbeständigkeit ihres Reiches nicht der Stoff für ein Provinzdrama, sondern für eine globale Tragödie.

In der Erinnerung an Wien standen Musil und Zweig unter der rückwärtsgewandten Ahnung eines bösen Schicksals. Wenn wir jedoch diese Autoren heute lesen, verdoppelt sich unser Schmerz durch unser Wissen um das noch schlimmere Geschick, das ihnen mit dem Aufstieg Hitlers und der weltweiten Zerstreuung der Wiener Kultur in den 30er und 40er Jahren bevorstand. Unausweichlich erblicken wir das eine durch das andere hindurch und verkürzen die Geschichte perspektivisch, so daß das Jahr 1918 zur eigentlichen Apokalypse wird, vor deren Dunkelheit das Licht der von ihr beendeten Epoche um so heller strahlt. Die doppelte Optik vergrößert und verzerrt. Was um die Jahrhundertwende überall in Europa zu finden war – Weltschmerz und Zweifel des *Fin de siècle,* überschäumende Hektik, soziale Unruhe und wachsender Antisemitismus –, nimmt im Falle Wiens eine besondere Bedeutung an.

Zudem haben Nazismus und Zweiter Weltkrieg weit über das Jahr 1945 hinaus einen dunklen Schleier über das Studium der modernen deutschen – einschließlich der Wiener – Kultur geworfen. In diesem Sinn war das Wien der Jahrhundertwende dreifach „verloren", und seine wissenschaftliche und populäre Wiederentdeckung in den beiden letzten Jahrzehnten hatte etwas von der Erregung einer großen archäologischen Entdeckung. Man fand dabei eine fehlende Linie in der Genealogie der modernen Kultur. Studien über Sigmund Freud und die Entstehung der Psychoanalyse, über die Gedanken des Philosophen Ludwig Wittgenstein, über die modernen Komponisten Arnold Schönberg, Anton von Webern und Alban Berg sowie über den inzwischen neu bewerteten Gustav Mahler, über die Theaterstücke, Gedichte und Prosawerke solcher Autoren wie Arthur Schnitzler, Hugo von Hofmannsthal und Karl Kraus – all diese Fäden sind in den letzten Jahren zusammengelaufen und haben eine neue Faszination für die Stadt hervorgerufen, die diese Künstler und Gelehrten mit so gegensätzlichen Zeitgenossen wie dem Begründer der zionistischen Bewegung, Theodor Herzl, und dem jugendlichen Bewunderer der Kunst und Architektur, Adolf Hitler, teilten.

Nirgendwo ist dieses Wiederaufleben dramatischer verlaufen als in der Neubewertung des Wiener Beitrags zur frühen modernen Kunst. Vor dem Ende der 60er Jahre entstandene Geschichten der Kunst und Architektur kennzeichneten noch Paris als das Zentrum mit den Satelliten Berlin und München. Das Wien der Gemälde Gustav Klimts und Egon Schieles oder der Bauwerke Otto Wagners und Josef Hoffmanns galt für wenig mehr als die hübsche, aber unseriöse Provinzhauptstadt eines – höflich formuliert – ganz eigenen Geschmacks. Doch in den letzten Jahren sind gründliche Studien über all diese Künstler erschienen. Sie trafen auf eine Grundströmung neuerlicher Anerkennung, die die Auktionspreise solcher Künstler wie Klimt oder Schiele dramatisch in die Höhe trieb. Inzwischen erkennt man in dieser Malerschule einen wesentlichen Beitrag zur modernen Tradition. In ähnlicher Weise haben die Wiederentdeckung der Art deco und das Auftreten der postmodernen Architektur einen Wandel der Anschauungen bewirkt und zu einer allgemeinen Wertschätzung des Wiener Erbes geführt. Um Adolf Loos, den strengen Puristen unter den österreichischen Architekten, hatte sich stets ein Kult gerankt, doch in den letzten Jahren haben auch seine erklärten Feinde, Josef Hoffmann und die eher dekorativen Designer der interdisziplinären Wiener Werkstätte, neue Anhänger gefunden.

In dem Maße, wie dieser Erfolg der Wiener Kunst verknüpft ist mit der neuen Rolle Wiens in der historischen Vorstellungswelt, ist es ein gefährdeter Erfolg. Das ist gerade deswegen so, weil das neue Bild von Wien ein so mächtiger und potentiell entstellender Mythos ist. Jene verlorene Welt, die wir durch das Linsensystem eines Rückblicks aus dem späten zwanzigsten Jahrhundert betrachten, scheint uns inzwischen die klassische Verschmelzung von Dekadenz und Genie zu bieten: auf der einen Seite die sündigen Vergnügen der Opulenz und Sinnlichkeit des *Fin-du-monde,* auf der anderen die bekannte Fabel einer wehrhaften Avantgarde im entschlossenen Kampf gegen offizielle Ordnung und Tradition. Der „Sezessionsstil" der Kunst Klimts, Hoffmanns

Egon Schiele. *Arnold Schönberg.* 1917. Gouache, Kohlestift, 46×29,5 cm. Privatsammlung.

Carl Otto Czeschka. *Wissenschaft.* 1898. Feder, Tusche, 41,3×30,4 cm. Historisches Museum der Stadt Wien.

und der anderen jungen Wiener Künstler, die sich 1898 gegen das Establishment zusammenschlossen, ist oft in beide Richtungen zugleich ausgelegt worden. Und das untergründig lauernde, unausweichliche Schicksal – im Rückblick wissen wir, daß all dies nach kurzem Leben zu einem tragischen Ende kommen sollte – verleiht der Sinnlichkeit eine romantische Aura und Pathos dem Ringen um das Neue einen pathetischen Charakter.

Soweit die Folklore, oder noch direkter: das Klischee. Halb Athen, halb Babylon, das Wien vor dem Ersten Weltkrieg ist zum Archetyp einer untergehenden Gesellschaft geworden, in der großartige Errungenschaften in der zunehmenden Dämmerung aufleuchteten und die neue Musik fernen Donner übertönte – die „fröhliche Apokalypse" Hermann Brochs oder, wie Karl Kraus es ausdrückte, „ein Labor für das Experiment Weltuntergang".[5] Das sentimentale Wien einer früheren Generation – die Welt Johann Strauss' und der *Schönen blauen Donau,* des Wienerwalds und der Linzertorte – wurde von seinem modernen Äquivalent überlagert: der Welt eines Richard Strauss mit seinem *Also sprach Zarathustra,* einer Welt aus Genie und Neurose – leichtfü-

Gustav Klimt. *Tragödie* (Reinzeichnung für Blatt 66 des Vorlagenwerkes *„Allegorien, Neue Folge“*). 1897. Bunt- und Bleistift, Gold- und Weißhöhung, 41,9×30,8 cm. Historisches Museum der Stadt Wien.

ßiges Libretto, das von Spengler überarbeitet wurde. Es ist erwähnenswert, daß diese Betrachtungsweise in den 60er Jahren in Amerika zu besonderer Popularität gelangte, als Klimt-Poster in jedem Studentenwohnheim hingen. Nicht nur die proto-psychedelische Süße von dem Bild *Der Kuß,* sondern die gesamte Romantik Wiens – schwüle Sinnlichkeit inmitten eines aufgeblähten Materialismus, blühender Idealismus vor drohenden Kanonen – paßte zur Stimmung der Zeit.

Im engeren Feld der Kunstgeschichte hat sich das Wien der Vorkriegszeit zu einer anderen Art von Archetyp entwickelt: In klassischer Weise waren hier die Künste sowohl untereinander als auch mit den historischen, physischen und intellektuellen Umständen eng verbunden. Die Konzentration so vieler, auf den unterschiedlichsten Gebieten tätiger Erneuerer in einem dermaßen eng umschreibbaren Orts- und Zeitrahmen bietet ideale Voraussetzungen für eine interdisziplinäre Betrachtungsweise. Einige der erhellendsten Studien zur Wiener Kunst stammen in der Tat nicht von Kunsthistorikern, sondern von Geschichtswissenschaftlern, die die Arbeiten von Klimt, Wagner und anderen mit den damaligen politischen Umständen oder den Werken der Philosophen und Dichter jener Zeit in Verbindung gebracht haben.[6]

Doch diese Untersuchungen von Kunst in ihrem Umfeld stehen ebenfalls in einem bestimmten Kontext. Sie stehen neben spezifisch revisionistischen Rebellionen in der akademischen Kunstgeschichte der letzten zwanzig Jahre. Diese Rebellionen richteten sich gegen den als ahistorisch geltenden Formalismus, der die Voraussetzung für den orthodoxen, Paris-zentrierten Blick auf die Entwicklung der modernen Kunst bildete. So erhellend diese, die Umstände einbeziehende Sichtweise der Wiener Kunst der Jahrhundertwende auch gewesen ist, sie riskiert, selbst zu einem Klischee zu werden. Ihre künstliche, sentimental ansprechende Glattheit übersteigert manche Aspekte und verkürzt andere, wodurch entscheidende Unterschiede der verschiedenen Absichten und Leistungen verwischt werden. Der „Erfolg", den Wien in dieser Art von Kunstgeschichte genießt, birgt auch Gefahren und muß neu geprüft werden.

Eine entscheidende Rolle im Traum des untergegangenen Reichs spielt die Einheit. Doch die Vereinigung all seiner politischen und nationalen Fraktionen war ebenso utopisch wie die Harmonie all seiner künstlerischen Talente im *Gesamtkunstwerk*. Die neuere Archäologie Wiens folgt häufig den Spuren dieses Traums und entwirft noch einmal – postum und mit sehr verschiedenen Begriffen – das Ideal eines engen Bandes, das die verschiedenen Künstler untereinander und mit dem wesentlichen Geist ihrer Zeit und Wirkstätte verknüpft. Doch findet dieser Traum wieder innerhalb eines anderen statt, nämlich der Vision von einer nicht heimatlosen, sondern in eine wirkliche Gemeinschaft integrierten zeitgenössischen Avantgarde. So werden Klimt, Wagner und Loos einen glücklichen Augenblick lang zu Tischgenossen Freuds, Mahlers und Wittgensteins in einem imaginären Kaffeehaus jener Stadt, die „die Wiege der Moderne" war. Doch jene Art von tieferem Zusammenhang findet sich vielleicht eher zwischen unseren eigenen unerfüllten Sehnsüchten und jenen der Wiener Künstler, die wir studieren.

Das ursprüngliche Wiener *Gesamtkunstwerk* war im besten Moment ein blendendes, vorübergehendes Schauspiel. Doch seine – letztlich tödliche – Begrenzung lag in seiner Entscheidung für eine räumlich beschränkte Harmonie, die die auseinanderstrebende Vielfalt der größeren Welt ausschloß. Die neueren populärhistorischen Entwürfe eines Wien vor dem Ersten Weltkrieg leben von einer ähnlichen Erregung; auch sie vereinen eine Anzahl widersprüchlicher Strömungen des öffentlichen, akademischen und politischen Lebens der letzten Jahrzehnte zu einem wirkungsvollen, doch seichten Konzert. Mit der gleichen Beschränktheit riskiert der Wille, alle Wiener Ereignisse aufs engste miteinander und mit den örtlichen Umständen zu verknüpfen, den Rückfall in einen isolierenden Provinzialismus. Die Vision von einer Wiener Kunst, die den engeren Kontext einem weiteren vorzieht und unmittelbare Assoziationen über das breitere Urteil stellt – man stellt Klimt neben Freud, schließt aber z. B. Rodin aus –, kann dieses Risiko teilen.

Einer der wichtigsten Wege zum Fortschritt auf jedem geistigen Gebiet besteht darin, die Aufmerksamkeit vom Zentrum des Gegenstandes auf seine Randgebiete zu lenken, unterschätzte Traditionen neu zu bewerten. In der Kunstgeschichte konnte man diesen Prozeß miterleben in Form der erst kürzlich erfolgten Neubewertung von Ursprung und Bedeutung der Moderne, die einer veränderten Einschätzung der romantischen Tradition des Nordens folgte.[7] Vor allem muß dieser Blickwechsel das Zentrum verwandeln und nicht nur das Blickfeld aufsplittern, bevor man zu Ergebnissen gelangen kann. Wenn die neuerlich auf Wien gerichtete Aufmerksamkeit nur in einer intellektuellen Balkanisierung endet, in der Entstehung neuer Spezialgebiete für Wienexperten, dann hat sie etwas Bedeutendes versäumt. Wir haben eine Phase des Enthusiasmus erlebt, so wie in der Erinnerung Musils, wo entscheidende Unterschiede in Talent, Zielsetzung und Leistung aufgehoben waren im „schimmernden Sinn" eines neuen Bildes vom Wien der Jahrhundertwende.

Karte Österreich-Ungarns von 1914 mit den 14 Hauptprovinzen.

Inzwischen sollte die Künstlichkeit derartiger Verbindungen klarer geworden sein; einige ihrer Elemente sind wirkungsvoll und provozierend, andere hingegen seicht, konventionell und überbewertet durch ihre Assoziation mit stärkeren Nachbarn. Es wächst die Herausforderung, die Idee der „fröhlichen Apokalypse“ nicht weiter zu verteidigen, sondern zu zerlegen, um aus ihren Elementen etwas Ausgewogeneres und Weiterführendes zu lernen.

WIENER STADTBAHN
HALTESTELLE
AKADEMIESTRASSE
RECHTSSEITIGER
PAVILLON
PARENTER UHR
KREUZUNG
K.K. POLYTECHNI
CHEN JNSTITUTE
OTTO WAGNER
OBERBAURATH
WIENER
STADTBAHN
HALTESTELLE
AKADEMIESTR
PAVILLON MIT
TRANSPAREN
KREUZUNG V.
POLYTECH=
NISCHEN JN=
STITUTE
Hütteldorf-H.

ARCHITEKTUR

In Diskussionen über die Architektur der frühen Moderne konzentriert sich der Blick häufig auf das Innere der Gebäude, werden Materialien und zugrundeliegende Strukturen zum Angelpunkt der Geschichte erklärt. Aber in Wien gingen die interessanten Kämpfe um die Oberfläche. Eine Betonung von Fassade, Symbol und Dekoration – just der Dinge, die überwunden zu haben die Wiener besonders energisch behaupteten – war ihr besonderer Beitrag zum Modernismus.

Die modernistischen Polemiken fanden in Wien eine besondere Zielscheibe: die Ringstraße. Dieser breite Boulevard, der die Innenstadt umschließt, wurde um 1860 anstelle der alten Befestigungsanlagen angelegt und mit einer imposanten Reihe öffentlicher und privater Gebäude unterschiedlichster Neo-Stile besetzt: dem neogriechischen Parlament, dem neogotischen Rathaus, den neobarocken Wohnpalästen und so weiter (Abb. S. 26). Die Bauarbeiten dauerten bis in die späten 80er Jahre des neunzehnten Jahrhunderts, und da war die Straße schon dem allgemeinen Geschmack zuwider. Die eklektischen Fassaden wurden zu einer Metapher für die diskreditierte liberale Ära, die sie hervorgebracht hatte; sie wurden zum Symbol einer auf improvisierendem Pragmatismus aufbauenden Weltsicht ohne einigende Ideale, die lieber imitierte, als Neues hervorzubringen. Jeder nach vorn schauende Wiener der 90er Jahre hielt dies, aus verschiedenen und oft sich widersprechenden Gründen, für lähmend.[1]

Die Polemiken gegen den Ring speisten sich im allgemeinen aus zwei Glaubensquellen. Einerseits verlangte die Epoche ihren eigenen, einzigartigen und in sich geschlossenen Stil (das Motto der Wiener Sezession begann mit den Worten „Der Zeit ihre Kunst“). Daher mußten die auf dem Ring künstlich konservierten Traditionen weggefegt werden, damit das Neue entstehen konnte. Anderseits sollte der neue Stil der Architektur nicht aus Geschmacksgründen beigefügt, sondern aus Gründen der *Notwendigkeit* in sie integriert werden. Dieser *Nutzstil* sollte von etwas außerhalb der mit sich selbst beschäftigten Kunst bestimmt werden – den Naturgesetzen, den Anforderungen des Handwerks, dem Anspruch der Funktion – und in seiner Form diese Wurzeln offen bekennen. Kurz, wenn man die Tradition vergäße und die Stilisierung beendete, träte die moderne Form unausweichlich hervor.[2]

Derartige Argumente brachte die Moderne in ganz Europa hervor, aber nirgendwo stimmten sie weniger mit der Realität überein als in Wien. Nicht nur, daß die Wiener Bauwerke hinter der Rhetorik zurückblieben; häufig hatten sie einfach nichts damit zu tun und boten Lösungen für Probleme an, die die Polemiker nicht anerkannten. Ein Beispiel: Obwohl die Ringstraße oft als antiquiert gescholten wurde, bestand das wirkliche Problem in ihrer emporgekommenen Protzigkeit. Eher noch, als Traditionen zu verkörpern, verflachte sie diese und vulgarisierte praktisch alle großen westlichen Stile in einer Weise, die jungen Künstlern kein anderes Refugium mehr ließ als Japan oder Byzanz.

Gegenüberliegende Seite: Otto Wagner. Stadtbahn: Haltestelle am Karlsplatz. Perspektivansicht. 1898. Bleistift, Tusche, Aquarell, 65×46 cm. Historisches Museum der Stadt Wien.

Ansicht der Ringstraße. Um 1888. Von links: Parlament, Rathaus, Wiener Universität und Burgtheater.

Die Schwierigkeit war also nicht, diesen mißbrauchten Stilrichtungen zu entkommen, sondern einen frischen Zugang zu ihnen zu finden. Die Wiener Architektur brauchte kein Vergessen, sondern einen soliden *Ausgleich* zwischen dem neuen Geist und einem angemessenen Vorbild.

Entsprechend legt das Erscheinungsbild der Gebäude nahe, daß der der neuen Zeit verbundene Stil nicht von blinder Ehrlichkeit bestimmt werden konnte, sondern raffinierter Künstlichkeit, Gegensätzlichkeit und theatralischer Geste entspringen mußte. In der Tat tauchten maskenhafte Fassaden und kostümhafte Stile, die Sünden der Ringstraße, in veränderter Form wieder auf als Schlüsselelemente vieler Bauwerke des frühen 20. Jahrhunderts. Die Moderne stellte sich als etwas heraus, das eher ausgedrückt als einfach enthüllt werden mußte: ebensosehr ein Problem der Kommunikation wie der inneren Identität. Aus einer solchen Geschichte nur die Momente orthodoxer Reinheit herauszufiltern hieße, den Kern der Sache zu verfehlen. Auf echt Wiener Art sind die Zweideutigkeiten der Situation interessanter als ihre Gewißheiten.

Vier bedeutende Architekten arbeiteten in Wien zwischen den 90er Jahren und dem Ersten Weltkrieg. Zwei von ihnen, Adolf Loos und Josef Hoffmann, waren genaue Altersgenossen und lebenslange Gegenspieler. Die beiden anderen, Otto Wagner und Joseph Maria Olbrich, trennten einige Jahrzehnte, aber sie verband eine fruchtbare Zusammenarbeit. Während die Auseinandersetzung zwischen Loos und Hoffmann den Wiener Modernismus nach 1910 bestimmte, waren Wagner und Olbrich die Leitfiguren der Jahrhundertwende. Ihre ungleiche Verbindung, das Zusammentreffen eines geborenen Technokraten mit einem jugendlichen Romantiker, bescherte Wien die erste moderne Architektur.

Mitte der 90er Jahre arbeiteten beide an dem gigantischen Doppelprojekt, das Wagner gewonnen hatte: der Regulierung des überschwemmungsgefährdeten Donaukanals (Abb. S. 52) und der Errichtung eines neuen städtischen

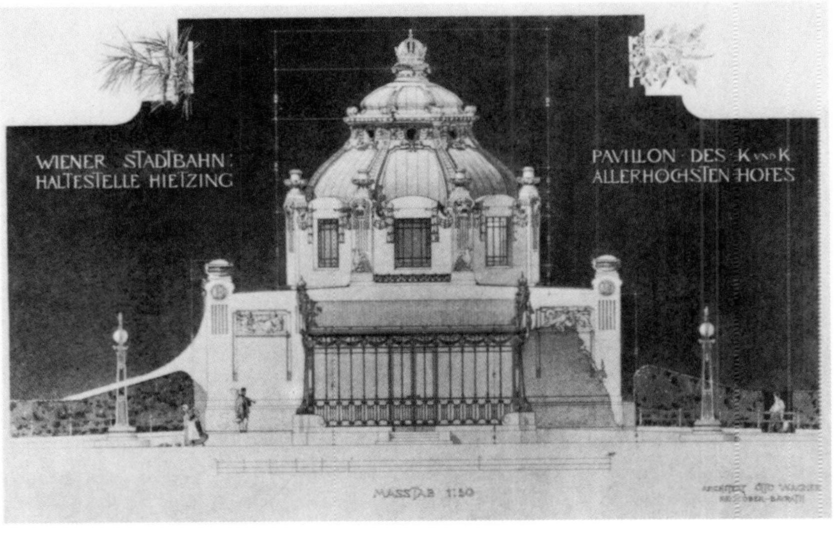

Oben: Otto Wagner. Nussdorfschleuse, Donaukanal. Perspektivansicht. 1894. Bleistift, Tusche laviert, 44,9×60,9 cm. Historisches Museum der Stadt Wien.

Mitte: Otto Wagner. Stadtbahn: Haltestelle Westbahnhof. Perspektivansicht. 1895. Bleistift und Tusche, 44,8 × 60,8 cm. Historisches Museum der Stadt Wien.

Unten: Otto Wagner. Stadtbahn: Haltestelle Hietzing; Pavillon des allerhöchsten Hofes. Vorderansicht. 1896. Tusche, Aquarell, Gouache, gespritzt, 45,3×69,9 cm. Graphische Sammlung Albertina, Wien. Diese Haltestelle wurde zur exklusiven Benutzung des Kaisers und seiner Familie entworfen.

Joseph Maria Olbrich. Villa Friedmann. Hinterbrühl. Kinderzimmer. 1898. Tusche, Bleistift, 16,5×14,7 cm. Kunstbibliothek, Staatliche Museen Preußischer Kulturbesitz, Berlin.

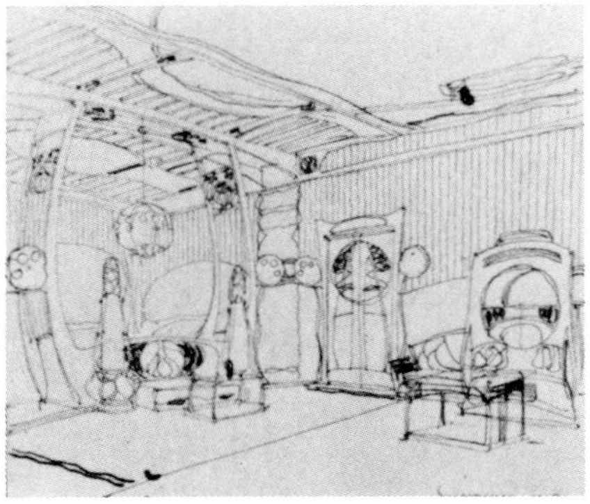

Joseph Maria Olbrich. David Berl Haus. Ansicht des Schlafzimmers. 1899. Tusche, Bleistift, Gouache, 23,3×23 cm. Kunstbibliothek, Staatliche Museen Preußischer Kulturbesitz, Berlin.

Schienenverkehrs-Systems, der Stadtbahn (Abb. S. 24, 30). Sie war die Antwort populistischer Politiker auf die Ringstraße und wollte von der bürgerlichen Betonung der Innenstadt die Aufmerksamkeit auf die Arbeitervorstädte lenken, die erst kürzlich eingemeindet worden waren. Trotz seiner beachtlichen Karriere bei Bauvorhaben im Stil der Ringstraße hatte sich Wagner für eine radikalere Modernisierung ausgesprochen; er kritisierte das Stilgemisch des Rings und das kurzsichtige Versäumnis, die Probleme des gesamten Stadtgebiets anzugehen.[3] Seit 1894 Professor an der Akademie der bildenden Künste, in seinen Fünfzigern gerade erst zu neuer Jugendfrische erwacht, war er genau der richtige Mann für die Aufgabe, die Stadt zu erneuern. Und in Olbrich sah er genau den Assistenten, den er brauchte: einen Prix-de-Rome-Studenten mit Berufserfahrung, großem Talent als technischer Zeichner und genügend Begeisterung.

Ihre Allianz war durchaus nicht selbstverständlich. Wagner war in Berlin ausgebildet worden, wo ihn eine lebenslange Vorliebe für Schinkels Klassizismus erfaßt hatte. Die neue Zeit erkannte er in Begriffen eines überlegenen Rationalismus, der seine Wurzeln in der Industrie und in neuen Materialien auf der einen, in der imperialen Tradition erzwungener Ordnung und Symmetrie auf der anderen Seite hatte. Olbrich hingegen stammte aus der Wiener Kunstgewerbeschule, die von dem Neoromantiker Camillo Sitte geleitet wurde.[4] Er zog das Handwerk der Industrie vor, und mit seinen eher der Natur als der Reflexion entsprungenen Formen versuchte er, an den Wurzeln und nicht an der Krone der westlichen Tradition anzuknüpfen. Diese gegensätzlichen Temperamente bargen potentiell unvereinbare Ästhetiken: Wagners eher strenge Geometrie und Olbrichs Neigung zum blühenden Jugendstil. Wagner, der etwas von der Phantasie des Jüngeren brauchte, um seinen Hang zur profanen Effizienz zu zügeln, liebte Olbrich wie einen Sohn und ermunterte ihn zur Mitarbeit. Olbrich wiederum schätzte Wagners Disziplin als Gegengewicht für seine eigene Tendenz zur träumerisch-dekorativen Extravaganz.

Zweifellos ist Olbrich verantwortlich für die geometrisch gebändigten Jugendstilornamente an einigen von Wagners Stadtbahnstationen (Abb. S. 30) und am Majolikahaus von 1899.[5] Dieser modische Besatz wirkt heute etwas altmodisch; das nach wie vor Moderne der Gebäude liegt wohl eher an Wagners Vermögen, jene neue dekorative Sprache in sein eigenes Verständnis von Tradition zu integrieren. Bei dem Majolikahaus und dessen Nachbarhaus zum Beispiel ist es die stromlinienförmige Komposition des Ganzen – eine durchgehende Flächigkeit verbindet die florale Kachelfassade mit ihrem mehr konventionell prunkenden Gegenstück –, die eher in die Zukunft weist als die offenbare Neuheit des Dekors. Die Stadtbahnstation am Karlsplatz (Abb. S. 24, 30) ist das exemplarische Beispiel eines Ausgleichs zwischen Trend und Tradition. Man vergleiche ihre sparsame weiß-goldene Symmetrie mit der dunklen Ornamentik der Pariser Metrostationen von Hector Guimard, und die Klarheit des Wiener Rhythmus wird sofort ins Auge springen. Seine Modernität entspringt einer Versöhnung der dynamischen Phantasie des Jugendstils mit der ursprünglichen Ruhe des Neoklassizismus.

Natürlich waren die Stadtbahnstationen relativ freie Stilübungen. Bei ihren unabhängigen Arbeiten an jeweils eigenen Projekten – Olbrich baute für die Wiener Sezession das Ausstellungsgebäude von 1898, Wagner nahm 1902 an der Ausschreibung für die Leopoldskirche am Steinhof teil (sie wurde von 1904–07 erbaut) – standen die beiden Architekten vor dem komplexeren Problem, eine Architektur zu schaffen, die außergewöhnlichen Zweck und unkonventionellen Ausdruck miteinander zu verbinden hatte. Von sehr verschiedenen Standpunkten ausgehend, erreichte keiner der beiden auf direktem Wege das erklärte Ziel: die natürliche Entsprechung von neuer Form und neuem Zweck.

So war es zwar nicht weiter schwierig, dem Sezessionshaus seine angemessen moderne *Funktion* zu geben. Die Sezession war eine Künstlergruppe, die sich von der älteren Künstlerhausgenossenschaft abgespalten hatte, die bis dahin

das Monopol für Kunstausstellungen in Wien besessen hatte. Das Programm der Rebellen versprach mehr und bessere Ausstellungen, und ihre Ästhetik verlangte nach einer Harmonie zwischen den Kunstgegenständen und dem umgebenden Innenraum. Um den ständigen Wechsel der Ausstellungen, die dieses Programm belegen sollten, zu erleichtern, entwarf Olbrich (ein Gründungsmitglied) einen mit Deckenlicht versehenen flexiblen Innenraum mit beweglichen Wänden.

Doch ein anderes Problem war, dem Gebäude einen entsprechenden *Ausdruck* zu geben. Ursprünglich plante es Olbrich in der Manier zeitgenössischer Ausstellungshallen – mit Fahnen und hohen Ziersäulen (Abb. S. 31)–, einer dem Zweck logisch angemessenen Form. Doch zum Schluß fand sich aller geschwätzige Pomp komprimiert zu einer absichtsvoll opaken, delphischen Feierlichkeit (Abb. S. 31). Als Reaktion auf die stereotypen Muster der Ringstraße suchte Olbrich mutwillig nach etwas der westlichen Konvention Fremdem, nach dem Geheimnis der Symbolisten, „der rätselhaften Spur des Gefühls.“[6] Die einer verschlüsselten Definition vorgezogene kryptische Suggestion sollte zeigen, daß hier der Instinkt und nicht das Wissen geehrt wurde.

Olbrich behauptete, diese Form weniger erfunden, als aus innerer Notwendigkeit heraus entdeckt zu haben. Er habe nicht an einen bestimmten Stil gedacht, sondern nur das Bedürfnis verspürt, „das Echo meiner eigenen Gefühle zu hören, die Wärme meines Empfindens zu kalten Wänden gefroren zu sehen.“ Auf künstlerische Tradition bezog er sich bewußt nur indirekt; er erklärte, die „hellen und keuschen“ weißen Wände entsprächen der jünglingshaften Haltung „einer reinen Würde, die mich überwältigte und schüttelte, als ich alleine vor dem unvollendeten Tempel von Segesta stand.“[7]

Der Geist der Sezession strebte also nicht nach dem Klassizismus selbst, sondern nach dessen Wirkung; nach Selbstdarstellung, allerdings nicht offen

Oben: Otto Wagner. Majolikahaus. Fassade. 1899.

Unten: Otto Wagner. Mietshaus Wien, Linke Wienzeile 38. 1899. Das Majolikahaus schließt sich links an.

Otto Wagner. Stadtbahn: Haltestelle Karlsplatz. 1898–99.

verkündet, sondern hinter einer archaischen Maske versteckt; es war eine erhabene, priesterliche Pose, um die jugendlichen und recht weltlichen Ansprüche zu veredeln. Die massige Fassade provozierte zeitlos hieratische Bilder (ein Spitzname war „das Grab des Mahdi"), und nur die Kuppel aus vergoldeten Lorbeerblättern deutete auf die neurasthenisch zarte Sensibilität, die sie beherbergte. Zu dem Geist pragmatischer Unbestimmtheit, der das Innere dieses Theaters der Kunstwerbung tatsächlich bestimmte, bekannte sich niemand. Diese Gespaltenheit steht in der Tat für die Sezession mit all ihren ungelösten Paradoxien. Indem er das Wandelbare in Schweigen hüllte, verkörperte Olbrichs Tempel den Versuch, die Aktivitäten einer Avantgarde mit der Aura ewiger Geheimnisse zu umgeben. Wie seine Erinnerung an die Vision von Segesta nahelegt, wo antiker Adel im Pathos privater Empfindung auferstand, wollte Olbrich auch einen entsprechenden modernen Mythos verwirklichen: heroische Entpersönlichung, die aus tiefer Subjektivität geboren wird.

In den 90er Jahren gab es den allgemeinen Konsens, daß die Architektur den modernen Menschen zu Höherem leiten müsse als zu dem bruchstückhaften Individualismus der liberalen Ära. Olbrichs Auffassung einer Einheit im Jugendstil markiert einen besonderen der möglichen Lösungswege. Er glaubte, jedes Bauwerk müsse die Fortsetzung einer einzigartigen Sensibilität sein. Wenn Architektur aus tiefem Innern käme, dann könnte die Gesellschaft Zusammenhalt gewinnen, freilich nicht durch Auslöschen der Subjektivität, sondern durch ihre Intensivierung, um die ursprünglichen Energien zu befreien.[8] Obwohl Wagner seinen Schützling und die Sezession insgesamt unterstützte (1899 trat er ihr bei), schlug er einen anderen Weg ein. Für ihn waren die Leitlinien der Architektur Objektivität und rationale Zweckmäßigkeit.

Insbesondere seinem 1895 erschienenen Buch *Moderne Architektur* verdankte Wagner seinen Ruf als Modernist, weil er hier seine rücksichtslose Gleichgültigkeit gegenüber allem Unpraktischen verkündete.[9] (Seine Reaktion auf die Ermordung der Kaiserin im Jahre 1898 bestand im Vorschlag der sofortigen Erneuerung der kaiserlichen Krypta, damit die Zuschauer besser sehen und die Bahrenträger sich freier bewegen könnten.)[10] Er war der Ansicht, ein Architekt habe vor allem auf die bis ins Detail gehenden funktionellen Ansprüche eines Hauses zu achten. Die Materialien müßten unter den Gesichtspunkten von Kosten und Erhaltung ausgewählt zu werden, und die

Joseph Maria Olbrich. Wiener Sezessionsgebäude. 1897–98.

Oben: Perspektivansicht. Vorentwurf. 1897. Bleistift, Feder, Aquarell, 18,7×11,6 cm. Kunstbibliothek, Staatliche Museen Preußischer Kulturbesitz, Berlin.

Links oben: Lorbeerlaub-Kuppel, Ausschnitt.

Links: Hauptfassade.

Strukturen sollten vor allem einfach und ökonomisch sein. Jeder Gedanke an die Form sei erst eine spätere und letztlich überflüssige Verfeinerung, da die nach solchen pragmatischen und reduktiven Ideen erbauten Gebäude unausweichlich einen der modernen Zeit angemessenen Stil aufweisen würden. Der Zusammenhalt der modernen Gesellschaft entstünde dann aus der, wie er es nannte, „ins Monumentale erhobenen Uniformität“, und die Individuen würden zu glücklichen Atomen in der Masse.

Der Kontrast zwischen Olbrichs und Wagners Ideen von Stil und gesellschaftlichem Zusammenhang steht für einen der klassischen Gegensätze jener Epoche: hier die Utopie vom Menschen, dort die von der Maschine; hier die Wiederentdeckung der geistigen und rituellen Bande einer Bruderschaft, die sich *Gemeinschaft* nennt, dort das Organisationsmodell einer kosmopolitischen, rationalen und säkularen *Gesellschaft.* Es überrascht nicht, daß sich Olbrich vor allem nach kleinen, naturverbundenen Gemeinschaften sehnte. Als sich 1899 die Gelegenheit bot, solch eine ideale Kolonie zu gründen, folgte er dem Ruf des Großherzogs von Hessen und zog von Wien nach Darmstadt.[11]

Wagner, der gerne in der Stadt für große Institutionen arbeitete, gewann in Wien zwei weitere wichtige Ausschreibungen, die ihm wie auf den Leib geschnitten waren. Die Ergebnisse entsprachen durchaus nicht seinen strengen

Otto Wagner. Kirche am Steinhof. 1904–06.

Vorschriften und beweisen, daß Wagner vor allem ein Talent als Friedensstifter besaß, der Dinge miteinander verband, die andere für absolut unvereinbar hielten: Vernunft und Religion, Technologie und Tradition, Ehrlichkeit und Kunstgriff. Derartige Kompromisse bestimmen die Qualität seines modernen Stils.

Das erste Projekt brachte ihn wieder mit der neuen populistischen Politik in Berührung, speziell mit der der Christlich-Sozialen, die von scharf rechtsgerichtetem Antisemitismus, aber progressiver Haltung in bezug auf die städtischen Dienstleistungen waren. Eins ihrer ehrgeizigsten Projekte war das eines großen Zentralsanatoriums für Geisteskrankheiten, das außerhalb von Wien liegen und – Tribut an den neuerstarkten katholischen Aktivismus der Partei – von einer Kirche (St. Leopold, bekannt als Steinhof-Kirche) für die Insassen gekrönt werden sollte. Die Kirche stellte Wagner vor eine beinahe unmögliche architektonische Aufgabe: die Welt der Gemütskranken auf humane Weise zu ordnen und eine kirchliche Tradition auf moderne Weise rational zu beantworten. Nachdem er die Ausschreibung 1902 gewonnen hatte, entstand ein umfassender Entwurf – einschließlich der Möbel, Fenster und Wände –, der eins der bedeutendsten Zeugnisse der übergreifenden Zusammenarbeit der frühmodernen Künstler Wiens darstellt. So entwarf Koloman Moser die Glasfenster und Remigius Geyling die Mosaike. Zugleich zeigt sich hier, daß Wagners Ästhetik weiter führte, als seine eigene Rhetorik erlaubte (Abb. S. 53–55).[12]

Im Einklang mit Wagners theoretischen Positionen war die Kirche aber auch von ausgesprochen wirkungsvoller Funktionalität, sowohl hinsichtlich des gesamten Konzepts als auch in den besonders sorgfältig geplanten Details. So hatte er errechnet, daß seine Kirche mehr Menschen mit Blick auf den Hochaltar pro verbautem Schilling fassen konnte als die anderen großen Wiener Kirchen. Die Bänke hatten runde Kanten gegen mögliche Verletzungen, und der gekachelte Fußboden wies zur leichteren Reinigung eine leichte Neigung auf. Andererseits bediente er sich auch traditioneller Elemente, wie etwa der goldenen Kuppel und der tempelartigen Fassade, die unmittelbar an die Autorität von Antike und Renaissance erinnerten. Das Eindrucksvollste ist die Verbindung von neuem Pragmatismus und alter Spiritualität zu einer Umgebung von moderner religiös-therapeutischer Stimmung.

Der hier verwirklichte Katholizismus ist nicht der aus der Ringstraßen-Zeit von 1860, als die Neugotik der Votivkirche als Stilvorgabe galt. Statt dessen verkörpert die Steinhof-Kirche eine Wiederentdeckung von Barock und Rokoko im Geiste der freudvoll geschmückten und erhellten Kirchen des

Koloman Moser. Entwurf für Seitenfenster, Kirche am Steinhof. Um 1905. Feder, Tusche und Aquarell, 86×113,3 cm. Österreichisches Museum für angewandte Kunst, Wien.

Otto Wagner. Kirche am Steinhof. Querschnitt. 1904. Bleistift und Tusche, 67,8×49 cm. Historisches Museum der Stadt Wien.

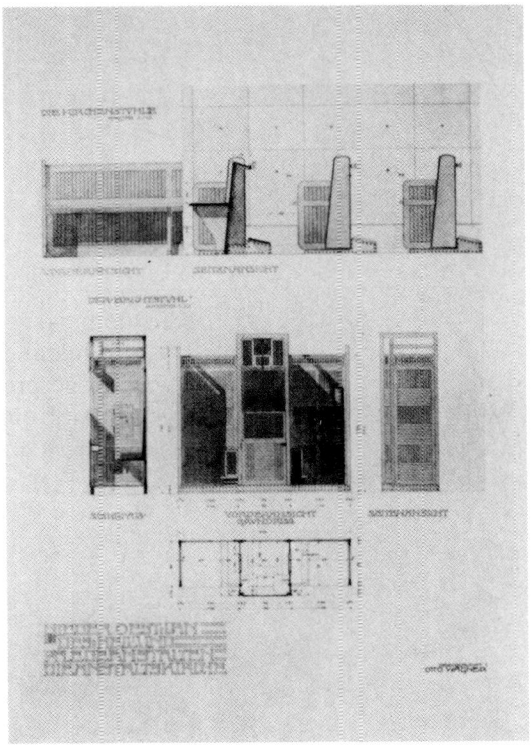

Otto Wagner. Entwurf für Kirchenbänke und Beichtstuhl. Kirche am Steinhof. 1904. Tusche und Aquarell, 68,5×47,8 cm. Historisches Museum der Stadt Wien.

Otto Wagner. Postsparkassenamt. 1904–06.

18. Jahrhundert, etwa eines Fischer von Erlach. Neue Konstruktionstechniken wurden verwendet, um die Elemente dieser Tradition herauszuarbeiten, zu verfeinern und neu zu definieren. Das noble, sich schwerelos wölbende Innere (Abb. S. 54) mit dem golddurchwirkten Weiß seiner gekachelten Wände und Decken ruft eine Übereinstimmung von Licht und Läuterung, von Reinheit und Göttlichkeit, von rationaler Organisation, Erlösung und Pflege hervor. Hier drückt sich nicht nur Wagners Hygienefetischismus aus, sondern, tiefer noch, sein Glaube, die moderne Vernunft könne alle Verunstaltungen beseitigen, die den Fortschritt der Menschen behindern. Die katholische Religion wird von jeglichem Makel, von dunklem Aberglauben und selbstherrlichem Pomp freigesprochen, sie wird in das neue Licht strahlender Klarheit und Ordnung gestellt als Verbündete, nicht als Feindin der reinigenden Kräfte der Moderne.

Die Steinhof-Kirche demonstrierte, daß der Stil der Vergangenheit ohne jeden Historismus aufgearbeitet werden konnte, und Wagners zweites großes Projekt, das Postsparkassenamt (erbaut in zwei Stufen: 1904–06 und 1910–12), folgte diesem Weg. Noch klarer als die Kirche zeigte die Bank, daß der Stil der Zeit ebenso eine Aufgabe der Vorstellungsgabe wie der Ingenieurkunst war, etwas, das eher sinnreich erschaffen als mechanisch aus der modernen Technik abgeleitet werden mußte. Bei diesem reinen Zweckbau ging Wagner, im Unterschied zu seinen Schriften, davon aus, daß durch bloßes Verleugnen der Geschichte ihr Platz nicht zugewiesen wird und daß Aufrichtigkeit nicht ausreicht, der Moderne Gehör zu verschaffen.

Wie bei der Kirche, wo Außen- und Innenwände erkennbar mit einem Furnier aus Marmor und Kacheln bedeckt wurden, besteht die „Aufrichtig-

keit“ der Bankfassade nicht darin, das Material des Untergrunds zu enthüllen, sondern in der offenen Zurschaustellung der Künstlichkeit seiner Maske. Indem die Marmorblenden in deutliche Segmente zerlegt wurden und die Köpfe der Befestigungsbolzen sichtbar blieben, wurde die Verkleidung als Verkleidung anerkannt – eine Rüstung aus dünnen Platten, die die massive Konstruktion auflockert und die Oberfläche mit einem pointillistischen Feld von metallischen Akzenten überzieht. Im unteren Bereich der Außenseite

Oben: Otto Wagner. Postsparkassenamt. Detail der Fassade. 1904–06.

Links unten: Otto Wagner. Postsparkassenamt, Armlehnstuhl. Um 1906. Holz mit Aluminiumbeschlägen, 77,2×57,5×57,5 cm. Barry Friedman Ltd., New York.

Rechts unten: Otto Wagner. Wandleuchte, Ausstattung für das Postsparkassenamt. Um 1906. Metall, 11,5 cm Durchmesser, 19,7 cm Tiefe, Privatsammlung.

Otto Wagner. Die Zeit, Depeschenbüro. Fassade. 1902 (zerstört; Modell in natürlicher Größe, 1984–85). Aluminium und Glas, 450×322 cm. Historisches Museum der Stadt Wien.

erinnern schwellende Steinbänder an traditionelles Bossenwerk. Doch das offenliegende Profil zeigt, daß auch sie nur aus einem oberflächlichen Relief dünner Platten bestehen (Abb. S. 35). Die versenkten Bolzenköpfe täuschen Massives vor, doch die Plattenelemente selbst widerlegen dies sofort: Das Gewicht eines urtümlichen Fundaments wird in einem Atemzug zitiert und aufgehoben.

Hier erklärt Wagner seine Distanz zu einer traditionellen Bauweise, aber nicht indem er ihre Elemente einfach verwirft, sondern indem er sie in offensichtlich verfremdeter Form zur stilistischen Oberfläche macht. Der trügerischen Kostümierung der Ringstraße begegnet er nicht mit einer Mißachtung ihrer traditionellen Formsprache, sondern mit der Offenlegung seiner selbstbewußten, experimentellen und transformierenden Beziehung dazu. Überraschenderweise erzeugen die modernen Elemente, die er der Tradition entgegengesetzt, oft selbst wieder ähnliche Theatereffekte. Obwohl die Bolzenköpfe der Bankfassade strukturelle Notwendigkeit signalisieren, sind sie in

Wirklichkeit ebenso dekorativ und symbolisch wie funktional. Die Bolzenschäfte bestehen nicht aus Aluminium; die glänzenden Köpfe sind nichts weiter als polierte Kappen, welche die moderne Geste unterstreichen sollen, die sich in den Aluminiumbeschlägen der Möbel, Sockel und Installationen des Innenraums fortsetzt.

Wie schon bei der Konstruktion der Kirche beruhten hier die Entscheidungen über Strukturen und Materialien ebensosehr auf Gründen der Ausdruckskraft wie der Sparsamkeit. Schon 1902 hatte Wagner bei der Gestaltung des Depeschenbüros „Die Zeit“ die Fassade mit reichlich Aluminium ausgestattet. Ihre hervorstehenden Nieten standen in aggressivem Kontrast zu jeder Tradition und ensprachen damit vollkommen der Tatsache, daß hier ja mit neuesten Nachrichten gehandelt wurde. Zwar wurden Aluminium und sichtbare Nieten auch bei der Postsparkasse verwendet, doch waren sie dort Teil eines Programms, das zugleich beruhigende Gediegenheit und Kontinuität ausdrücken sollte. Die einzige echte Fortsetzung der Ideen des Depeschenbüros „Die Zeit“ bilden die rein funktionalen Beschläge und Armaturen der Bank: die ernstgemeinten Lampenhalter mit blanker Glühbirne (Abb. S. 35) und besonders die auffallenden Warmluftgebläse in der Haupthalle (Abb. S. 61). Sie sind von so dramatischer Neuheit, daß sie die Formen wesentlich späterer Jahrzehnte vorwegzunehmen scheinen.

Otto Wagner. Zweite Villa Wagner. Perspektivansicht (Ausschnitt). 1912. Bleistift, Feder, Buntstift und Aquarell, 56,5×46,4 cm (insgesamt). Historisches Museum der Stadt Wien.

Es wäre nicht richtig, diese Beispiele industrieller Formgebung oder den Bahnhofstil der Haupthalle selbst (Abb. S. 60) als die einzigen Momente von Erneuerung im gewaltigen Komplex der gesamten Bank zu isolieren. Das Bemerkenswerte dieses Bauwerks ist nicht, wie jene Elemente von „High-Tech“ sich in den Vordergrund drängen, sondern wie sie integriert sind. Nicht nur die praktischen Aspekte des Gebäudes – ein eigens eingebautes Heizsystem hielt das Glasdach schneefrei, der Linoleumfußboden war durch eine leichte Schräge besonders leicht zu reinigen – zeugen von besonderer Aufmerksamkeit für das Detail, sondern auch die durchgängige Gestaltung aller Formen und Proportionen oder die Übereinstimmung von Bau und Möblierung (Abb. S. 35). Wieder einmal besteht Wagners Leistung in einer glückli-

Otto Wagner. Mietshaus, Neustiftsgasse 40. Perspektivansicht. 1909. Feder und Tusche, 40×30 cm. Historisches Museum der Stadt Wien.

chen Verbindung ungleicher Elemente; er fand neue Ausdrucksmöglichkeiten, indem er Dinge kombinierte, die ein engerer Geist für unvereinbar gehalten hätte. Dadurch, daß er der traditionellen Schönheit von Granit, weißem Marmor und poliertem Holz mit einigen ausgesucht modernen Materialien einen besonderen Akzent verlieh, fand Wagner genau die Note, die er diesem modernen Finanzpalast geben wollte.

Wenn die Postsparkasse nicht Wagners eigenen Gesetzen der Architektur zuwiderläuft, dann deshalb, weil hier nicht einfach ein Kern rationaler Modernität mit einer altmodischen Hülle umgeben wurde. Vielmehr wird Wagners Modernität hier ebenso von der erfundenen Symbolik der Aufmachung wie von dem mechanisch begründeten funktionalen Design bestimmt. Dies ist die wirklich problematische und interessante Botschaft des Bauwerks. Wagners Motto war das ernsthafte *Artis Sola Domina Necessitas* („Notwendigkeit ist die einzige Meisterin der Kunst"); doch wird in seinem *Nutzstil* die Erfindungsgabe häufiger zur Mutter der Notwendigkeit. In seiner Poesie eher als in seiner Pragmatik verwirklicht dieses gewaltige Gebäude Wagners ehrgeiziges Ziel, einen großen modernen Stil zu erschaffen.

Nach Bank und Kirche realisierte Wagner weitere, offensichtlich modernere Bauten, beispielsweise den streng schmucklosen Wohnblock der Neustiftgasse 40 oder seine zweite Privatvilla (Abb. S. 37), die zu seinen bekanntesten und geometrisch bestimmtesten gehören. Doch er erhielt keine Gelegenheit mehr, ein ganz großes Projekt zu verwirklichen, was zum Teil wohl auch an den Umständen lag. Viele seiner Vorschläge, so etwa sein Lieblingsprojekt eines historischen Stadtmuseums auf dem Karlsplatz, wurden durch die Ränke seiner Feinde verhindert, die er sich auf seinem Weg gemacht hatte. Er war zum

Otto Wagner. Idealentwurf für den 22. Stadtbezirk. 1910–11. Bleistift und Tusche, 60,5×81,7 cm. Historisches Museum der Stadt Wien.

Beispiel davon überzeugt, daß Erzherzog Franz Ferdinand, der die Steinhof-Kirche bei ihrer Einweihung sehr gallig kommentiert hatte („Maria Theresias Stil ist immer noch der beste", war die einzige Bemerkung des kaiserlichen Neffen), persönlich gegen ihn intrigierte.[13] Im Ausland wurde Wagner mehr geehrt als daheim. So wurde er zum Beispiel zum Präsidenten des Internationalen Architektenkongresses von 1908 gewählt. Die ihm widerfahrene Ungerechtigkeit, weniger die ungebauten Gebäude mag man beklagen, denn die Projektskizzen seiner letzten Jahre zeigen doch, daß seine Inspiration tatsächlich nachzulassen begonnen hatte.

Wagner war einer der letzten Architekten seiner Zeit, der ganz zwanglos nicht nur funktionalistischen Ansprüchen genügte, sondern darüber hinaus anerkannte, daß der Mensch auch nach Symbolen verlangt, die weder funktional noch rational sind – etwa in Form der goldenen Barockkuppel oder der dicken Bolzenköpfe aus Aluminium. Sein ganzes Werk beschäftigt sich mit dieser Balance, die ihm nicht immer mit gleicher Überzeugungskraft gelang. Bei der Nussdorfer Schleuse von 1894 (Abb. S. 27) hatte er kühn und erfolgreich die technische Funktion neben das keineswegs verklärende Ornament gestellt, so daß beide zu ihrem Recht kamen. Doch begann diese Kraft zur spitzfindigen Collage nachzulassen, als sich sowohl Tradition als auch Modernität in seinen monumentalen, synthetischen Tours de force der Postsparkasse und der Steinhof-Kirche etwas abschwächten. Als die traditionellen Formen nach 1910 an Bedeutung verloren und die Vision der Moderne programmatischer zu werden begann, gelang Wagner nur noch eine wesentlich weniger ansprechende Mischung von totem Klassizismus und totalitärem Rationalismus. Für einen Architekturkongreß, der 1911 an der Columbia Universität stattfand, entwarf er die „ideale" Anlage eines innenstädtischen Komplexes; hier liegen Bürokratie und Megalomanie beisammen und träumen von der nie endenden, mittelmäßigen Gleichförmigkeit – großzügig, geräumig, rational und geisttötend. Die Erinnerung an Schinkel verblaßt vor der Vorwegnahme Albert Speers.

Bis 1917 plante Wagner weiter an der Neugestaltung Wiens. Doch sein innerer Kompaß funktionierte nicht mehr, und der Mann, der so stolz auf seinen Sinn für das Großstädtisch-Praktische gewesen war, hatte offenbar den Kontakt zu einigen Aspekten der Realität verloren. Nachdem seine Frau 1915 gestorben war, begann er, ihr täglich zu schreiben. Einen gewissen Anhalt für das Maß seiner geistigen Isolation mag man aus einer Bemerkung erhalten, die er bei der Gelegenheit schrieb, als er die Konsequenzen der Ermordung Franz Ferdinands in Sarajewo erwog: „Ich denke, daß der Tod des Kronprinzen das größte Einzelhindernis beseitigt hat, das der Ausübung und weiteren Entwicklung der modernen Architektur in Österreich im Wege stand."[14]

Für die Wiener Kunst ist Wagner das gewesen, was der Kaiser für Österreich-Ungarn dargestellt hatte: die lebende Verkörperung von Allianzen, die andernfalls undenkbar gewesen wären. Josef Hoffmann und Adolf Loos zum Beispiel waren große Bewunderer Wagners, doch keinem von beiden gelang jenes Zusammenspiel von imperialem Klassizismus und industrieller Zuversicht. Weil sie nach einem absoluteren und unbekannteren Rationalismus verlangten, suchten sie die Quellen ihrer Inspiration außerhalb etablierter westlicher Traditionen, endeten aber in entgegengesetzten Zonen jenes Gebiets des *Ausgleichs,* das der gemeinsame Baugrund der ersten modernen Architektur Wiens war.

Hoffmann und Loos wurden im Verlauf eines Tages in derselben Gegend Mährens geboren, doch ihre Karrieren in Wien verliefen sehr unterschiedlich. Als Wagners Lieblingsstudent und Gründungsmitglied der Sezession hatte Hoffmann den richtigen Einstieg zum frühen Erfolg. Besonders nach Olbrichs Abreise nach Darmstadt wurde er zum bevorzugten Architekten der Unter-

Josef Hoffmann. Entwurf für ein Haus. Perspektivansicht. 1899. Feder, Tusche und Buntstift, 10,2×10,2 cm. Österreichisches Museum für angewandte Kunst, Wien.

Josef Hoffmann. Entwurf für eine Einrichtung. 1899. Feder, Tusche und Buntstift, 9,2×8 cm. Österreichisches Museum für angewandte Kunst, Wien.

stützer der Sezession, und ein exklusiver Kreis reicher Klienten überschüttete ihn mit Aufträgen. Als Professor an der Kunstgewerbeschule (seit 1899) und späterer Mitbegründer des Designkollektivs der Wiener Werkstätte war er tonangebend in allen modischen Fragen des gehobenen Wiener Geschmacks.

Im Unterschied dazu war Loos der ewige Einzelgänger, geboren eher um zu irritieren als zu gefallen. Nach dreijährigem Aufenthalt in Amerika kam er 1896 nach Wien und spielte sofort den Außenseiter. Ein früher Flirt mit der Sezession (er hatte die Ringstraße als „Potemkinsche Stadt" tituliert, was 1898 in der Sezessionszeitschrift *Ver Sacrum* veröffentlicht wurde) verblühte, und er wandte sein journalistisches Talent gegen sie. Abgesehen von einigen frühen Aufträgen zur Innengestaltung, machte er sich seinen Namen weniger als Baumeister denn als Kunstkritiker. Seine Freunde waren eher Literaten als Künstler, und sein engster Verbündeter war der nicht weniger bissige Kritiker der Wiener Sitten, Karl Kraus. Im Wetteifer mit Kraus, der eine Ein-Mann-Zeitung namens *Die Fackel* herausgab, produzierte Loos kurzzeitig ein eigenes Magazin, dessen Titel *Das Andere* prägnant seinen eigenen Standpunkt beschreibt. Der Untertitel lautete übrigens: „Eine Publikation, die die Kultur des Westens nach Österreich bringt."

Die Unterschiede der beiden Architekten in Temperament und Kunstauffassung waren klar, und die Geschichte hat sie vielleicht noch etwas schärfer herausgearbeitet. Nach der Lektüre von Loos' unwiderstehlich bissigen Kritiken an allem, was Hoffmann lieb war, haben spätere Leser Loos oft für den Vorkämpfer für Bauhaus und funktionalistische Moderne gehalten, Hoffmann hingegen – der kein Talent für Worte und wenig Hang zur Theorie besaß – für einen nur dekorativen Historizisten. Eine derartige Gegenüberstellung wird aber weder der Komplexität ihrer individuellen Karrieren noch den wirklich interessanten Punkten ihrer Nichtübereinstimmung gerecht.

Bei allen Unterschieden und gleichen Vorlieben beschritten Hoffmann und Loos zunächst beinahe denselben Weg. Beide sahen in den anonymen Produkten englischer und amerikanischer Handwerkskunst die Modelle einer modernen Form der Einfachheit. Und beide fanden sich in einem Zwiespalt zwischen dieser Bewunderung und der gegenläufigen Vorliebe ihrer Auftraggeber – wenn nicht gar ihrer eigenen – für hohes Raffinement und die Autorität hergebrachter Architektur. Ein neuerwachter Respekt vor der Kraft eines anonymen Volksstils trieb in die eine, ein neuer Sinn für elitären Individualismus in die andere Richtung. Beide Männer wollten diese Spannung ursprünglich mit denselben Mitteln auflösen: mit reduzierten, gereinigten Formen, die die geistige Verwandtschaft von Volkskunst und hoher Tradition aufzeigen und das Beste des angelsächsischen Handwerks mit dem Besten des griechisch-römischen Erbes verbinden sollten. Hoffmann und Loos stimmten absolut nicht überein, worin nun das Beste jener beiden Strömungen bestehe und wie die moderne Architektur ihre Einigung erzielen könne.

Hoffmann verehrte John Ruskin und William Morris und bewunderte das zeitgenössische englische Design, das stark vom Arts-and-Crafts-Movement beeinflußt war (C. R. Mackintosh, C. R. Ashbee, H. Baillie Scott, C. F. A. Voysey und andere).[15] Dieses Interesse war verbunden mit weitergehenden Ambitionen. Um 1900 entdeckte er in der angelsächsischen Handwerkskunst die Züge unbewußter Kreativität, die auch elementare Aspekte der Architektur berührten. In diesem speziellen Sinn kann auch ein kleines Landhaus für etwas sehr Großes gehalten werden.[16] Und als Hoffmann von 1900 bis 1902 für Künstlerfreunde vier Villen im englischen Landhaus-Stil baute, wollte er mehr als nur ihren sauberen Charme. Die kühle, offene geometrische Konstruktion dieser Häuser auf der Hohen Warte, einer Zone, die damals am Stadtrand von Wien lag, bildete eine Stufe seines Versuchs, einen absolut reduzierten, allumfassenden neuen Stil der Einfachheit zu erschaffen.

Die andere Seite der Gleichung zeigte sich etwa zur selben Zeit in seiner Einrichtung der 14. Sezessionsausstellung im Frühjahr 1902. Sie bildete den Höhepunkt des Strebens der Sezession nach einheitlicher Gestaltung in einem

Carl Moll. *Frühstück*. 1903. Öl auf Leinwand, 153,7×153,7 cm. Privatsammlung, mit Genehmigung der Barry Friedman Ltd., New York. Das Gemälde zeigt die Einrichtung der Moll-Villa, entworfen von Josef Hoffmann. Der Stuhl links ist von Koloman Moser.

Josef Hoffmann. Haus für Dr. Hugo Henneberg auf der Hohen Warte. Blick vom Vestibül zur Eingangstür. 1901–02.

Josef Hoffmann. Doppelhaus für Carl Moll und Koloman Moser auf der Hohen Warte. Gartenfassade. 1900–01.

Josef Hoffmann. Ausstellungsentwurf für Max Klingers *Beethoven* zur *Secession XIV*. 1902.

Oben: Mittelsaal (Wandgemälde: Alfred Roller, *Die sinkende Nacht*).

Mitte: Mittelsaal, Blick auf den Eingang (Wandgemälde: Adolf Böhm, *Morgengrauen*).

Unten: Linker Seitensaal (Wandgemälde: Gustav Klimt, *Beethovenfries*).

Zusammenspiel von Inszenierung, Malerei, Bildhauerei und Musik, um die angemessene Atmosphäre für die Beethovenskulptur des Leipziger Bildhauers Max Klinger zu schaffen.[17] Bei Klinger thront Beethoven in klassisch göttlicher Nacktheit auf felsigen Höhen, über der Reichweite des Adlers: ein triumphierender neuer Prometheus (siehe S. 155). Hoffmanns Innengestaltung setzte der Skulptur strikt quadratische Flächen von Schneeweiß und Gold entgegen, um die Haltung einer sublimen Verehrung dieses olympischen Genius auszudrükken. Im Ganzen und im Detail (am auffälligsten in den ausschließlich aus versetzten Rechtecken komponierten Friesen über den Türen[18]) verstärkte dieses Konzept die auf der Hohen Warte sich ankündigende rechtwinklige Ordnung zu fader Monumentalität.

Sowohl die Villen der Hohen Warte als auch die Beethoven-Installation entstehen vor dem Hintergrund besonderer ästhetischer und sozialer Strömungen jener Zeit. Zunächst repräsentieren sie Hoffmanns Teilhabe an einer allgemeinen Tendenz der Einschränkung und Zurücknahme, die Europa kurz nach der Jahrhundertwende durchströmte. Ein neuer Konservativismus wies den Glanz der tausendjährigen Ansprüche des Jugendstils zurück und zog das Frische und Monumentale dem Warmen und Intimen vor. Man suchte die Redlichkeit eines „objektiveren" Vokabulars und scharf definierter, häufig ausdrücklich klassizistischer Formen. Hoffmanns persönliche Inspirationsquellen – englische Häuser und Beethoven – waren nördlicher Abstammung; seine Rückkehr zum Klassizistischen folgte dem germanischen Imperativ, das kalte Wesentliche aus den Formen der mediterranen Tradition zu destillieren.[19]

Außerdem verweisen die Villen und die Ausstellung auf zwei Visionen von der beispielhaften Rolle des Künstlers in der neuen Ordnung. Die Kolonie auf der Hohen Warte spricht von der englischen Auffassung des Lebens eines Handwerker-Künstlers, der sich inmitten wohlgestalteter Annehmlichkeiten und gleichgesinnter Freunde bewegt; die Feier des Klingerschen *Beethoven* ehrt das nordische Ideal des kompromißlosen Genies, das sich von der weltzugewandten Menschheit löst. Das Ziel einer stilistischen Einfachheit, in der beides verschmelzen sollte – eine Allianz von Ruskin und Nietzsche –, hatte einen politischen Hintergrund. Es ging um den Versuch, kollektiven Sozialismus und eher anarchistischen Individualismus miteinander zu versöhnen. Dieser hatte eine potentiell gefährliche Seite: den Willen, es so erscheinen zu lassen, daß die emotional ansprechenden Werte der Volkskunst und das Absolute einer elitären Ordnung eine gemeinsame Autorität anerkennen. Hoffmanns frühe Visionen von Einheit und Klarheit, die diesen Drang zur Synthese widerspiegeln, waren inspiriert von einem der kulturellen Heroen seiner Generation, dem Komponisten Richard Wagner und dessen Ideal des *Gesamtkunstwerks,* bei dem der Künstler jeden Aspekt des Lebens gestaltete.

Auf der anderen Seite stand Loos und sagte nein zu alledem. Weltanschaulich kein Idealist, sah er klar, daß die Wagnerianische Fassung eines sentimentalen Idealismus die Gefahr der Unterdrückung in sich barg. In satirischen Angriffen zielte er auf Hoffmann und die Tyrannei eines Architekten als Gesamtdesigners[20]; er bemühte sich, die Rolle der Kunst bei der Gestaltung des Lebens eher zu begrenzen als auszuweiten. Wo Hoffmann versuchte, Grenzen – zwischen den Künsten, zwischen Kunst und Leben – zu verwischen, zog Loos klare Trennlinien, um die praktischen Funktionen von Gebäuden und Möbeln von den Launen der Ästhetik zu unterscheiden.

In beinahe jedem Punkt schöpfte Loos aus denselben Inspirationsquellen wie Hoffmann und traf dieselben Entscheidungen, doch handelte er aus einer völlig anderen Perspektive. Auch er hielt die Formen der angelsächsischen Tradition für Vorbilder einer modernen Lauterkeit des Designs Doch war er ein ausgesprochener Stadtmensch ohne Beziehung zur Arts-and-Crafts-Bewegung und ohne Verständnis für die latente Grandeur des Landlebens. An der anonymen Handwerkskunst interessierte ihn der Sinn für das kunstlos Praktische und die sich selbst verleugnende Zurückhaltung. Aber er entdeckte diesen

Josef Hoffmann. Ausstellungsentwurf für die *Secession XIV*. 1902. Rechter Seitensaal, Blick zum Ausgang (Skulptur: Max Klinger, *Athlet*; Säulenbekrönung: Ferdinand Andri; Supraporte: Josef Hoffmann).

Geist nicht nur in den anheimelnden Landhäusern, sondern auch im Milieu der modernen Großstadt: Zu seinen am meisten geschätzten Vorbildern gehörten Londoner Schneider und amerikanische Klempner.

„Engländer und Ingenieure", sagte Loos, „sind die Griechen unserer Zeit."[21] Diese Bemerkung zeigt, daß er, wie Hoffmann, die Tugenden anonymer angelsächsischer Praxis mit einem neuen Verständnis der Antike verbinden wollte. Doch sein Respekt vor der klassischen Tradition war eher technischer als sakraler Natur. Die Verehrung olympischer Genialität war ihm völlig fremd, und er hielt die Behauptung einer erfinderischen Originalität für eine eitle, narzistische Selbsttäuschung. Seiner Meinung nach lebte der attische Geist eher in der Zurückhaltung eines Engländers als in Beethovens buschigen Augenbrauen. Mehr als die Griechen bewunderte er noch die Römer, weil sie einfach die vorhandenen Stile angewandt hätten, ohne sich um Originalität zu bekümmern.[22]

In dem Maß, wie Loos das Handwerk ohne Sentimentalität und die Antike ohne Vergötterung ansah, hatte er auch eine gleichmütige Meinung von der Zukunft. In seiner passiven, ja beinahe fatalistischen Auffassung von Geschichte hielt er Künstler eher für Verhinderer denn Beförderer eines modernen Stils. „Die Sprache einer Zeit wird nicht erfunden", sagte er, „sie geschieht."[23] Gegen den Kult eines neuen Stils, den er bei der Sezession wahrnahm, argumentierte er: „Den Stil unserer Zeit besitzen wir schon. Man kann ihn überall dort finden, wo der Künstler... noch nicht seine Nase hineingesteckt hat... Kann man bestreiten, daß die Lederwaren dem Stil unserer Zeit entsprechen? Und unsere Bestecke und Glasarbeiten? Unsere Badewannen und amerikanischen Waschbecken? Unsere Werkzeuge und Maschinen? Und alles – ich wiederhole: alles, was die Künstler bisher noch nicht in die Finger bekommen haben!"[24] Nicht nur vom modernen, sondern von jeglichem Design enttäuscht, mißtraute Loos einer selbstbewußten Kreativität und war mithin weniger ein Vorläufer des Bauhauses als des Dadaismus.[25]

Ironischerweise war Hoffmann mit seinem geringen theoretischen Interesse und seiner Vorliebe für schlichtes Handwerk der unbeugsamere „Purist" (Wehe dem Auftraggeber, der ein Detail seiner Inneneinrichtung änderte!). Hingegen war Loos, der dogmatische Schriftgelehrte, in der Praxis viel entspannter und eklektischer bei der Erfüllung seiner Kundenwünsche (oft gab er den Rat, lieber gut gestaltete alte Möbel zu kaufen, als neue in Auftrag zu geben).[26] Während sich Rationalisierung nach Hoffmanns frühen Idealen zur Tyrannei auszuwachsen drohte, schien sie bei Loos dem Rückzug in starke

Oben: Adolf Loos. „Café Museum" Stuhl. 1899. Holz und Geflecht, 86,4×44,3×52 cm. The Museum of Modern Art, New York; Estée und Joseph Lauder Design Fund.

Rechts: Adolf Loos. Café Museum. 1899.

Josef Hoffmann. Sanatorium Purkersdorf. Perspektivansicht, Vorentwurf für die Westfassade. Um 1904. Feder und Tusche, 11×23,5 cm. Galerie Metropol, Wien.

Josef Hoffmann. Sanatorium Purkersdorf. 1904–06.

Links unten: Speisesaal, Zweiter Stock.

Unten: Eingangshalle.

Ganz unten: Terrasse vor dem Leseraum, zweiter Stock.

Zurückhaltung anheimzufallen. Hoffmanns Einfachheit wurde aus organisierter und auferlegter Reinheit geboren, während sie bei Loos einer pragmatischen Neutralität entsprach. Die Unterschiede zwischen beiden werden beim Vergleich zwischen Loos' Café Museum von 1899 und Hoffmanns Purkersdorfer Sanatorium von 1904–06 sichtbar.

Das Café Museum war 1899 ein kalter weißer Stoß ins Herz des Jugendstils. Obwohl die karge Fassade und das absichtlich weiträumige Innere dem Lokal den Spitznamen „Café Nihilismus" einbrachten, entsprang seine Ordnung keiner einfachen Negation, sondern einem Rückgriff auf die Sauberkeit des österreichischen Biedermeierdesigns der 30er Jahre des 19. Jahrhunderts und einer anglo-amerikanischen Inspiration (in einem Teil des Cafés hingen Illustrationen von Charles Dana Gibson). Die Einrichtung aus Holz und Messing, die Möbel aus gebogenem Holz und die Sitzanordnung selbst zielten weder auf ländliche Gemütlichkeit noch auf aristokratische Eleganz, sondern auf gleichmütige, bürgerlich-städtische Zivilisiertheit.

Während Loos' Verarbeitung existierender Modelle der Möblierung und Einrichtung seinen Zynismus gegenüber der Designreform zeigte, reflektierte Hoffmanns Ausstattung des Purkersdorfer Sanatoriums sein Streben nach totaler ästhetischer Kontrolle. Die strenge Monumentalität des Purkersdorfer Baus und das aggressiv Unkonventionelle der Einrichtung unterscheiden sich

erheblich von der anglo-biedermeierlichen Sparsamkeit Loos'. Hoffmann war in manchen Dingen etwas überempfindlich (er haßte häßliche oder unsaubere Hände und kontrollierte auch die seiner Köche[27]), und zweifellos glaubte er, daß die Strenge des Sanatoriums – das hygienische Weiß der Wände und die einfache Klarheit der Raumaufteilung etwa oder der Möbel Koloman Mosers – im Einklang mit den neuen vitalistischen Gesundheitsidealen von therapeutischer Wirkung stand. Obwohl es sich bei dem Sanatorium eher um ein luxuriöses Kurbad als um eine Zwangseinrichtung für Geisteskranke handelte – bei den Mahlzeiten galt eine strenge, formelle Kleiderordnung –, fordert es einen Vergleich mit Wagners gleichzeitig entstandener Steinhof-Kirche heraus. Dabei wird deutlich, wie drastisch Hoffmann bekannte Elemente der Architektur verleugnete, um zu den Wurzeln der Handwerkskunst zurückzukehren; so finden sich z. B. eher Anklänge an die schlichten, weißgetünchten Landhäuser, die er in Italien gezeichnet hatte, als an die Verfeinerungen komplexer Traditionen.[28]

Weder Hoffmanns noch Loos' frühe Versuche zur Einfachheit erzeugten einen *Nutzstil,* weil ihre Schlichtheit mehr der Bestätigung der Oberfläche als der Enthüllung zugrundeliegender Strukturen diente. Zwar waren sie im strengen Sinne nicht dem bloßen „Nutzen" verpflichtet, doch in einer anderen Hinsicht waren sie nicht ausreichend: Die Reduktion erwies sich bei beiden als eine frühe Geste, die später überwunden wurde, als eine notwendige Vorbedingung, aber nicht als endgültiges Ziel. So war die Vorliebe für freie Flächen ein Ausdruck der Ernsthaftigkeit ihrer neuen Objektivität, eine Zurückweisung des Geschmacks des *Fin de siècle,* der ozeanische Unbestimmtheit für das Zeichen innerer Tiefe hielt. Für Hoffmann bildete sie aber auch den Ausgangspunkt für eine neue Art von dekorativem Spiel; bei ihm machte die Reduktion auf das geometrisch Elementare die glatte Fläche beinahe sofort wieder frei für eine Neuentdeckung des Ornamentreichtums mittels Wiederholung oder Überschneidung.[29]

Die subtile graphische Flächenaufteilung der Fassade von Purkersdorf erzeugte eine kartenhausähnliche Wirkung, in der Volumen und Oberfläche subtil voneinander getrennt wurden. Die nächste größere Arbeit Hoffmanns war das außergewöhnliche Haus, das er für Adolphe Stoclet in Brüssel baute. Auf seiner Fassade markierten vergoldete Gesimse ein Netz weißer Rechtecke, deren scheinbar schwereloses Zusammenspiel an die Friese der Beetho-

Josef Hoffmann. Palais Stoclet, Brüssel. 1905–11.

Ganz oben: Musikzimmer (Skulpturen: Georges Minne; Gemälde: Fernand Khnopff: *Ich schließe mich selbst ein*).

Oben: Gartenfassade.

Rechts: Fassade zur Straße.

ven-Ausstellung von 1902 erinnerte. In der passiven Statik eines, wie Eduard Sekler es nannte, „gleitenden Glissandos“[30] weicht der trockene Ernst des Purkersdorfer Baus einem verträumten Raffinement. Der Klassizismus hatte das nordische Ideal des Starken und Rationalen aufgegeben und sich der köstlichen Mystik des Ostens hingegeben. Selbst wenn die Konzeption des Palais Stoclet ihre Wurzeln in der Wertschätzung der zeitgenössischen englischen Handwerkskunst hatte, zum Schluß erlag sie dem Glanz des Orients. (Pallas Athene, die griechische Göttin der Weisheit, stand über dem Hauseingang, und Ganescha, die elephantenköpfige indische Gottheit, überragte die Ostseite.)[31]

Das Innere des Palais Stoclet schwelgte in bis dahin unbekanntem Luxus (Abb. S. 64–73). Da ihm sein reicher, kunstsinniger junger Auftraggeber freie Hand gelassen hatte, konnte Hoffmann in seiner neu gegründeten Wiener Werkstätte die talentiertesten Handwerker mit den kostbarsten Materialien arbeiten lassen. Das Ergebnis war eine Symphonie der Kostbarkeit mit eigens gewebten Teppichen auf mit Einlegearbeiten versehenen Fußböden, mit ziegenledernen Sitzbezügen und mannigfaltigsten Einlagen aus Marmor, Onyx oder Malachit in den Wänden, die im Licht der Kristallüster funkelten (Abb. S. 67, 70). Doch wirkte dies alles nicht protzig; das reiche Spiel der Einlegearbeiten und natürlichen Muster der Steine und Hölzer war auf die glatten Flächen einer vornehm proportionierten und logisch arrangierten Raumordnung beschränkt. Es war Hoffmanns Ziel, das Luxusideal einer Kundschaft zu verwirklichen, die sich von der dekorativen Schwerfälligkeit der Ringstraßenära abgestoßen fühlte, gerade so, wie er das Erbe der Klassik einem Geschmack nahebringen konnte, der sich vom Historismus abgewandt hatte. Purkersdorf war der erste Schritt in diese Richtung gewesen, von dem aus ein neues Vokabular entstehen konnte, mit dem sich die bis dahin abgelehnte Üppigkeit neu ausdrücken ließ.

Im Prozeß der Übersetzung jedoch veränderte sich etwas. Die Opulenz des Palais Stoclet verdrängte die forsche Zuversicht zugunsten einer verschwiegenen Innerlichkeit. Während Athene an der keuschen Fassade die griechische Würde symbolisierte, bildeten zwei Kunstwerke im Innern Ikonen des spätsymbolistischen Solipsismus: der sich selbst umarmende Knabe George Minnes und Fernand Khnopffs *Ich schließe mich selbst ein,* das in einem altarähnlichen Möbel im Musikzimmer aufbewahrt wurde (Abb. S. 68). Und die Krönung des Ganzen, das märchenhafte Mosaik aus Stein und Glas, das Gustav Klimt für das Eßzimmer entworfen hatte, erinnerte an ekstatische Liebeserfüllung inmitten der Ranken persischer Gärten (Abb. S. 70–73). Wenn man sich nun noch vorstellt, wie die Stoclets selbst ihre Abendgarderobe sorgfältig auf die Einrichtung abstimmten[32], vollendet sich der Traum einer exklusiven, nach innen gekehrten Harmonie von Kunst und Leben.

Gegen solchen Ästhetizismus trat Loos wie ein moderner Savonarola auf und predigte asketische Zurückhaltung als den wahren Glauben des neuen Menschen. Sein bekanntester Essay, *Ornament und Verbrechen* von 1908 (während das Palais Stoclet gerade gebaut wurde), feuerte eine Breitseite moralischer, ökonomischer und evolutionärer Argumente gegen jegliche Dekoration.[33] Loos hielt den Tod traditioneller ornamentaler Handwerkstechniken und das Fehlen eines neuen dekorativen Stils für eine historische Unausweichlichkeit, die man eher begrüßen als beklagen sollte. Er argumentierte nicht schlechthin für die Vorzüge der Verarmung, sondern forderte die vermögende Klasse auf, ihr Leben nach dem Modell des englischen Stoizismus einzurichten, den er für die kultivierteste Einstellung angesichts historischer Unausweichlichkeiten hielt. Ornamente seien etwas für Bauern, die keine anderen Vergnügen hätten; moderne Stadtmenschen mit ihrer Kunstkenntnis hätten danach kein Bedürfnis. „Wer in die Neunte Symphonie geht und sich danach hinsetzt, um ein Tapetenmuster zu entwerfen“, sagte er in einer Polemik gegen die Beethoven-Exzesse der Sezession von 1902, „ist entweder ein Schurke oder degeneriert.“

Georges Minne: *Knieender Jüngling,* n. d. Marmor (nach dem Originalgipsmodell von 1898), 79,6 cm hoch. Verbleib unbekannt.

Adolf Loos: Haus am Michaelerplatz (Goldman & Salatsch-Gebäude). 1909–11.

Solche Sätze lesen sich wunderbar, doch geben sie nur unvollkommen Einblick in das, was Loos als Architekt tatsächlich bewirkte. Unausweichlich war seine Entwicklung sowie auch die seines Gegners durch Konflikte zwischen großem Luxus und extremem Klassizismus geprägt. Wenn wir nämlich das Café Museum von 1899 mit seiner Kärntner Bar von 1907 vergleichen, stellen wir fest, daß seine Entwicklung in Wirklichkeit einer Bahn folgte, die der von Hoffmann nicht unähnlich war. In diesem winzigen Innenraum verbindet sich der Anglo-Amerikanismus der Stehbar, ein absolut unwienerisches Element, mit einem selbstbewußteren Bezug auf die Geschichte (die Kassettendecke) und dem verschwenderischen Charakter der Materialien. Wenn wir noch die durch Spiegel bewirkte Raumvergrößerung und -vermehrung hinzunehmen, erkennen wir, daß auch Loos von baukasteneinfacher Reduktion direkt zu expansiver Komplexität übergehen konnte.

Bei Hoffmann ganz offensichtlich, aber ebenso gewiß bei Loos, standen der Glaube an die Vernunft und der Hang zur Extravaganz in einer komplizierten Beziehung. Loos' Vorliebe für schmucklose Glattheit war gleichermaßen sinnlich und rational; er liebte sattes Leder, bunte Steine und reich gemaserte Hölzer ebenso sehr, wie er die Auswüchse aufgesetzter Ornamentik verachtete.[34] Insofern können Loos' Bauten gleichzeitig in einer Hinsicht spartanisch, in einer anderen aber luxuriös wirken, und seine puritanische Rhetorik wird von prachtvollen Entwürfen Lügen gestraft, die von der unauffällig teuren Eleganz eines Schneiderateliers (wie etwa dem immer noch existierenden Geschäft Knize [1909–11] am Wiener Graben) bis zum römischen Pomp der renovierten Villa Karma in der Schweiz (1904–06) reichen.[35]

Loos' berüchtigtes Haus am Michaelerplatz bietet ein beinahe lehrbuchhaftes Beispiel für das Zusammenspiel von Reduktion und Reichtum. Es beherbergte gleichzeitig Wohnungen und das Ladenlokal der im englischen Stil arbeitenden Schneiderfirma Goldman & Salatsch, es war sein erster Auftrag für ein komplettes Gebäude. Besonders auffällig ist die verschlossene Sparsamkeit seiner verputzten oberen Stockwerke und ihr impliziter Spott über die reichverzierte Hofburg auf der anderen Platzseite. Dieser Teil scheint kompromißlos modern zu sein, auch wenn Loos darauf bestand, daß sein gipsiges Weiß sich eher an älteren, typisch wienerischen Bauformen orientiere. Charakteristisch für Loos ist die Gegenüberstellung dieser strikten Kargheit mit der Eingangsfassade, die mit reichgeädertem Stein und klassischen Säulen versehen ist. Um die Vielfalt der Anspielungen zu vervollständigen, besitzt sie obendrein eine Reihe englischer Erkerfenster.

Loos betonte, die Heterogenität der Fassade am Michaelerplatz sei ein Ausdruck des Bruchs zwischen dem unteren geschäftlichen und dem oberen privaten Teil, sei der Beweis ihrer entschlossenen Urbanität. Ein solches Gebäude könne nur in einer Millionenstadt entstehen, wo sich verschiedene Funktionen, Alter und Klassen dauernd vermischen.[36] In dieser Liebe zur großen Stadt scheint Loos dem überzeugten Boulevardier Otto Wagner zu folgen. Doch wo Wagner sich die Großstadt in ihrer Unpersönlichkeit als Gesellschaft glücklicher Gleicher vorstellte – „die ins Monumentale erhobene Gleichförmigkeit“ –, entsprang Loos’ Vision einer neuen Psychologie, und er hielt die Unpersönlichkeit für die korrekte öffentliche Maske der vereinzelten und entfremdeten Individuen, die den Stadtraum miteinander teilen.[37]

Dennoch stand Loos’ Empfindungsreichtum in ständiger Spannung mit seinem hochmütigen Asketentum. Alle romantischen Gefühle, die er von seinen Gebäuden und Objekten ausschloß, strömten um so stärker in seine übersteigerte Vorstellung von Malerei. Er verlangte von der Kunst eine wilde, bekennende Aufrichtigkeit als Ausgleich für ihr Gegenstück, die stoische Gesichtslosigkeit, die er dem modernen Design vorschrieb. Kleidung und Gebäude sollten stumm sein, doch Bilder sollten schreien. Am meisten bewunderte er Oskar Kokoschka.

Selbst innerhalb der Architektur zog er eine scharfe Trennlinie zwischen der Fassade, die der Straße ein „schweigendes“ Gesicht zeigen sollte, und dem Inneren, wo sich der Reichtum individueller Persönlichkeit, Phantasie und Gefühle frei entfalten sollte.[38] Seine Innengestaltungen zeigten nicht nur ein raffinierteres Spiel räumlicher Beziehungen, als man von außen vermuten würde, sondern auch eine merkwürdige Bühnenhaftigkeit: Eingangshallen mit Verzierungen von zeremoniellem Pomp, englische Kaminecken von anheimelnder Gemütlichkeit oder Schlafzimmer von schwüler Erotik (das Schlafzimmer seiner Frau war mit dickzopfigen weißen Pelzteppichen ausgelegt).[39] In dieser Hinsicht sollte man den strengen Ernst der hautengen Oberflächen, mit denen er die Räume des Steiner-Hauses oder des Hauses Scheu umgab (Abb. S. 51) – radikal entblößte, unkonventionelle Formen –, mit den fließenden Marmorflächen von Hoffmanns Palais Stoclet vergleichen. Beide Architekten gebieten Stille und verweigern den Zugang zum Innern, doch jeder auf seine Weise: Hoffmann, indem er einen patrizischen, spätsymbolistischen Klassizismus kultiviert, Loos hingegen dadurch, daß er aggressiv die im Wesen schizophrene moderne Existenz bejaht.

Loos’ Konstruktionen waren alles andere als funktional und einfach. Da er auf seiner komplexen Verschachtelung der Innenräume und auf besonders luxuriösen Materialien bestand, bereitete er seinen Auftraggebern erhebliche Sorgen, und manche seiner Räume waren nur mit Mühe bewohnbar. Er hatte auch nichts gegen Tradition; stets erklärte er seine Verbundenheit mit den ererbten Bautechniken Österreichs und der Antike. Dennoch waren seine Bauten, speziell die der Jahre 1910–1920, so karg und ungewöhnlich in ihrer Form, daß sie – zu seiner Freude und Verärgerung – die Bewunderung der frühen Funktionalisten erregten. Bei seinen entscheidenden Arbeiten der Jahre 1910–1920, wie bei dem Steiner-Haus und insbesondere dem Scheu-Haus, scheint Loos eigentlich in vieler Hinsicht seine Spuren zurückverfolgt zu haben zum flächigen, flachdachigen Bautyp, beispielsweise des Hoffmannschen Sanatoriums von 1904–06. Bei seinen frühen Aufträgen hatte er sich nicht vor der offenen Schau klassischer Elemente gescheut, besonders offensichtlich bei den Schmucksäulen des Hauses am Michaelerplatz oder bei den an

Adolf Loos. Kärntner Bar. 1907. Eine Photomontage von Loos, die Rückwand ist collagiert mit dem Portrait Peter Altenbergs von Gustav Jagerspacher. 1908. Loos Archiv, Graphische Sammlung Albertina, Wien.

Adolf Loos. Villa Karma. Montreux. Badezimmer, erster Stock. 1904–06.

Adolf Loos. Feuerstelle und Kaminplatz in Loos’ Wohnung. 1903 (rekonstruiert). Historisches Museum der Stadt Wien.

Josef Hoffmann. Landhaus Primavesi, Winkelsdorf, Tschechoslowakei. 1913–14.

Josef Hoffmann. Villa Skywa-Primavesi, Hietzing. 1913–15.

Josef Hoffmann. Landhaus Primavesi, Winkelsdorf, Tschechoslowakei. Schlafzimmer. 1913–14.

Josef Hoffmann. Österreichischer Pavillon, Deutsche Werkbund Ausstellung, Köln. 1914.

Paestum erinnernden dorischen Arkaden der Villa Karma. Beim Scheu-Haus aber wandte er sich, wie schon viel früher Hoffmann, der Idee einer tieferen Assimilation zu; er nahm sich das mediterrane Handwerk, speziell die Terassenhäuser Algeriens zum Modell und folgte damit einem aktuellen Interesse an Nordafrika, wie es für die Jahre 1910 bis 1919 typisch war.

In der Zwischenzeit bewegte sich Hoffmann in die entgegengesetzte Richtung, weg von der Schlichtheit und hin zu einem offenen Historizismus. Im Garten des Palais Stoclet plazierte er eine freistehende dorische Säule in einen Springbrunnen (Abb. S. 46), gleichsam als Symbol seiner Bereitschaft, die Suche nach der gestaltlosen Synthese aufzugeben und zu den lesbaren Zitaten des klassischen Stils zurückzukehren. Danach zeigt seine Entwicklung vom Pavillon der Ausstellung der Wiener Werkstätte in Rom und der Villa Ast (beide 1911) bis zum österreichischen Pavillon auf der Deutschen Werkbund Ausstellung in Köln und der luxuriösen Villa Skywa-Primavesi (beide 1914) die Hinwendung zu einem scharf manierierten neogriechischen Stil auf. Radikale, monumentale Einfachheit (übergroße flache Säulen ohne Sockel und Kapitell stoßen auf spitze Dreiecksgiebel) verbindet sich mit rhythmischer graphischer Geometrie zu einer Vorwegnahme der Art deco. In seinen weiteren Arbeiten gerät die Geometrie immer mehr in die Rolle eines witzigen Spiels zwischen Abstraktion und Zitat, einer Entwicklung, die sich mehr und mehr auf den Kubismus bezog.

Dieser neue, manierierte Klassizismus findet ein Gegenstück in Hoffmanns wachsender Neigung zu einem unverstellt lieblichen Folklorestil. Das riesige Landhaus, das er in Mähren 1913 für Otto Primavesi baute, bietet ein eindrucksvolles Beispiel für seinen ernsthaften Flirt mit der Heim-und-Herd-Seligkeit des reaktionären *Heimatstils.* Der äußere Hütten-Look mit dem steilen Dach wurde innen fortgesetzt mit reichen Ornamenten im blumigen oder geometrischen Stil, die der Volkskunst entstammten. Dieser Stil versteckte sich hinter einem expressionistischen Vokabular von grellen Farben und ruhelosen Formen, das eine aktive Phantasie und Gefühlswelt vermittelte.

Anfänglich hatten Hoffmann und Loos von einer Architektur der Vereinigung geträumt, in deren Einfachheit sich Klassizismus und Volkskunst verbinden sollten und die ein umfassender Ausdruck des modernen Geistes seiner Bewohner sein sollte. Das Auseinanderfallen etwa jener aus der liberalen Ära stammenden Ringstraße in vielsprachigen Historismus und kostümhaft aufgebaute Fassaden würde so vermieden. Die Idee der Vereinigung entsprach ohnehin allgemeineren intellektuellen und politischen Erwartungen in Österreich. Der Wunsch, den rationalen Hochstil mit rauheren Folkloreformen zu verschmelzen, fand seine Parallele in der Sehnsucht nach einem Reich, wo die Kräfte des kosmopolitischen Fortschritts – unter dem Begriff *Zivilisation* – mit den Werten ländlicher Solidarität – im Zeichen von *Kultur* – versöhnt wären. Die Idee, daß ein Bauwerk etwas von dem Leben in seinem Inneren mitteilen solle, drückte das tiefe Bedürfnis aus nach einer Zusammenführung der privaten, psychologischen und der öffentlichen, sozialen Sphären des modernen Menschen. Das Scheitern dieses Ideals der neuen Einheit kündigte also etwas Umfassenderes an als bloß die Rückkehr zur Ringstraße. Hoffmanns Aufspaltung des Stils in einen manierierten städtischen Rationalismus einerseits und in gefühlvoll völkisches Dekor andrerseits markiert nicht einfach seine Rückkehr zum eklektischen Historizismus, sondern eine Polarisierung, die von seiner Wahrnehmung eines unheilvollen Bruchs in den äußeren Verhältnissen sprach. Und Loos' Beharren auf blanken, mitteilungslosen Fassaden ohne Zusammenhang mit dem Innenleben war nicht einfach ein Rückschritt zum Kostüm. Vielmehr radikalisierte es die gleichgültige Heuchelei einer Ringstraße mit ihrer Trennung von privatem und öffentlichem Ausdruck als bitterste der modernen Wahrheiten.

Adolf Loos. Haus Steiner. 1910.

Adolf Loos. Haus Scheu. 1912.

Adolf Loos. Villa Karma, Montreux. Ostfassade. 1904–06.

Otto Wagner. Donaukanalregulierung. Neue Aspernbrücke und Ferdinandbrücke. 1897.
Bleistift, Tusche, Aquarell, 98,7×71,8 cm.
Historisches Museum der Stadt Wien.

Otto Wagner. Kirche am Steinhof.
Perspektivansicht. 1902.
Bleistift und Aquarell, 55,8×47 cm.
Historisches Museum der Stadt Wien.

Otto Wagner. Kirche am Steinhof. 1904–07 (Apsismosaik: Remigius Geyling).

Koloman Moser. Entwurf für Seitenfenster, Kirche am Steinhof. Um 1905.
Feder, Tusche und Aquarell, 103×138 cm.
Österreichisches Museum für angewandte Kunst, Wien.

Koloman Moser. Entwurf für Apsismosaik der Kirche am Steinhof (nicht ausgeführt). Um 1905.
Öl auf Leinwand, 86×113,5 cm.
Österreichisches Museum für angewandte Kunst, Wien.

Koloman Moser.
Studie zu Engeln für Fenster,
Kirche am Steinhof. Um 1905.
Aquarell, 41,9×20,3 cm.
Österreichisches Museum für
angewandte Kunst, Wien.

Joseph Maria Olbrich. Wiener Sezessionsgebäude. Eingangshalle. 1897–98 (Rundfenster: Koloman Moser).

Koloman Moser. Entwurf für das Rundfenster, Wiener Sezessionsgebäude. 1898.
Aquarell, 27,5 cm Durchmesser
Österreichisches Museum für angewandte Kunst, Wien.

Joseph Maria Olbrich. Wiener Sezessionsgebäude, Ausstellungsraum. 1897–98.

Otto Wagner. Postsparkassenamt.
Wettbewerbsentwurf, Perspektivansicht von der Ringstraße. 1903.
Bleistift und Tusche, 85,7×41,8 cm.
Historisches Museum der Stadt Wien.

Otto Wagner. Postsparkassenamt.
Wettbewerbsentwurf, Detail der Fassade. 1903.
Bleistift, Tusche und Aquarell, 85,5×41,5 cm.
Historisches Museum der Stadt Wien.

Otto Wagner. Postsparkassenamt. Haupthalle. 1904–06.

Otto Wagner. Warmluftausbläser in der Haupthalle, Postsparkassenamt. Um 1906.
Aluminium, 250 cm hoch.
Österreichische Postsparkasse, Wien.

Josef Hoffmann. Einrichtungsentwurf. 1899.
Bleistift und Tusche, 12,7×10,8 cm.
Österreichisches Museum für angewandte Kunst, Wien.

Josef Hoffmann. Einrichtungsentwurf. 1899.
Bleistift und Tusche, 15,9×10,5 cm.
Österreichisches Museum für angewandte Kunst, Wien.

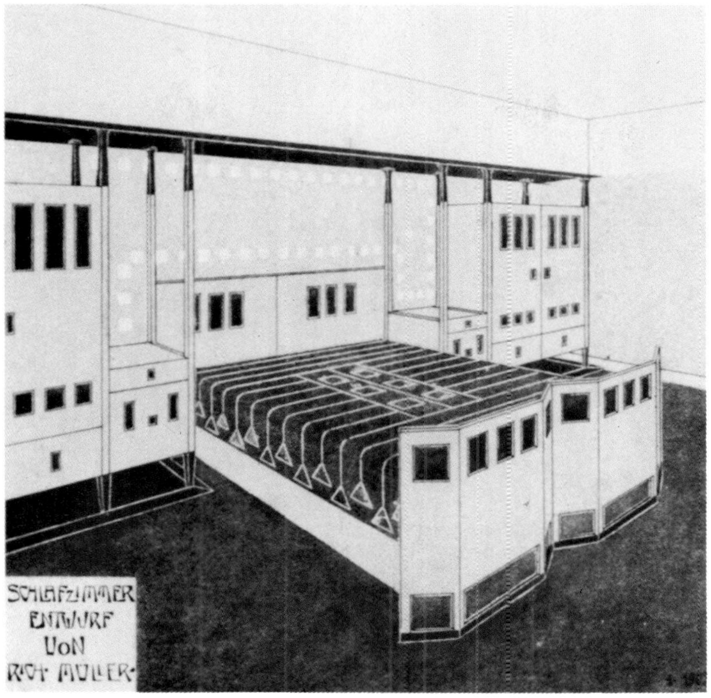

Richard Müller. Schlafzimmerentwurf. 1903.
Tusche und Aquarell, 21,5×22 cm.
Österreichisches Museum für angewandte Kunst, Wien.

Albin Lang. Entwurf für ein Junggesellenzimmer. Um 1903.
Bleistift, Tusche und Aquarell, 27,6×22,9 cm.
Österreichisches Museum für angewandte Kunst, Wien.
Diese und die Zeichnung darüber sind Übungsentwürfe von Josef Hoffmanns Schülern an der Kunstgewerbeschule und wurden auf der Ausstellung des Österreichischen Handwerks auf der Weltmesse in St. Louis 1904 gezeigt.

Josef Hoffmann. Palais Stoclet, Brüssel. Vestibül, vom Eingang aus gesehen. 1905–11 (Mosaik: Leopold Forstner).

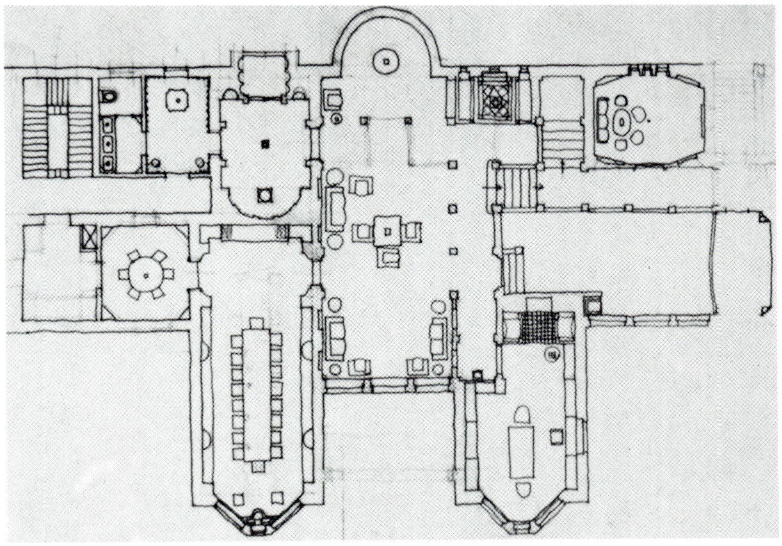

Oben:
Josef Hoffmann. Palais Stoclet, Brüssel. Erdgeschoßgrundriß. Um 1905.
Tusche und Bleistift, 34×41,8 cm.
Museum moderner Kunst, Wien.

Rechts:
Leopold Forstner. Replik des Künstlers von der weiblichen Figur
für das Vestibül im Palais Stoclet. Um 1910.
Glas- und Keramikmosaik, 76,3×16,5 cm.
Fischer Fine Art, London.

Josef Hoffmann. Palais Stoclet, Brüssel. Innenansicht. Um 1905.
Tusche und Bleistift auf Millimeterpapier, 33×20,5 cm.
Museum moderner Kunst, Wien.

Josef Hoffmann. Palais Stoclet, Brüssel. Große Halle, Blick auf den Brunnenerker. 1905–11.

Josef Hoffmann. Palais Stoclet, Brüssel. Musikraum, Innenansicht. Um 1905.
Bleistift, Tusche, Aquarell und Gold, 12,5×25 cm
Museum moderner Kunst, Wien.

Josef Hoffmann. Palais Stoclet, Brüssel. Musikraum. 1905–11.

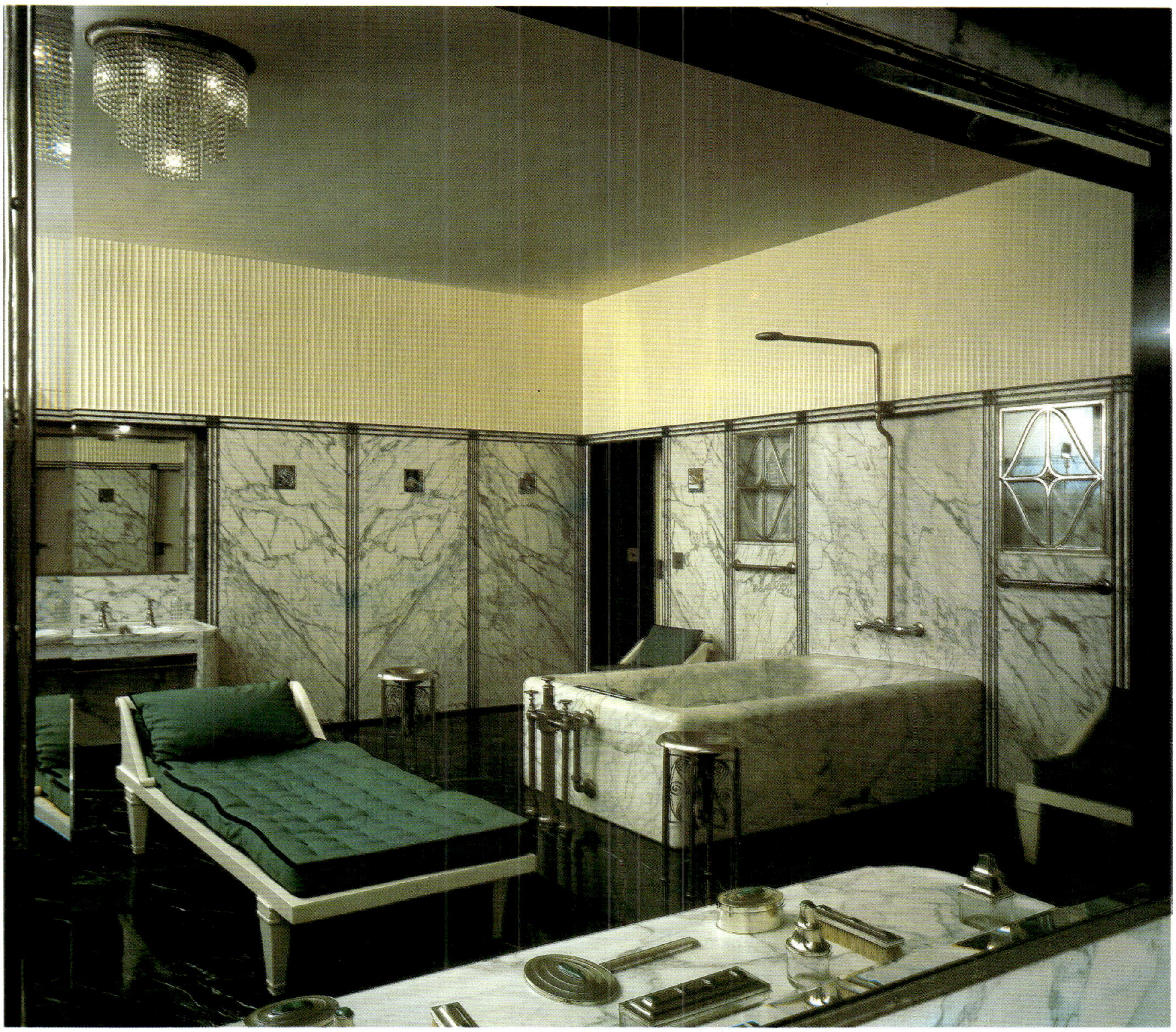

Josef Hoffmann. Palais Stoclet, Brüssel. Hauptbaderaum. 1905–11.

Josef Hoffmann. Palais Stoclet, Brüssel. Speisesaal (Mosaiken: Gustav Klimt). 1905–11.

Gustav Klimt. *Die Erfüllung.* Um 1910.
Mosaik aus Marmor, Glas und Halbedelsteinen (ausgeführt von Leopold Forstner).
Palais Stoclet, Brüssel.
Oben: Ausschnitt aus der rechten Seite: Sich umarmendes Paar.
Unten: Ausschnitt aus der linken Seite: Rosenbusch.

Gustav Klimt. *Die Erwartung* (Ausschnitt). Um 1910.
Mosaik aus Marmor, Glas und Halbedelsteinen (ausgeführt von Leopold Forstner).
Palais Stoclet, Brüssel.

Marcel Kammerer. Entwurf für die Empfangshalle, Grand Hotel Wiesler, Graz. 1909.
Bleistift, Feder, Tusche, Aquarell und Gouache, 37,5×31 cm.
Privatsammlung.

Josef Hoffmann. Entwurf für ein Schlafzimmer, Landhaus Primavesi. Um 1913. Lithographie.
Verbleib unbekannt.

DESIGN

Prachtvolles, üppiges Dekor scheint so wienerisch zu sein wie der Walzer, und er ist ein Markenzeichen der legendären Frivolität dieser Stadt. Im frühmodernen Wien jedoch waren die dekorativen Künste eine ernsthafte Angelegenheit. Zur Zeit der Jahrhundertwende waren die Künstler in ganz Europa bemüht, ihre Kunst von den Podesten herunter und in das alltägliche Leben hineinzuführen. Es schien, daß sich die Kunst um so natürlicher wieder in die Formen und Absichten der Architektur einfügen ließe, je weiter sie sich von der Imitation der Natur entfernte. Die Idee des „Dekorativen" schien also ein zentrales progressives Ideal zu sein.[1] Andernorts bewirkte dieses Ideal eine Hinwendung zur öffentlichen Kunst; in Wien hingegen strebte man mit Entwurf und Produktion von Büchern, Möbeln, Geschirr, Tafelsilber und so weiter nach einer Verbesserung des privaten Lebens. Wiener Ethik und Ästhetik wirkten zusammen daran, diesen Künsten eine zentrale Rolle als Teil der Reform und Ausdruck der sozialen Wohlfahrt zuzuweisen.

Dieses Anliegen war nicht einfach nostalgisch, sondern es zielte auch auf die Arbeitsreform und auf Österreichs Ambitionen im internationalen Handel. Die Regierung bemühte sich, geschickte Handwerker zu unterstützen, deren traditionell ländliche Basis und aristokratische Kundschaft im modernen Kapitalismus verschwanden. Die ersten größeren Initiativen auf diesem Gebiet waren die Gründungen des Österreichischen Museums für Kunst und Industrie (1864) und der Kunstgewerbeschule (1868). Wie zahlreiche ähnliche Institute in ganz Europa waren beide Projekte stark beeinflußt von der Pionierrolle, die das industrialisierte England bei der Förderung der modernen dekorativen Künste spielte (speziell mit der 1852 erfolgten Gründung des innovativen South Kensington Museums, des heutigen Victoria und Albert Museums).

Gegen Ende des 19. Jahrhunderts wurde aber das Scheitern derartiger liberal-progressiver Initiativen offenbar, denn die erhoffte Ehe von Kunst und Industrie hatte nicht stattgefunden. Statt dessen war ornamentale Massenware zum Symbol eines neureichen Philistertums geworden, und eine verdrossene Künstlerschaft hatte sich mit resolut anti-modernen Strömungen des Sozialismus und des reaktionären Populismus verbunden. Der nächste Reformschub kam nicht von oben, sondern von unten – von syndikalistischen Strömungen unter den Gestaltern und Handwerkern, wie etwa dem englischen Arts-and-Crafts-Movement des William Morris. Unter Berufung auf die Theorien von John Ruskin oder Morris verkündeten diese gilde-ähnlichen Gemeinschaften, gutes Design sei lebenswichtig für die Moral und das ökonomische Wohlergehen einer Nation, und verantwortungsvolles individuelles Handwerk könne die Seele des Maschinenmenschen retten. Um diese großen Ideale zu verwirklichen, hielt man kleine Organisationen für angemessen: dezentralisierte Werkstätten, die unabhängig von staatlichen oder industriellen Aufträgen ihre private Kundschaft direkt ansprechen konnten.

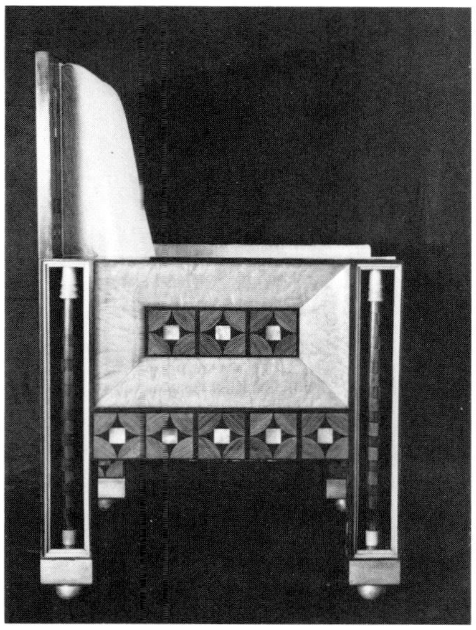

Koloman Moser. Armlehnsessel. 1903. Holz mit Perlmuttintarsien, 109,2×71,1×71,1 cm. Privatsammlung, Wien.

Oben: Seitenansicht.

Gegenüberliegende Seite: Rückansicht.

Josef Hoffmann. Seite aus *Ver Sacrum* mit einem Gedicht von Rainer Maria Rilke. 1898. Lithographie, 29,6×28 cm. The Museum of Modern Art, New York.

Koloman Moser. Umschlagentwurf für *Ver Sacrum*. 1899. Feder und Tusche, 42,2×41,8 cm. Historisches Museum der Stadt Wien.

Bei diesen Projekten der Jahrhundertwende waren typischerweise Gestalter und Architekten die Führer. Doch die berührten Themen waren immer auch die der historischen, ethischen und praktischen Rechtfertigung der Kunst selbst in einer modernen Gesellschaft, in der Zweck und Publikum der Kunst nicht mehr definiert schienen. Das Schicksal der höheren und niederen Künste schien, zum Guten oder zum Bösen, schicksalhaft verknüpft: im Versprechen einer erneut kraftvollen, allumfassenden Koordination der Talente, sowohl um die Domäne der Kunst um jeden Aspekt des Lebens zu erweitern; als auch um der wachsenden Bedeutungslosigkeit und Überflüssigkeit von individueller Arbeit entgegenzuwirken. In diesem geistigen Klima, teils von Kriegsangst, teils von utopischem Enthusiasmus geprägt, beschäftigten sich praktisch alle führenden Künstler des Wien der Jahrhundertwende – Maler, Bildhauer und Architekten sowie die Männer und Frauen, die im Kunsthandwerk tätig waren – mit der Frage nach einer Einheit von reinen und angewandten Künsten.

Die Idee der Einheit stand im Mittelpunkt des Programms der Sezession, im gemeinschaftlichen Design und im Ideal des *Gesamtkunstwerks,* bei der Möbel, Teppiche, Wände und sämtliche Gebrauchsgegenstände symphonisch koordiniert wurden mit den Gemälden, Skulpturen und der Architektur. Doch die gemeinschaftliche Hauptleistung der Gruppe bestand weniger in der Ausführung der Idee als in ihrer Propagierung. Ihre Gestaltungsideen konzentrierten sich vor allem auf die Public-Relations-Aktivitäten: die aufwendigen Ausstellungen (Abb. S. 106–109), die zu ihrem Markenzeichen wurden, die Serie außerordentlicher Plakate für diese Ausstellungen und die luxuriöse Zeitschrift *Ver Sacrum* (Abb. S. 112, 113). Diese Produktionen setzten einen so außerordentlichen Standard der Einrichtung, den sich nur wenige Kunden leisten konnten. Unter dem Druck finanzieller Realitäten nahm selbst die

Koloman Moser. „Vogel Bülow“ Stoffmuster (Detail). 1899. Stoff, 128×94 cm insgesamt. Österreichisches Museum für angewandte Kunst, Wien.

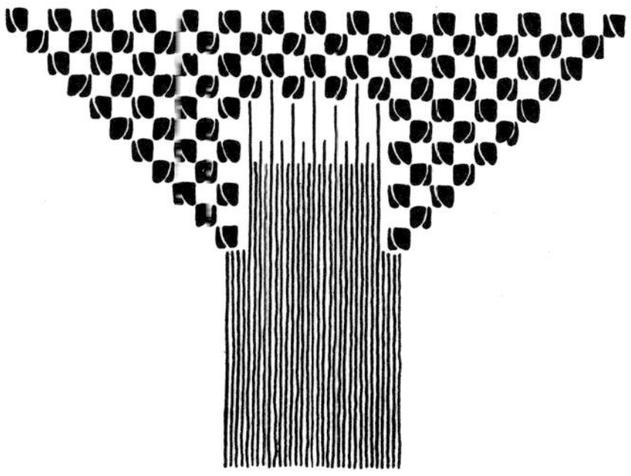

Koloman Moser. Vignette aus *Ver Sacrum*. 1901.

Luxusqualität von *Ver Sacrum* nach kurzer Zeit ab. Doch fanden diese „rebellischen“ Versuche einer Öffnung neuer Märkte für das österreichische Handwerk fast sofort höchste offizielle Unterstützung; man denke etwa an die Berufung der Sezessionspioniere Josef Hoffmann und Koloman Moser an die Kunstgewerbeschule (1899 bzw. 1900) und an die Beteiligung der Sezession am österreichischen Beitrag zur Pariser Weltausstellung von 1900.

Das Markenzeichen der Sezession war eine besondere Art von Jugendstil, der sich durch einen Hang zur Monumentalität auszeichnete. Während sich in den 90er Jahren ein großer Teil des Designs in ruhelosen, wuchernden Arabesken wand, bevorzugten die Wiener nüchterne Symmetrie und Regelmäßigkeit, die eine Ordnung der Naturenergien suggerieren sollte. Ihre Auffassung vom Organischen wird symbolisiert von einem der Lieblingsmotive Joseph Maria Olbrichs, Otto Wagners und anderer Wiener Gestalter – der Sonnenblume, die mit ihrer aufrechten, nach dem Licht strebenden Vertikalität und der mathematisch geordneten Blüte ein geeignetes Emblem bot für einen strikten, nordischen Geist, im Gegensatz zur dunklen Exotik solcher Pflanzen wie der Wasserlilie, die man andernorts favorisierte. Das gleiche Interesse förderte die Beliebtheit des symbolistischen Schweizer Malers Ferdinand Hodler, dessen auffallende Rhythmik (die sich auf eine pseudowissenschaftliche Theorie vom „Parallelismus“ der Natur stützte) schließlich sogar bei Gustav Klimt Spuren hinterließ.[2]

Einer der begeisterten Anhänger Hodlers war Koloman Moser, der durch seinen Hintergrund und sein Talent von allen Sezessionisten die solideste Grundlage in den dekorativen Künsten hatte. Er entnahm seine geschwungenen Jugendstilformen unmittelbar der geschmeidigen Natur, bei Pilzen, Schwanenhälsen, Fischen und so weiter. Doch dann verschränkte er sie zu

Otto Wagner. Teppichentwurf „Sonnenblumen“ für das Postsparkassenamt. Um 1906. Aquarell, 53,4×39,4 cm. Sammlung Joh. Backhausen & Söhne, Wien. Copyright Joh. Backhausen & Söhne.

Rechts: Koloman Moser. Sideboard und Kamin für Mosers Gästezimmer. 1902. Holz, Glas, Spiegel und Keramikfliesen, 181,6×340,4×63,5 cm. Sammlung Julius Hummel, Wien.

Unten: Josef Hoffmann. Hocker für Koloman Moser. 1898. Lackiertes Holz, 47 cm hoch, 41,9 cm Durchmesser. Österreichisches Museum für angewandte Kunst, Wien.

Ganz unten: Josef Hoffmann. Tisch für Carl Moll. Um 1904. Bemaltes Holz und Marmor, 40,5×39×39 cm. Hochschule für angewandte Kunst, Wien.

endlosen Mustern, die die vage und zähe Dynamik der Art Nouveau im stroboskopischen Takt ertanzen ließen (Abb. S. 81, 114, 115). Diese außerordentlichen Entwürfe enthielten schon Hinweise auf die geordneten Kadenzen, die Klimts Werk um das Jahr 1902 veränderten; außerdem nahmen sie um Jahrzehnte die Figur-Hintergrund-Umkehrungen des Pseudosurrealisten M. C. Escher vorweg.[3]

Moser beherrschte verschiedene Handwerke, und er besaß zudem Erfahrungen mit kommerzieller Kunst, die er als Illustrator gesammelt hatte, das ließ ihn zu einem Führer der Sezession werden. Er prägte die Aufmachung von *Ver Sacrum* und den Stil der Ausstellungen, deren großzügige Eleganz sehr einflußreich wurde. Sein besonderes graphisches Talent und sein Sinn für rhythmische Proportionen machten ihn zum idealen Partner für Hoffmanns wesentlich strengere Logik in der Architektur. Von ihrer ersten Zusammenarbeit bei den Ausstellungen der Sezession bis zu ihrer Trennung 1907 war diese Partnerschaft die treibende Kraft des Wiener Kunsthandwerks.

Moser und Hoffman arbeiteten so harmonisch zusammen, daß es oft nicht leicht ist, den Beitrag des einen von dem des anderen zu unterscheiden. Sie waren die Urheber des geometrischen Schwarz-Weiß-Stils, der das gebeizte Holz und die anheimelnden Kurven des Jugendstils verdrängte und Wiens radikalsten Beitrag zum frühmodernen Design darstellt.

Man muß nur den lackierten Hocker, den Hoffmann 1898 für Mosers Studio entwarf, mit dem kleinen würfelförmigen Tisch vergleichen, den er 1904 für die Villa Carl Molls anfertigte, um das Maß des Wandels zu begreifen. Die Schrankarbeiten für Hoffmanns Villa Moser von 1902 auf der Hohen Warte – Möbel, die Moser selbst zugeschrieben werden – gehören zu den aufregendsten Werken dieser Zeit.

Im Rückblick auf den Wandel des Wiener Designs sagte ein Kritiker 1908, „das wichtigste Ereignis" der vergangenen Jahre sei „die Eroberung des Kunsthandwerks durch die Architektur" gewesen.[4] Diese neue tektonische Strenge entstand aus dem Vokabular des modularen, geometrischen Designs, das Hoffmann, Moser und gleichgesinnte Kollegen um 1902–04 entwickelten. Es war allseitig verwendbar und konnte relativ kleinen Formen etwas Monumentales (Abb. S. 120, 121), größeren Konstruktionen aber eine kostbare Leichtigkeit verleihen. Die Grundformen der Geometrie konnten einem Stuhl wuchtige Autorität geben und gleichzeitig – als Muster auf der Oberfläche wiederholt – seine Masse in reichgezeichnete Flächen auflösen (Abb. S. 78, 79, 117). Ein metallener Blumenständer konnte zugleich wie ein visionärer Wolkenkratzer und leicht wie Seide wirken (Abb. S. 116). Die beherrschende Form war das unpersönliche und unspezifische Quadrat, und die meistverwandten Muster waren Gitter und Schachbrett – elementar wie das Millimeterpapier, auf dem Hoffmann seine Grundrisse, Fassaden und Möbel entwarf.

Die Tatsache, daß schon in Sezessionsentwürfen der späten 90er Jahre quadratische Motive erscheinen, spricht nicht gegen die Bedeutung des Wandels zur Einfachheit.[5] Entscheidend war die Art, in der wirklich alte und neue, exotische und vertraute Dinge in frischer Weise zusammengebracht wurden. Vieles ist britischem Einfluß zugeschrieben worden, und gewiß ist Hoffmanns Bewunderung für die Arbeiten Ashbees, Mackintoshs und anderer unstrittig. Als die starre, monochrome Rechtwinkligkeit Mackintoshs auf der achten Sezessionsausstellung (Abb. S. 84) in Wien vorgestellt wurde, nahm man sie mit Interesse auf[6], nicht zuletzt wegen der moralischen Autorität, die er und die britischen Designer von der kalten Insel mitbrachten. Doch abgesehen von einigen frühen Adaptionen gotischer Proportionen und kargen englischen Gleichmuts (Abb. S. 123), war die Schlichtheit der Objekte Hoffmanns und Mosers entschiedener und bei weitem besser integriert.

Die neue Wiener Schlichtheit entsprach einer Neubewertung der Lehren über das Einfache im japanischen Design und unterscheidet sich darin beträchtlich vom grelleren *Japonisme* der 90er Jahre in Frankreich.[7] Man erkannte, daß ein so weit hergeholtes und exotisches Modell trotzdem harmonisch zu den einfachen Dingen des Lebens paßte. Die einheimischen Vorbilder griffen verständlicherweise nicht nur die schlichten Formen der Folklore auf, sondern auch – und das ist eigenartig für Österreich – den bürgerlichen Stil des „Vormärzes", den Abkömmling des Neoklassizismus, genannt Biedermeier.

Die Jahrzehnte vor 1845, überschattet von Metternichs Eifer, die vornapoleonische Ordnung wiederherzustellen, werden oft als kreativer Tiefpunkt Mitteleuropas angesehen, als Zwischenspiel kleingärtnerischer Bürgerzufriedenheit. Doch für Hoffmann, Moser und andere ihrer Generation scheint dies ein besonderer Abschnitt in der Entwicklung eines Geschmacks der Mittelschicht gewesen zu sein, nach der Dominanz des Adels und vor den Irrtümern des Historizismus. Mit den glatten Fassaden der Häuser und den schmucklosen

Josef Hoffmann. Vase. Um 1905. Bemaltes Blech, 24,5 cm hoch. Privatsammlung.

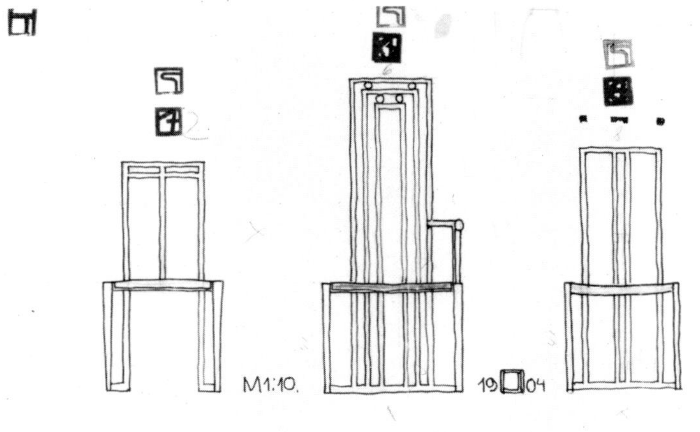

Josef Hoffmann. Drei Stuhlentwürfe. 1904. Feder und Tusche, 20,6×34,3 cm. Österreichisches Museum für angewandte Kunst, Wien.

Koloman Moser. Armlehnstuhl „Purkersdorf". 1902. Bemaltes Holz mit gefärbtem Webgeflecht, 70,5×65,8×64,8 cm. Galerie Metropol, New York.

Ganz oben: Charles Rennie Mackintosh und Margaret Macdonald-Mackintosh. Zimmerentwurf für die *Secession VIII.* 1900.

Oben: Unbekannter Designer. Zuckerdose. Um 1825. Porzellan mit Glasur, 10,5 cm hoch. Privatsammlung.

Rechts: Unbekannter Designer. Stuhl. Um 1810. Holz und Stoff, 88×48×46 cm. Privatsammlung.

Formen der Möbel und Metallarbeiten scheint das Bürgertum der Jahre um 1830 eine moderne Tradition begründet zu haben, die von der imitierenden Aufgeblasenheit der Generation der Ringstraße verraten wurde und nun neu entdeckt werden mußte. Die gesetzte Autorität des Biedermeierstils bot gerade denen einen Anhalt, die sich vor den eher anarchischen Ambitionen des Jugendstils zurückziehen wollten.[8]

Trotz alledem verachtete Hoffmann das Kopieren von Vorläufern, wie sehr er sie auch bewunderte. Daher überwarf er sich in den frühen Jahren von 1900 mit dem Österreichischen Museum für Kunst und Industrie, weil es seine Ausstellungen benutzte, um das Wiederaufleben alter Stile, wie etwa des Biedermeiers, zu ermuntern. Wie Hoffmann 1901 in seinem Essay „Einfache Möbel" erklärte, wollte er den Geist, nicht die formalen Details seiner Vorbilder verwenden, um etwas unverwechselbar Modernes zu schaffen.[9] Ein Entwurf wie sein außerordentlicher Lehnstuhl, der aus dieser Zeit stammt – eine einzige gebogene Platte und ein Rahmen aus einem Stück –, verneigt sich vor dem Mobiliar des Vormärzes und hält doch Abstand dazu.

Der Wandel des Designs um 1901 war reduktiv und reinigend. Die oft ungepolsterten Stühle sehen aus wie karge Armaturen (Abb. S. 83). Doch was nach einem reduzierten, funktionalen Design aussieht, war häufig ebenso von

Josef Hoffmann. Armlehnsessel. 1901–02. Holz mit Aluminiumbeschlägen. 79,9×60×63,5 cm. Sammlung Julius Hummel, Wien.

Josef Hoffmann. Stuhl „Purkersdorf". Um 1904. Holz und Leder, 100×45×43 cm. The Museum of Modern Art, New York.

Josef Hoffmann. Stuhl „Sieben Kugeln". 1906. Holz, 111,8×41,9×40,7 cm. Sammlung Tim Chu.

Josef Hoffmann. Tintenfaß. Um 1906. Gehämmertes, versilbertes, weißes Metall, 9,3×8,4×11,7 cm. Privatsammlung.

Koloman Moser. Essig- und Ölfläschchen mit Ständer. Um 1904–05. Silber und Glas, 17,2 cm. Privatsammlung.

einer dekorativen Absicht bestimmt. Beim Purkersdorfer Stuhl zum Beispiel, und bei anderen frühen Möbelentwürfen Hoffmanns, hatte das stabilisierende Element am Ansatz der Stuhlbeine die Form einer Kugel; diese Kugel wurde rasch und unabhängig von der strukturellen Logik , wenn nicht gar gegen diese, zu einem eigenständigen stilistischen Akzent. Wie bei Otto Wagners übergroßen Schraubenköpfen tilgte hier die Reduktion auf die eigentliche Funktion eine Art der Dekoration, bereitete aber den Weg für eine andere. Im frühen Wiener Design verschränkten sich in dieser Weise häufiger klassische Einfachheit der Struktur und manieristisches Formenspiel.

Von vornherein bestand die Herausforderung für Hoffmann und Moser darin, formalen Reichtum aus der Reduktion zu gewinnen; die Einfachheit sollte in zurückhaltende Eleganz gekleidet werden, wodurch die konventionelle Üppigkeit überflüssig würde. Selbst in den Jahren größter Kargheit suchten sie nach Wegen, aus billigen, schmucklosen Materialien in einfachen Arbeitsprozessen Objekte und Einrichtungen herzustellen, die nicht dürftig, sondern präzise, sorgfältig und ansprechend wirken sollten. Klassische Beispiele hierfür sind ihre charakteristischen Korbarbeiten und die Objekte aus gehämmertem Metall (Abb. S. 120–123). Ohne die konzeptionelle Klarheit zu stören, drückt deren lebhafte Oberfläche etwas antivirtuos Handwerkliches aus und läßt eine neue Form dekorativer Bereicherung zu. Hinter der Reform des Designs stand schließlich kein Asketentum, sondern der Wunsch nach einer Neudefinition des Genusses am Material, das von der groben Vulgarität des historisierenden Geschmacks des Bürgertums befreit wäre.

Es ist kaum zufällig, daß gehämmerte und getriebene Metallarbeiten zum Markenzeichen der frühen Produktion der Wiener Werkstätte wurden, die Hoffmann und Moser 1903 als Zusammenschluß verschiedener Handwerke gründeten. Für die Werkstätte war der Dialog von Schlichtem und Raffiniertem ebenso eine Frage des Geschäfts wie der Ästhetik. Eins ihrer ersten Ziele war die Übersetzung der innewohnenden moralischen Kraft eines guten Designs und einer gekonnten Ausführung in kommerzielle Attraktivität. Hoffmann und Moser schrieben für die Werkstätte eine Arbeitsgrundlage, die sich erkennbar freihielt von den mythologischen und spiritualistischen Verzierungen der Sezession und sich statt dessen in realistischer Weise mit Fragen des Produktwerts beschäftigte.[10]

Dennoch war auch dieses Manifest zugleich Ermahnung und Werbung, Predigt und Verkaufsanleitung. Es wandte sich an die Töchter und Söhne der Ringstraßen-Generation, um dem Geschmack der Mittelschicht seine progressive Rolle zurückzugeben. Dazu beschworen die Autoren das historische Ziel der künstlerischen Führerschaft, die die moderne Bourgeoisie erst noch erringen müsse. Es sollte das Ideal der Vereinigung, nicht der Gegnerschaft, von avantgardistischen und bürgerlichen Werten verwirklicht werden. Es war die Gründungsvoraussetzung der Werkstätte, daß der bürgerliche Geist – mit seiner Kombination von genußbejahender Weltlichkeit und disziplinierter Arbeitsethik – der Seele der neuen Zeit sehr nahekam. Der Materialismus sei nicht gleichbedeutend mit krasser, sinnlicher Selbstgefälligkeit, sondern könne so zukunftsweisend und diszipliniert sein wie die geläuterten neuen Gebrauchsgegenstände selbst. In diesem Sinne drängten Hoffmann und Moser ihre Kunden dazu, der vulgären Verführung durch teure Materialien oder bloß aufgesetzte Ornamente zu widerstehen und statt dessen die tieferen Werte ihrer eigenen Entwürfe und Fertigungen schätzenzulernen. Beim Schmuck beispielsweise plädierten sie dafür, wahre Kennerschaft zeige sich in einer Höherbewertung von wohlbearbeitetem Silber und Halbedelsteinen gegenüber Gold und Diamanten (Abb. S. 140–145).

Es gelang ihnen tatsächlich, einige der führenden Wiener Möbel-, Glas- und Textilfirmen davon zu überzeugen, daß sich modernes Design verkaufen ließ. Die Textilmanufaktur Backhausen, wo man schon früh Mosers Talent erkannt hatte, produzierte nicht nur Hoffmanns eigens für das Palais Stoclet entworfenen Teppiche, sondern eine ganze Palette neuartiger Textilmuster für den

Wiener Werkstätte. Postkarte. 1909. Lithographie, 14×13,9 cm. Fischer Fine Art, London.

Josef Hoffmann. Eßbesteck für Lilly und Fritz Wärndorfer. Um 1906. Mittlere Gruppe: Löffel, 21,8 cm lang; Gabel, 21,6 cm lang; Messer, 21,5 cm lang. Österreichisches Museum für angewandte Kunst, Wien.

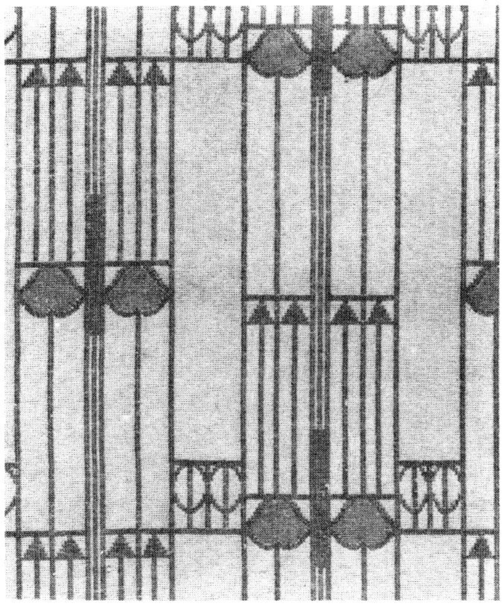

Josef Hoffmann. Stoffmuster „Notschrei" (Detail). Um 1903. Stoff, 150×50 cm insgesamt. Sammlung Julius Hummel, Wien.

breiteren Markt (Abb. S. 119). Auch die Glasfirmen Bakalowits und Lobmeyer beauftragten Designer der Werkstätte, wenn auch in geringerem Ausmaß. Den vielleicht fruchtbarsten Austausch hatten die Avantgarde-Designer mit den für die Stadt äußerst charakteristischen Herstellern von Möbeln aus gebogenem Holz. Wagner, Hoffmann und Loos (letzterer natürlich kein Freund der Wiener Werkstätte), jeder bewunderte die schlichte Klarheit der anspruchslosen, massenproduzierten Arbeiten der Firma Thonet. In starker Anlehnung daran (Abb. S. 44, 86) entwarfen sie nicht nur für Privatkunden, sondern auch für das allgemeine Programm von Thonet sowie von dessen Konkurrenten J. & J. Kohn.[11]

Insgesamt aber gelang es der Werkstätte nie, einen so breiten Kundenkreis aufzubauen oder die durchgreifende Designreform durchzusetzen, die man sich ursprünglich vorgenommen hatte. Ihre Ideale waren, wenn nicht moralisch, so doch praktisch zu hoch angesetzt, um längere Zeit aufrechterhalten zu werden. Das gesamte Unternehmen wurde nur durch die großzügige Unterstützung Fritz Wärndorfers ermöglicht, des anglophilen Abkömmlings einer reichen Familie von Textilfabrikanten, der sowohl Hoffmann als auch Mackintosh protegierte.[12] Seine finanzielle Hilfe gestattete es Hoffmann und Moser, zunächst beispielhafte Werkstätten zu entwerfen, sodann die besten Talente zu versammeln und erstklassiges Material und Werkzeug zu beschaffen. Wie schon die Werkstätten des Arts-and-Crafts-Movement, die es sich zum Vorbild gemacht hatte (speziell die C. R. Ashbees in London und Mackintoshs in Glasgow), sollte sich dieses Projekt selbst tragen. Das hätte einen außerordentlichen geschäftlichen Erfolg und ein sehr gutes Management verlangt, doch beides wurde nicht erreicht. Die Folge war eine chronische Verschuldung, die hin und wieder durch Geldspritzen einiger reicher Unterstützer aufgefangen wurde.

Irgendwann waren auch Wärndorfers tiefe Taschen leer, und das Unternehmen wurde unter einem Aufsichtsrat der Hauptkunden anteilsweise verkauft. In dieser Form überlebte die Wiener Werkstätte nicht nur, sondern hatte noch großen Erfolg, als ihre Gründer schon lange nicht mehr kreativ tätig waren und sich die Produkte bis zur Unkenntlichkeit verändert hatten. Sie existierte noch bis 1932[13], doch der besondere Charakter der Produktion der ersten Jahre, als

Josef Hoffmann. Karaffe, Weinglas und Wassergläser. Um 1910. Mundgeblasenes Kristall; Karaffe 27,6 cm hoch. Sammlung J. & L. Lobmeyr, Wien.

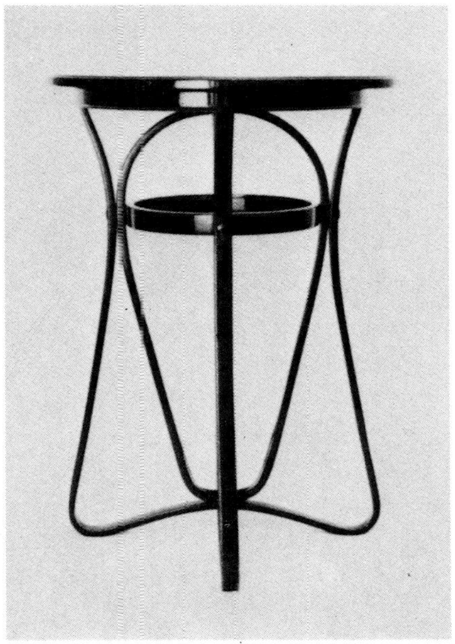

Gebrüder Thonet und Marcel Kammerer. Tisch. 1904 Holz, Höhe 78,7 cm, Durchmesser 58,4 cm. Sammlung Miles J. Lourie.

Josef Hoffmann. Karaffe und Weinglas. 1913; Wasserglas: 1910. Mundgeblasenes Kristall; Karaffe 21,6 cm hoch. Sammlung J. & L. Lobmeyr, Wien.

Michael Thonet. Stuhl. 1859. Holz und Geflecht, 92,5×42×50,5 cm. Privatsammlung.

kommerzielle Zwänge noch nicht so dringend waren und Hoffmann und Moser Idealismus mit Eleganz verbinden konnten, wurde nie mehr erreicht.

In dieser Phase, etwa zwischen 1904 und 1906, fand ein Übergang statt von der reinen Geometrie zu raffinierter Stilgebung. Hoffmanns Arbeiten, wie der 1905 für Hermann Wittgenstein (ein Cousin des Philosophen) gebaute Tisch oder die Silberkannen (Abb. S. 124), die den viereckigen englischen Einfluß überwanden zugunsten eines lieblicheren Spiels von Ovalen und Rechtecken, beweisen eine beispielhafte Verschmelzung von Schlichtheit und Subtilität bei exzellenter handwerklicher Ausführung. Auch die frühen Inneneinrichtungen, die Hoffmann und Moser gemeinsam ausführten – das Sanatorium von Purkersdorf (Abb. S. 45), der Modesalon der Klimt-Freundin Emilie Flöge (Abb. S. 100) und die ersten auswärtigen Ausstellungen der Wiener Werkstätte –, zeigen außergewöhnliche Anmut und Klarheit. Doch nach 1907 veränderte sich die Produktion der Werkstätte erheblich. In diesem Jahr verließ Moser das Unternehmen, weil er mit dessen Führung nicht einverstanden war (und sich besonders über wiederholte Versuche geärgert hatte, seine Frau um finanzielle Unterstützung anzugehen).[14] Nach seinem Auszug übernahmen andere Designer die Führung, und die Produktion wurde uneinheitlicher, weil die Werkstätte unter den Einfluß unterschiedlicher Strömungen und Ansprüche geriet.

Oben links: Josef Hoffmann. Samowar. Um 1905. Silber und Elfenbein; Samowar 21,5 cm hoch, 24 cm Durchmesser. Privatsammlung.

Unten: Josef Hoffmann. Tisch für Hermann Wittgenstein. Um 1905. Holz und Marmor, 66×110×66 cm. Österreichisches Museum für angewandte Kunst, Wien.

Gegenüberliegende Seite oben: Josef Hoffmann. Schale mit Deckel. Um 1903–05. Gehämmertes Silber, 9,2 cm hoch, 20,3 cm Durchmesser. Privatsammlung.

Gegenüberliegende Seite Mitte: Josef Hoffmann. Entwurf für Schale mit Deckel. 1903. Bleistift, 19,7 cm×32,8 cm. Österreichisches Museum für angewandte Kunst, Wien.

Gegenüberliegende Seite unten: Josef Hoffmann. Eierbecher und Löffel. 1905. Silber; Eierbecher 6,8 cm hoch, 11,3 cm Durchmesser. Privatsammlung.

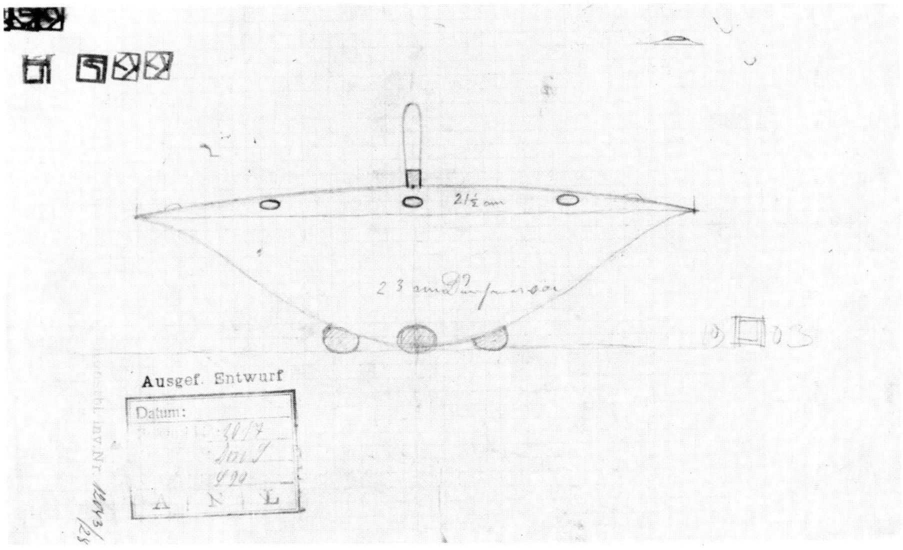
21½ cm
Ausgef. Entwurf
Datum:
A N L

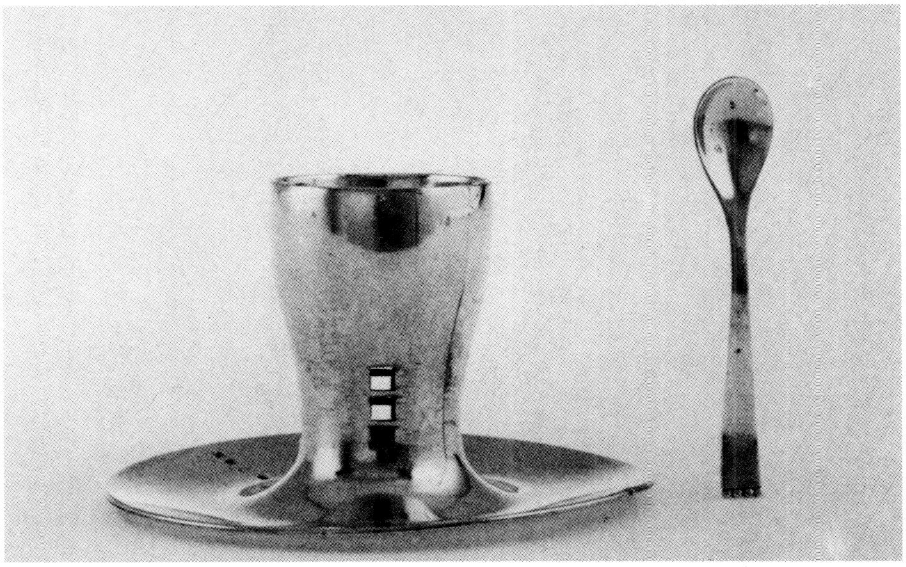

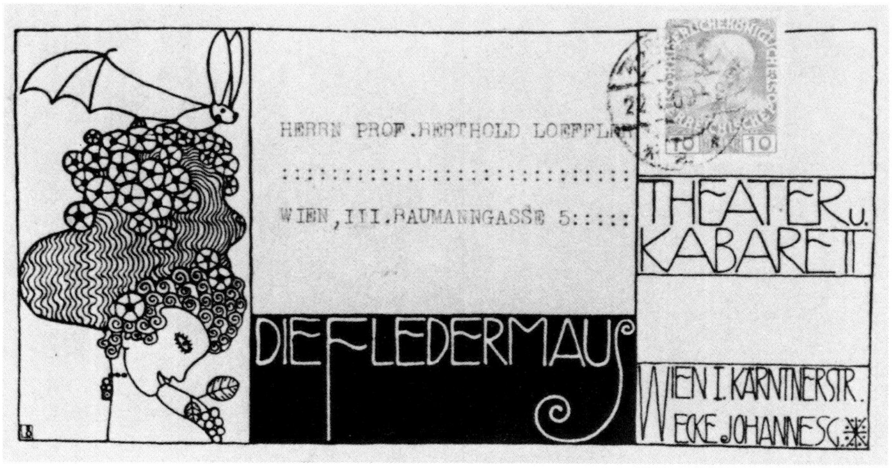

Bertold Löffler. Umschlag für das Kabarett Fledermaus. Um 1908. Lithographie, 5,1×8,9 cm. Historisches Museum der Stadt Wien.

Als die Werkstätte 1907 wegen der Unterstützung von Wärndorfer und Stoclet genug Geld hatte, plante und begann sie den Bau einer eigenen Theater-Bar, das Kabarett *Fledermaus* (Abb. S. 128, 129). (Stoclet war so unvorsichtig gewesen, einen Vorschuß aus seinem nach oben nicht begrenzten Bauetat zu zahlen.)[15] Angeregt von den Künstlerkabaretts in Paris und München, sollte die *Fledermaus* die kulturelle Botschaft der Gruppe auf die darstellenden Künste ausweiten und so etwas wie das informelle Hauptquartier der Wiener Avantgarde werden. Die Ankündigung der Eröffnung prahlte mit der überlegenen Kombination von Kunstgenuß und Bequemlichkeit, einschließlich – ein typisches Anliegen der Werkstätte – einer peinlichen Beachtung der „praktischen und hygienischen Bedürfnisse des Publikums“. Werner Schweiger berichtet von einer Kolumne des Kritikers Karl Kraus (eines Verbündeten von Loos und Gegners der Werkstätte), in der dieser eine Debatte „wiedergab“, ob man diese Bedürfnisse besser befriedigen könne mit dem Auslegen der Zeitungen befreundeter Kritiker als Toilettenpapier oder mit einer Uniform von Hoffmann für den Toilettenwärter. Zum Schluß seien die Ästheten der Werkstätte darin übereingekommen, schrieb er ätzend, ein weißer Anstrich und ein Schachbrettmuster auf der Ablage böten die harmonischste Lösung.[16]

Das Kabarett stellte eine Verwirklichung des erklärtermaßen mondänen Anspruchs der Werkstätte dar, die sich damit von der symbolistischen Feierlichkeit der Jahre des *Ver Sacrum* absetzte. Hatte die Kunst vorher die Haltung eines elitären Kults angenommen, so machte sie sich nun mit populärer Unterhaltung gemein. Diese Position spiegelt sich auch im Programm der ersten Saison, einer Mischung aus avantgardistischem Tanz, halb surrealistischen Maskenspielen und merkwürdigen Märchen-Shows mit Marionetten, alten Soldatenliedern und grotesken Scherzen[17] – und in der Ausstattung der Bar. Für den (für einen geschäftlichen Erfolg zu kleinen) Theaterraum im Keller verwandte Hoffmann grauen und weißen Marmor, der die luxuriöse Stimmung des Hauses Stoclet (Abb. S. 67–70) vorwegnahm. In der Bar bedeckten Tausende verschieden große Keramikkacheln die Wände mit einem grell verrückten Muster.

Dieser sogenannte „Tapezierers Alptraum“ war bei einer Tochterfirma der Werkstätte, der Wiener Keramik, in Auftrag gegeben worden, die 1906 von Bertold Löffler und Michael Powolny gegründet worden war. Zunächst hatten sie Arbeiten von einem schlagend architektonischen Aussehen produziert (Abb. S. 118), doch die Bilderkacheln der *Fledermaus* gingen weit darüber hinaus. Ihr lustiges Chaos sprengte die Unterordnung der Dekoration unter die Architektur, ihre grellen Motive entsagten jeder klassizistischen Würde zugun-

Oben: Bertold Löffler. Entwurf für Wiener Keramik Logo. Um 1910. Tinte und Gouache, 5×5 cm. Historisches Museum der Stadt Wien.

Links: Bar im Kabarett Fledermaus mit Kacheln der Wiener Werkstätte, entworfen von Michael Powolny und Bertold Löffler. 1907.

Unten links Josef Hoffmann und die Wiener Werkstätte. Theaterraum im Kabarett Fledermaus. 1907.

sten der weltlicheren Symbolik von Holzschnitten, Flugblättern und humorvollen Illustrationen. Ein Teil der leicht frivolen Clubathmosphäre ging auf diese Kacheln zurück, doch reflektiert die Dekoration auch die stärkere Betonung der Bildphantasie, die sich mit dem Auftauchen neuer Talente in der Wiener Kunst durchzusetzen begann.

Star der neuen Talente war der erst einundzwanzigjährige, noch an der Kunstgewerbeschule eingeschriebene Oskar Kokoschka. Das Programm der ersten Woche der *Fledermaus* enthielt auch Kokoschkas nur teilweise gelungenen Versuch der Bilderfolge seines „indischen Märchens“ *Das getupfte Ei.* Schon nach wenigen Monaten hatte er in der Wiener Avantgarde eine führende Rolle eingenommen, er hatte den Erfolg eines Enfant terrible. Seine dem Bewußtseinsstrom folgenden Kinderreime, etwa die der illustrierten Fabel *Die träumenden Knaben* (Abb. S. 130), und seine magisch verschnörkelte Bilderwelt – in der schematische Figuren und grob stilisierte organische Formen durch vage angedeutete Räume schwebten – schienen in direkter Verbindung zu stehen zu den unverdorbenen Quellen der Vorstellungskraft eines Kindes.

Die kindliche Kreativität war im späten 19. Jahrhundert von Erziehungsreformern und Psychologen mit besonderer Neugier untersucht worden. Wie Matisse und viele andere Avantgardekünstler teilte der Kreis um die Werkstätte dieses Interesse.[18] Es war Teil einer umfassenderen Suche nach den „unverbrauchten“ Quellen der Inspiration, auf die sich, frustriert von der offenbar kraftlosen Dekadenz des Naturalismus, die frühmodernen Künstler gemacht hatten. Das gleiche Interesse am Naiven und Unverbildeten beförderte auch eine neue Aufmerksamkeit für die Kunst der Folklore, die man, wie die bäuerliche Kultur selbst, für einen Ausgleich zwischen unbewußtem Individualismus und ungebrochener Tradition hielt; man sah sie an als frei von der konformistischen Monotonie und der erzwungenen Stilisierung des „zivilisierten“ Kunstausdrucks.

Das Interesse an Folklore, das mit der umfassenden europäischen Strömung des „Primitivismus“ in Verbindung stand, fand auch in Österreich breiten Widerhall. Mit dem langersehnten allgemeinen Wahlrecht für Männer im Jahre 1907 und der zunehmenden Macht des konservativen Thronerben Franz Ferdinand, der entschieden antibritisch und antifranzösisch war, fanden auch die bäuerlichen Minderheiten des Reichs stärkere Beachtung. Von den pittoresken Bauernbrigaden der kaiserlichen Jubiläumsparaden von 1908 bis zu den aggressiv antiurbanen Polemiken führender Schriftsteller: Die *Provinzkunst* war auf dem Vormarsch.[19]

In dem Maße, wie sich die Bewunderung für das Völkische mit dem Nationalismus verband, wurden lokale und partikulare Wahrheiten über die sogenannten universellen Ideale erhoben. Die Begriffe des Heroischen und Epischen, die zuvor auf ikonisch verehrte Vorstellungen der attischen Götterwelt gerichtet waren, griffen nun auf die dunkleren Dramen der nordischen Sagen zurück. Eine der eindrucksvollsten Arbeiten unter den vielen für Kinder bestimmten Werken der Wiener Werkstätte war die Illustration der *Nibelungen,* die Kokoschkas Lehrer an der Kunstgewerbeschule, Carl Otto Czeschka, 1908 für die Jugendbibliothek des Verlegers Gerlach anfertigte (Abb. S. 131). Ihre epische Archaik ist weit entfernt von den Träumen jugendlicher Sexualität, wie sie etwa *Die träumenden Knaben* bestimmen. Dennoch belegen beide Bücher die Faszination für Märchen, Verzauberung und Volksmythen, die kurz nach der Jahrhundertwende von den Rändern Europas (insbesondere von Skandinavien und Rußland) ausging, um die traditionell mediterrane Orientierung der westlichen Kunst in Frage zu stellen (und die neben anderen auch den russischen Maler Kandinsky in seinen Münchner Jahren erfaßte).[20]

Diese sich dem Primitiven zuwendenden Strömungen, aus denen sich besonders der gerade aufkommende Expressionismus speiste, führten in sehr verschiedene Richtungen. Einerseits beförderten sie eine scharf konservative Stimmung aus reaktionärer Politik und *Heimatstil,* der konformistischen, antimodernen Kunst von Heim und Herd, zu deren Markenzeichen das von ihr wiederentdeckte Strohdach wurde. Andererseits öffneten sie den Weg für eine neue Wertschätzung radikalerer Energien der Volkskunst und erleichterten einige ungewöhnliche stilistische Entwicklungen. In jedem Fall ging es um eine Suche nach grundsätzlich anderen Quellen der Kunst. Moser und andere seiner Generation folgten Ferdinand Hodler in der Annahme, es gebe eine objektive, regelhafte Naturordnung jenseits der vagen Eindrücke unserer Sinne, welche die Kunst mit Hilfe der zeitlosen Abstraktion der Geometrie offenbaren könne. Doch eine jüngere Generation, die größeren Wert auf subjektive Intuition legte, fand grobe Übersteigerung und unmodulierte Farbtöne besser geeignet, die Urgründe des Kunstschaffens auszudrücken. So ungleiche Gefährten wie das Archaische (im Stil der Sagen und der neowikingische Ornamentik) und das Komische (in Karikatur und Cartoon) belegen zur gleichen Zeit, wie eine von angeleiteter Imitation befreite Vorstellungskraft begann, die Welt in kühneren Formen zu fassen. Das Programm der *Fledermaus* ebenso wie die umfassende Produktion von Postkarten der Wiener

Carl Otto Czeschka. Zweiseitige Illustration für *Die Nibelungen* (Wien, Gerlach & Wiedling, 1920; Originalausg. 1908). Lithographien, je 14,8×13,5 cm. Sammlung Ronald und Hilde Zacks, Hamden, Conneticut.

Werkstätte um 1908 sind Beispiele für diese Art Tanz zwischen den Stilrichtungen der Bauernkunst und des *Punch* (Abb. S. 132).[21]

Als Hoffmann und andere Gestalter noch die Ideale des Klassizismus hochhielten, hatten sie im Bodenständigen nach Beispielen baulicher Einfachheit gesucht. Um 1907 jedoch (zum Teil infolge einer Neubewertung auch der Antike und der Bevorzugung minoischer und mykenischer Vorbilder gegenüber attischen Vorbildern[22]) wurden Volksstil und nordische Archaik gleichbedeutend mit dichter, ausgearbeiteter Verzierung von Flächen. Energie ging vor Klarheit; man ersetzte die statische Neutralität des Quadrats durch holzschnittartige Zacken und verschlungene Wirbel; die Regelmäßigkeit des Schachbretts wich der Zersplitterung des Mosaiks. Die Linien bekamen eine neue, körperhafte Dichte; Stickerei und alte Manuskriptmalerei ersetzten die Architekur als Inspirationsquelle.

Natürlich ereigneten sich diese Veränderungen nicht über Nacht. Viele der Elemente, die um 1907 in den Vordergrund traten, hatte es schon früher (vor allem im Werk Czeschkas) gegeben, sie waren aber durch die zeitweilige Dominanz des geometrischen Stils verdrängt worden. Der neue Stil war hauptsächlich die Folge von Mosers Ausscheiden, worauf auch Hoffmann seine Kontrolle über Designarbeiten der Werkstätte etwas lockerte, während sein eigenes Schaffen die Führungsrolle mehr und mehr verlor und unter den Einfluß anderer Gruppenmitglieder geriet. Doch auch die Ausstattung der

Gegenüberliegende Seite oben: Oskar Kokoschka. *Hirsch, Fuchs und Zauberer,* Blatt 1 (Randentwurf von Carl Otto Czeschka) aus dem Programm I, Kabarett Fledermaus. 1907. Lithographie, 24,2×23,4 cm. The Robert Core Rifkind Center for German Expressionist Studies, Los Angeles County Museum of Art; erworben durch den Anna Bing Arnold Fond, Museum Acquisition Fund und Deaccession Funds. Es wird angenommen, daß es eins der Bilder war, das für *„Das getupfte Ei“* im Kabarett Fledermaus verwendet wurde.

Gegenüberliegende Seite Mitte: Hubert von Zwickle. Wiener Werkstätte. Postkarte zum Jubiläum Kaiser Franz Josephs. 1908. Lithographie, 14×8,9 cm. Privatsammlung.

Gegenüberliegende Seite unten: Oskar Kokoschka. Vignette der Titelseite für *Die träumenden Knaben.* 1908; ausgeführt in Leipzig: Kurt Wolff, 1917. Lithographie, 24×28,9 cm. The Museum of Modern Art, New York; Sammlung Louis E. Stern.

Josef Hoffmann. *Kunstschau Wien 1908,* Ausstellungspavillon. Fassade. 1908.

Bertold Löffler. Raum mit Plakaten und Drucken, *Kunstschau Wien 1908,* Ausstellungspavillon. 1908.

Carl Otto Czeschka. Silberdose zum Gedenken des kaiserlichen Besuches in den Skoda Werken, Pilsen. 1905–06. Vergoldetes Silber und Edelsteine, 28×53×37,5 cm. Österreichische Nationalbibliothek, Wien.

Fledermaus mit ihrer raffinierten Mischung von Verfeinerung und Schock markierte einen Wendepunkt in der Stilentwicklung der Werkstätte. Der Wandel wurde vollends im Jahr darauf manifest bei der wegweisenden *Kunstschau Wien 1908.*

Im Jahre 1905 hatte es eine Abspaltung von der Sezession gegeben, und der Kern der ursprünglichen Führungsgruppe war mit Gustav Klimt gegangen. Dadurch hatte der progressivere Flügel der Wiener Kunst seine regelmäßigen Ausstellungsräume verloren, und die Kunstschau sollte – auf gemieteten Grundstücken und in von Hoffmann und Gefährten entworfenen Pavillons – die Antwort auf dieses Problem sein. Die Zusammenarbeit der „Klimt-Gruppe" und der Wiener Werkstätte prägte dieses Projekt, das unter anderem eine von Moser gestaltete Klimt-Retrospektive, ein Gartentheater, ein verkaufsfertiges zweistöckiges Landhaus von Hoffmann sowie Räume für Theaterkunst, Kunst für Kinder und Objekte der Werkstätte umfaßte. Diese Zusammenstellung stellte zugleich die umfassendste Werbung Wiener Künstler dar für den Gedanken, daß künstlerische Gestaltung jeden Winkel des Lebens erfassen solle, wie auch die Warnung – hier erreichte Kokoschkas ungestümes Talent zum ersten Mal ein breiteres Publikum –, daß die moderne Kunst von nun ab ein wesentlich beunruhigenderes Unternehmen sein würde.[23]

In einem Raum, dessen Wände vertikale Bänder von spitzenartigen Ornamenten markierten, zeigte die Werkstätte neben anderen Objekten von dekorativer Eleganz die blumenbeladenen Keramiken und früchtetragenden Cherubime Powolnys (Abb. S. 136). Die Mitte des Raums hatte man Czeschkas sagenhafter Vitrine aus getriebenem Silber überlassen, an der er zwei Jahre gearbeitet hatte. Die Dominanz Hoffmanns und Mosers war somit endgültig überwunden zugunsten eines neuen romantischen und eklektizistischen Individualismus. Für manche Gestalter der Werkstätte war dies zweifellos eine Befreiung, doch man muß kein strenger Purist sein, um zu spüren, daß etwas Entscheidendes verlorengegangen war. Moser beschwerte sich beim Auszug aus der Werkstätte, daß sie ihre Anstrengungen zu sehr aufsplittere und ihre Arbeiten zu anspruchslos gestalte, um eine modische Klientel zu gewinnen. An der Extravaganz der Kunstschau, zwischen der feinen, manierierten Eleganz des Wanddekors und dem pausbäckigen Charme der fröhlich bemalten Barockputten Powolnys pendelnd, mag man die Berechtigung dieses Urteils ermessen.

Auch Czeschkas Arbeiten bargen ein Problem. Seine dichtgewobenen Stilisierungen, die im Druck oder bei Schmuckarbeiten so besonders wirkten, schienen durch die Vergrößerung zur Vitrine im „Grals-Stil" oder zur Kassette, die er 1905 als Geschenk der Werkstätte an den Kaiser entwarf, nur plumper und üppiger zu werden. Dieses Problem war bezeichnend und betraf nicht ihn allein. Bis etwa 1907 war die Produktion der Werkstätte von Prinzipien der Architektur bestimmt gewesen. Doch vom Eintritt Kokoschkas an waren die neuen und einflußreichen Talente im wesentlichen untektonisch und malerisch orientiert. Und die Werkstätte wurde immer mehr auf Gebieten des Drucks, der Textilgestaltung und der Flächengestaltung tätig. Der frühere Dialog zwischen Fläche und struktureller Form war aufgegeben worden zugunsten von mehr skulpturhaften und oft auch kostbareren Formideen; komplexere Spiele wuchernder Verzierungen traten in den Vordergrund (Abb. S. 137).

Mit der neuen Betonung des Musters wich die westliche Logik einer beinahe orientalischen Üppigkeit. Diese Revolte gegen die Struktur wirkt manchmal so, als ob das Luxuriöse der intimistischen Malerei – die reichtapezierte Welt der frühen Vuillard und Bonnard und schließlich auch von Matisse' *Harmonie in Rot* – auf die Innenausstattung übergegriffen hätte. Es wäre zu einfach, diese Entwicklung als einen selbstgenügsamen Rückzug von der eigenen früheren Entschlossenheit abzutun, denn sie ging auch mit einer Ästhetik des Genusses einher, die ihr eigenes radikales Potential enthielt. Von Anfang an, beispielsweise in Ausstellungen wie *Der gedeckte Tisch* von 1906, hatte sich die Werkstätte auch die Propagierung des Vergnügens am Material und die Befriedi-

Oben: Carl Otto Czeschka. Vitrine. 1906–08. Silber, Halbedelsteine, Emaille und Elfenbein, 160×61×31,8 cm. Privatsammlung.

Oben links: Josef Hoffmann. Ausschnitt des Raumes der Wiener Werkstätte, *Kunstschau Wien 1908* (Porzellanfigur von Michael Powolny, s. S. 136).

Links: Josef Hoffmann. Raum der Wiener Werkstätte, *Kunstschau Wien 1908,* Ausstellungspavillon 1908. Die Vitrine von Carl Otto Czeschka (s. oben) steht in der Mitte des Raumes.

Henri Matisse. Harmonie in Rot. 1908. Öl auf Leinwand, 177,2×218,2 cm. Eremitage, Leningrad.

Josef Hoffmann. Geburtstagstisch (mit Porzellanfiguren von Richard Luksch) für die Ausstellung der Wiener Werkstätte „Der gedeckte Tisch". 1906.

gung der Sinne zum Ziel gesetzt als notwendige Erfüllung von Lebensmöglichkeiten. Eine Verbindung zur *Harmonie in Rot* wäre also kein bloßer Zufall; sie würde für einen gemeinsamen Glauben an die radikale Kraft des Dekorativen sprechen, der sich bei der Werkstätte auf eine neue affirmative Auffassung vom modernen Materialismus gründete. Als Gegenbewegung zur Jenseitigkeit des Symbolismus und zur asketischen Strenge des deutschen Klassizismus war dies ursprünglich ein progressiver und befreiender Impuls. Die Bevorzugung flacher Muster an Stelle von räumlichen Illusionen und vortektonischer Vernunft hatte eine wichtige affirmative Bedeutung. Aber ohne das Gegengewicht einer strengen Kontrolle jeglicher Zügellosigkeit lief sie Gefahr, ins pittoreske, schale Amusement abzugleiten. Matisse stellte sich immer wieder die Aufgabe eines Ausgleichs von Extravaganz und Zurückhaltung, aber in Wien wurde diese Aufgabe allmählich vernachlässigt. Für das Design im allgemeinen wie für Klimts Werk im besonderen gilt, daß die Ideen der Fauvisten erst spät und in abgeschwächter Form aufgenommen wurden.

Der Verlust der tektonischen Logik zeugt vom Untergang des Reformgeistes der frühen Werkstätte. Die schicke Frivolität der *Fledermaus* gewann Überhand und degenerierte zu einem modischen und recht banalen Ästhetizismus. Die Kunstschau war der Schwanengesang. Sie markierte das Ende einer Epoche, die mit der Gründung der Sezession begonnen hatte und in der das Kunsthandwerk im Mittelpunkt der progressiven und ehrgeizigen Bemühungen um Modernität gestanden hatte. Indem es sich mehr der Befriedigung des Geschmacks als der Veränderung widmete, fiel das Kunsthandwerk nach 1908 wieder in seine mindere Rolle zurück; die Wiener Werkstätte verwandelte sich zunehmend zu einem Unternehmen mit dem schlichten Geschäftsziel der Verschönerung.

Eduard Josef Wimmer-Wisgrill. Raum der Wiener Werkstätte im Österreichischen Pavillon, Deutsche Werkbund Ausstellung, Köln. 1914.

Karl Witzmann. Ausstellungsraum der dekorativen Künste im Österreichischen Pavillon, Deutsche Werkbund Ausstellung, Köln. 1914.

In den Jahren nach der Kunstschau von 1908 gewann die Werkstätte durch Teilnahme an Ausstellungen in Rom (1911) und Köln (1914) und durch Kooperation mit dem 1907 gegründeten Deutschen Werkbund an internationalem Ansehen. Doch der Erste Weltkrieg brachte einen ernsthaften Rückschlag mit sich, da er ihre Aktivitäten beschränkte und nach einem Design verlangte, das von betont deutschem Charakter, ohne französische oder englische Anklänge war. Dieser Provinzialismus wirkte sich am stärksten auf die jüngste (und kommerziell erfolgreichste) Abteilung der Werkstätte aus, die 1910 gegründete Modesektion.[24]

Durch die Freundschaft von Klimt und Emilie Flöge (Abb. S. 198) hatten sich schon früher Kunst und Mode miteinander verbunden. Flöge betrieb mit

Josef Hoffmann und Koloman Moser. Einrichtung der Casa Piccola, des Modesalons der Geschwister Flöge. 1904.

Oben: Emilie Flöge mit dem Kleid „Konzert", von Gustav Klimt entworfen und mit einem Kettenanhänger von Josef Hoffmann (s. S. 140). Vor 1907.

Rechts: Gustav Klimt. Bogen mit Etiketten der Casa Piccola (Detail). Um 1906. Seide, 68×284 cm insgesamt. Sammlung Dr. Wolfgang Fischer, Wien, für Fischer Fine Art, London.

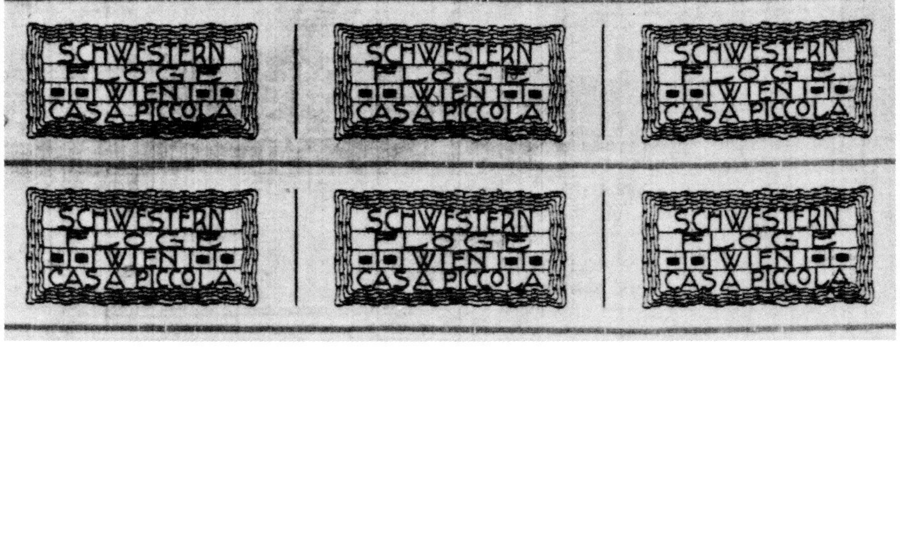

ihrer Schwester einen der führenden Wiener Modesalons, dessen Inneneinrichtung die Werkstätte besorgt hatte. Etwa zur Zeit der Jahrhundertwende hat sie Gewänder entworfen, die Klimts Kunststil so nahe kommen, daß man kaum entscheiden kann, ob letztlich sie oder er für die Kleider verantwortlich war. Sie hatte auch eine beeindruckende Sammlung bäuerlicher Klöppel- und Spitzenarbeiten aus Rumänien und den Ostprovinzen zusammengetragen, die sie schon in ihre Entwürfe einarbeitete, als der Folklorestil noch lange nicht in Mode war. Vor allem repräsentieren ihre frühen Arbeiten die Zeit, als neben den anderen angewandten Künsten auch die Mode zu einem integralen Bestandteil der avantgardistischen Bestrebungen wurde, eine umfassendere Lebensreform durchzuführen.

Gegen Ende des 19. Jahrhunderts berührte die Frage der Frauenmode die umfassendere Frage des Feminismus.[25] Die einschnürenden Korsette und Gesäßpolster der Damen begann man in den 80er Jahre in progressiven Kreisen als kriminell anzusehen, und die durch sie verursachten Deformationen des Körpers hielt man für ungesund; Walfischbein und Spitzen sollten verbannt werden: die Kleider hatten den Körper in lockerem Fall kittelartig zu umfließen und volle Bewegungsfreiheit zu ermöglichen. Diese Art von Tracht, die als Reformkleid bekannt wurde, war lange Zeit das exklusive Kennzeichen ernsthafter und entschlossen unmodischer Feministinnen. Unter dem Einfluß der Modeideen Paul Poirets in Paris erkannten Designer wie die Flöge, daß diese Mode auch aus anderen als lediglich orthopädischen Gründen attraktiv sein konnte. Der Durchbruch kam mit der Verschmelzung der schlichten, geraden Linien des Reformkleids mit einem neudefinierten Klassizismus, sei es in Form eines wiederbelebten Empire (einem weiteren Beispiel für die Rückkehr bestimmter Biedermeiervorstellungen), sei es als kühnere „antike" Entwürfe. Auf diese Weise wurden „natürliche" Freiheit und die strikte Künstlichkeit einfacher Linien gleichermaßen befriedigt, und eine Mode, die man jahrzehntelang für stillos und unbedeutend gehalten hatte, konnte nach der Jahrhundertwende als neueste Entwicklung des Geschmacks unter dem Begriff „rationale Kleidung" von Flöge und Klimt neu vermarktet werden.[26]

Der nächste Schritt auf dem Weg zu einer offiziellen Modeabteilung der Wiener Werkstätte war 1905 die Einrichtung einer Textilwerkstatt. Hoffmann und Moser hatten schon bei der Produktion von Teppichen und Polstern erfolgreich mit der Textilfirma Backhausen & Söhne zusammengearbeitet. Nun konzentrierten sie sich mit einer eigenen Abteilung auf kostbarere Handdrucke und Seidenmalerei.[27] Mit solchen Luxusstoffen, die buchstäblich in Tausenden von Mustern hergestellt wurden, welche die führenden Künstler der Werkstätte – Hoffmann, Czeschka und andere – noch ständig erweiterten, hinterließ Wien seine erste Spur auf dem internationalen Modemarkt.

Hoffmann hatte die Textilgestaltung immer für ein wichtiges Element der totalen ästhetischen Kontrolle einer Inneneinrichtung gehalten. Die Legende berichtet, es sei die Furcht vor der Zerstörung dieser Harmonie durch die Kleidung eines Kunden gewesen, die die Gründung der Modeabteilung ausgelöst habe. Zwar trug Hoffmann etliche Entwürfe bei, doch das Talent, das die Mode der Wiener Werkstätte tatsächlich prägte, war der leitende Gründer Eduard Josef Wimmer-Wisgrill. Man hielt Wimmer-Wisgrill für die Antwort Wiens auf Paul Poiret, und wenn man sich seine Entwürfe (Abb. S. 102, 103) und die seiner Kollegen anschaut, erkennt man einen permanenten Bezug auf die Pariser Mode und auf Poirets Designs im besonderen.[28] Poiret, der ein großer Bewunderer Hoffmanns war und Wien im Jahre 1912 besuchte, gab das Kompliment zurück und bezog größere Mengen Stoff von der Werkstätte.

Der außerordentliche Erfolg, den Wimmer-Wisgrill und die Werkstätte in Deutschland und Österreich genossen, hing sehr stark mit dem gesellschaftlichen Bedürfnis zusammen, Paris auf seinem ihm ganz eigenen Gebiet zu schlagen – das schmälert nicht das innewohnende Talent und die Qualität der Ausführung. Nirgendwo sonst war die Vorherrschaft von Paris deutlicher als auf dem Gebiet der Mode, und darum war es auf keinem Gebiet zwingender –

Arnold Nechansky. Stoffmuster „Pompei". Um 1913. Siebdruck auf Seide, 37×37 cm. Sammlung James May.

Dagobert Peche. Stoffmuster „Rosenkavalier" (Detail). Um 1918. Siebdruck auf Seide, 39×64 cm. Sammlung James May.

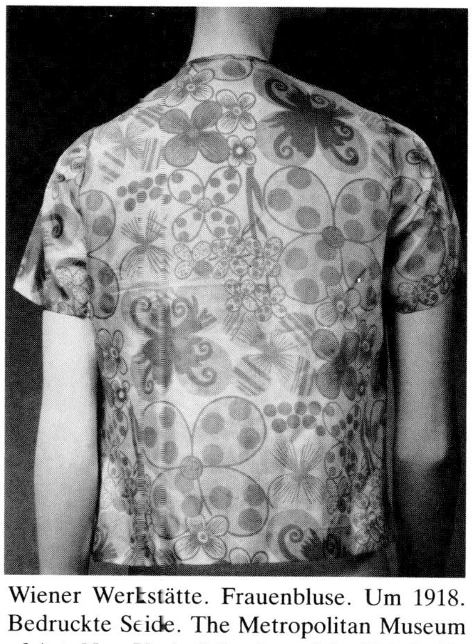

Wiener Werkstätte. Frauenbluse. Um 1918. Bedruckte Seide. The Metropolitan Museum of Art, New York; Schenkung Mrs. Friederike Beer-Monti, 1964.

Oben links: Eduard Josef Wimmer-Wisgrill. Kleiderentwurf „Bubi“. 1912. Bleistift und Aquarell, 29,7×17,8 cm. Österreichisches Museum für angewandte Kunst, Wien.

Oben Mitte: Eduard Josef Wimmer-Wisgrill. Kleiderentwurf „Franziska“. 1912. Bleistift und Aquarell, 29,7×17,8 cm. Österreichisches Museum für angewandte Kunst, Wien.

Oben rechts: Wiener Werkstätte. Kleid. Um 1915. Seide. The Metropolitan Museum of Art, New York; Schenkung Mrs. Friedericke Beer-Monti, 1964. Den gleichen Seidenstoff sieht man in dem Portrait Frau Beer-Montis von Gustav Klimt, rechts.

Rechts: Gustav Klimt. *Friedericke Maria Beer.* 1916. Öl auf Leinwand, 168×130 cm. Sammlung Markus Mizné, Rio de Janeiro, Dauerleihgabe The Metropolitan Museum of Art, New York.

Oben links: Eduard Josef Wimmer-Wisgrill. Rock mit Trägern, Stoff „Cypern“. Wiener Werkstätte. 1917.

Oben rechts: Eduard Josef Wimmer-Wisgrill. Mantel „Fürstin Metternich“. 1913.

und schwieriger –, dem Aufruf *„Los von Paris!“* bei Kriegsbeginn zu folgen. Sämtliche Geschäfte, die sich zuvor als *Maisons pour robes* angepriesen hatten, mußten ihre Ladenschilder übermalen, und man erwartete von der Werkstätte die Führung bei der Neubestimmung der echt germanischen Mode.[29] In der Entwurfmappe von 1914–15 gehen die Abbildungen nahtlos von der eleganten Linearität der vergangenen Jahre zu einem praktischen groben Holzschnitt-Look über; eine bestimmte un-gallische Schwere charakterisierte beinahe jedes Teil. Allerdings war der Orientalismus der Scheherezade-Entwürfe von Léon Bakst immer noch zugelassen, wie das Seidengewand in der Art einer türkischen Pumphose bezeugt, das Friedericke Maria Beer auf ihrem von Klimt 1916 gemalten Portrait trägt.

Seine Betonung des Deutschen und der emotionale Anklang seiner holzschnittartigen Entwürfe trugen wohl auch zum anfänglichen Erfolg von Dagobert Peche bei, dem einzigen Designer, der sich während des Kriegs einen neuen Ruf machte. Peche war neunundzwanzig, als er der Werkstätte 1915 beitrat, und er sollte noch vor seinem vierzigsten Lebensjahr sterben. Peche besaß ein sehr eigenwilliges, bis zur nervösen Verwirrung zugespitztes stilistisches Talent (Abb. S. 104). Doch stand er sowohl mit Wimmer-Wisgrill als auch besonders mit Hoffmanns Tendenzen der Jahre 1910 bis 1919 zu manierierter und vergeistigter Verfeinerung im Einklang. Hoffmann war sofort von ihm beeindruckt und auch beeinflußt: Peches Stil, der mit spitzen Flächen elementar arbeitete, entwickelte sich rasch zum Kennzeichen der Werkstätte in ihren Plakaten, Stoffen und Ausstellungsentwürfen. Seine winkligen Gestaltungen wiesen in die Richtung des deutschen Expressionismus, doch barg sich darin, wie in so vielen Entwürfen der Werkstätte aus diesen Jahren, auch schon der rassige, spröde Geist der Art deco. Seine filigranen Arbeiten harmonierten sehr gut mit der ausgesprochen weiblich wirkenden Pracht, die zum Markenzeichen der Werkstätte geworden war; sie entfalteten sich am besten auf Papier, bei Stoffen und Schmucksachen.

Nach dem Krieg erlebte die Werkstätte einen neuen Aufschwung und dehnte ihren Wirkungskreis bis nach Amerika aus. Sie war ein prominenter Teilnehmer an wichtigen Designausstellungen wie zum Beispiel der von 1925 in Paris. Aber die Qualität ließ nach, und zu viele ihrer Produkte waren von einem unübersehbaren Element des Kitsches bestimmt. Ironischerweise wird späterhin gerade diese am wenigsten innovative, nur gefällig-dekorative Phase meistens mit der Werkstätte in Verbindung gebracht, während man die Arbeiten der frühen Jahre erst in den beiden letzten Jahrzehnten allgemein wiederentdeckt hat.

Gegenüberliegende Seite: Carl Otto Moll. *Weißes Interieur.* Um 1908. Öl auf Leinwand. Verbleib unbekannt. Die Möbel und das Interieur auf dem Gemälde sind von Josef Hoffmann.

Rechts: Dagobert Peche. Schmuckdose. 1918. Silber, 42,5×19,5×12,5 cm. Privatsammlung.

Unten rechts: Dagobert Peche. Plakat für die Spitzenabteilung der Wiener Werkstätte. 1918. Lithographie, 57×45,5 cm. Österreichisches Museum für angewandte Kunst, Wien.

Unten: Dagobert Peche. Klöppeleien. Um 1916. Spitze, je 15×15 cm. Sammlung James May.

Gemessen an den von der Werkstätte selbst aufgestellten Standarts, ist es nicht leicht zu entscheiden, ob sie erfolgreich war oder nicht. Unter Berufung auf die Ideale von John Ruskin und William Morris hatten die Gründer eine Allianz angestrebt zwischen Künstlern, die im Bewußtsein der moralischen Qualität von Handarbeit zusammenwirkten, und einer aufgeklärten bürgerlichen Kundschaft, die dauerhafte Qualität höherschätzte als wankelmütige Mode. Unterstützt von dieser Allianz, sollten die besten Designer daran arbeiten, schöne und qualitätsvolle Gebrauchsgegenstände herzustellen, die auch einem breiteren Publikum zugänglich wären. In Wirklichkeit aber erreichte die Produktion der Werkstätte nie einen größeren Markt. Während die besten Arbeiten, etwa die für Stoclet, aus kostbaren Einzelstücken bestanden, verwässerte das Unternehmen auf der anderen Seite die Autorität seines Siegels mit der Produktion von trivialen Massenwaren. Das Ideal einer Lebensreform für alle mittels besseren Designs blieb nur ein Versprechen.

Unglücklicherweise wird manches, was die Werkstätte uns hinterlassen hat, gerade von ihren eigenen Idealen überschattet. Die Gründer wollten ihre Arbeiten zu kontrapunktischen Ensembles zusammengestellt sehen, in denen Materialien und Stile in wohlbalancierten Einrichtungen sich die Waage hielten. Mit der einzigen Ausnahme des Palais Stoclet, das immer noch bemerkenswert gut erhalten ist, ist von dieser Intention außer Fragmenten nichts mehr erhalten. So ist man also versucht, sich bestimmte Aspekte herauszupikken und äußerliche Verbindungen vorzutäuschen. Entweder isoliert man die geometrischen Arbeiten und betont die eigentlich bauhausartige Strenge und Funktionalität, oder man preist im Geist des historisierenden Designs und der dekorativen Mustermalerei der letzten Jahre den reichen, blumigen Eklektizismus als die Vorankündigung der Postmoderne. In den besten Arbeiten der Werkstätte jedoch bildeten strikte Einfachheit und luxuriöse Komplexität sich ergänzende, nicht gegensätzliche Prinzipien. Sie überwanden das Gewöhnliche und definierten einen modernen Sinn des Vergnügens am Material.

Gustav Klimt. Plakat für die Ausstellung der *I. Secession* (vor der Zensur). 1898.
Lithographie, 61,6×43,9 cm.
Privatsammlung, mit Genehmigung der Barry Friedman Ltd., New York.

Joseph Maria Olbrich. Plakate für die Ausstellungen der *II. und III. Secession.* 1898–99.
Lithographie, 85,5×50,5 cm.
Sammlung Mr. und Mrs. Leonard A. Lauder.

Ferdinand Andri. Plakat für die Ausstellung der *XXV. Secession*. 1906.
Lithographie, 94×62,2 cm.
Sammlung Mr. und Mrs. Leonard A. Lauder.

Alfred Roller. Plakat für die
Ausstellung der *XVI. Secession.* 1903.
Lithographie, 188,9×63,5 cm. Privatsammlung, mit
Genehmigung der Serge Sabarsky Gallery, New York.

Koloman Moser. Plakat für die
Ausstellung der *XIII. Secession.* 1902.
177,2×59,7 cm. Privatsammlung, mit
Genehmigung der Barry Friedman Ltd., New York.

Joseph Maria Olbrich. Plakat zur Ausstellung *Ein Dokument deutscher Kunst,* Darmstadt. 1901.
Lithographie, 81,3×48,9 cm.
Privatsammlung, mit Genehmigung der Barry Friedman Ltd., New York.

Joseph Maria Olbrich. Schnapsservice „Pfau“.
Krug, Tablett und sechs Gläser. Um 1901.
Zinn, 34,3×44,5×26 cm insgesamt.
Sammlung Miles J. Lourie.

Joseph Maria Olbrich. Teller. Um 1901.
Zinn, 26,1×26,7 cm.
Privatsammlung, mit Genehmigung der Barry Friedman Ltd., New York.

Joseph Maria Olbrich. Sahnekännchen, Zuckerdose, Tee- und Kaffeekanne. Um 1904.
Zinn; Kaffeekanne 24,2 cm hoch.
Privatsammlung, mit Genehmigung der Barry Friedman Ltd., New York.

Alfred Roller.
Umschlag für *Ver Sacrum*. 1898.
Lithographie, 29,5×28,2 cm.
The Museum of Modern Art, New York.

Koloman Moser.
Umschlag für *Ver Sacrum,* 1898.
Lithographie, 29,5×28,2 cm.
The Museum of Modern Art, New York.

Otto Wagner.
Umschlag für *Ver Sacrum*. 1899.
Lithographie, 28,2×27,9 cm.
The Museum of Modern Art, New York.

Alfred Roller.
Umschlag für *Ver Sacrum*. 1898.
Lithographie, 29,5×28,2 cm.
The Museum of Modern Art, New York.

Josef Hoffmann und Joseph Maria Olbrich.
Postkarte mit Entwürfen für *Ver Sacrum*. 1898.
Lithographie, 14×8,9 cm.
Sammlung Leonard A. Lauder.

Koloman Moser.
Postkarte mit Entwürfen für *Ver Sacrum*. 1898.
Lithographie, 14×8,9 cm
Sammlung Leonard A. Lauder.

Adolf Böhm.
Postkarte mit Entwürfen für *Ver Sacrum*. 1898.
Lithographie, 14×8,9 cm.
Sammlung Leonard A. Lauder.

Koloman Moser und Joseph Maria Olbrich.
Postkarte mit Entwürfen für *Ver Sacrum*. 1898.
Lithographie, 14×8,9 cm.
Sammlung Leonard A. Lauder.

Koloman Moser. Stoffmuster „Palmblatt“ (Detail). 1899.
Stoff, 40×31 cm insgesamt.
Österreichisches Museum für angewandte Kunst, Wien.

Robert Örley, Stoffmuster „Kosmischer Nebel“ (Detail). 1900.
Stoff, 127×97 cm insgesamt.
Österreichisches Museum für angewandte Kunst, Wien.

Koloman Moser. Stoffmuster „Pilze“ (Detail). 1900.
Stoff, 112×91 cm insgesamt.
Österreichisches Museum für angewandte Kunst, Wien.

Koloman Moser. Stoffmuster „Klatschmohn“ (Detail). 1900.
Stoff, 130×124 cm insgesamt
Österreichisches Museum für angewandte Kunst, Wien.

Koloman Moser. Tafeln aus der Moser-Ausgabe von *„Die Quelle“;* Wien und Leipzig; Verlag M. Gerlach, 1901–02.
Lithographien, je 25,4×29,9 cm. Hochschule für angewandte Künste, Wien.

Koloman Moser (zugeschrieben). Blumenständer. Um 1903.
Bemaltes Holz und Metall, 85×45×45 cm.
Sammlung Julius Hummel, Wien.

Koloman Moser. Blumenständer. Um 1904.
Bemaltes Blech,
158,8×55,9×55,9 cm.
Sammlung Nelson Blitz, Jr.

Ausstellung der Wiener Werkstätte in der Galerie Miethke. 1905.
Die Installation wurde von Koloman Moser und Josef Hoffmann entworfen; die von Moser entworfenen Blumenständer stehen rechts und links.

Koloman Moser. Fauteuil „Zuckerkandl". Um 1904.
Holz, 69,2×59,7×59,7 cm. Sammlung Nelson Blitz, jr.

Koloman Moser. Nähkasten. Um 1904.
Holz, 26,7×43,8×28 cm. Sammlung Nelson Blitz, jr.

Leopold Bauer. Tasse und Unterteller. Um 1902.
Steingut, zusammen 5,1 cm hoch.
Sammlung Julius Hummel, Wien.

Bertold Löffler. Kerzenständer. 1905.
Glasierte Keramik, 14 cm hoch.
Sammlung Julius Hummel, Wien.

Bertold Löffler (zugeschrieben). Schale. Um 1905.
Glasierte Keramik, 24,8 cm Durchmesser.
Sammlung Julius Hummel, Wien.

Michael Powolny. Blumenschale. 1903.
Glasierte Keramik, 12 cm hoch, 30 cm Durchmesser.
Sammlung Julius Hummel, Wien.

Josef Hoffmann. Stoffentwurf „Vineta". 1904.
Aquarell, 60,4×42,6 cm.
Sammlung Joh. Backhausen & Söhne, Wien.
Copyright Joh. Backhausen & Söhne.

Josef Hoffmann. Stoffentwurf „Lange Ohren". 1902.
Aquarell, 15,7×15,7 cm.
Sammlung Joh. Backhausen & Söhne, Wien.
Copyright Joh. Backhausen & Söhne.

Josef Hoffmann. Stoffmuster „Pilze" (Ausschnitt). 1902.
Stoff, 91,5×118,2 cm insgesamt.
Sammlung Joh. Backhausen & Söhne, Wien
Copyright Joh. Backhausen & Söhne.

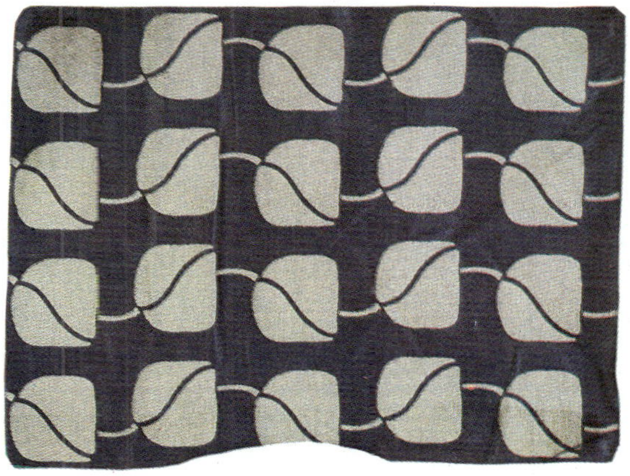

Karl Johann Benirschke. Stoffmuster „Blumen". 1901.
Stoff, 26,7×35,6 cm.
Sammlung Joh. Backhausen & Söhne, Wien.
Copyrigth Joh. Backhausen & Söhne.

Josef Hoffmann. Kerzenhalter (links), Übertopf (rechts). Um 1904–05.
Silber; Kerzenständer 19,5 cm hoch. Privatsammlung.

Koloman Moser. Vase, Tintenfaß und Essig- und Ölfläschchen mit Ständer. Um 1904–05.
Silber; Vase 21,6 cm hoch. Privatsammlung.

Josef Hoffmann. Übertopf, Tafelaufsatz, Vase und Übertopf. Um 1905.
Bemaltes Blech; Vase 24,5 cm hoch.
Privatsammlung.

Josef Hoffmann. Schatulle. 1904.
Gehämmertes Silber, 10,2×32,7×17,5 cm.
Sammlung Nelson Blitz jr.

Josef Hoffmann. Teeservice. Samowar mit Stövchen, Teekanne, Zuckerdose und Sahnekännchen. 1903.
Gehämmertes Silber, Koralle, Holz, Leder; Samowar 27 cm hoch.
Österreichisches Museum für angewandte Kunst, Wien.

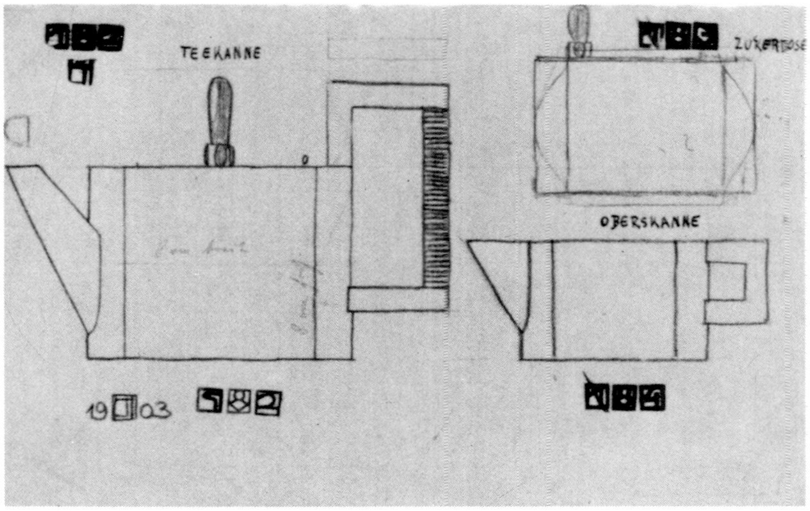

Josef Hoffmann. Entwurf für Teeservice. 1903.
Bleistift und Kohle, 21×34 cm.
Österreichisches Museum für angewandte Kunst, Wien.

Josef Hoffmann. Teeservice. Samovar mit Stövchen, Teekanne, Zuckerdose, Sahnekännchen und Tablett. 1904. Versilbertes Messing, Holz, Höhe 21,6 cm, Durchmesser über alles 34,3 cm. Sammlung Miles J. Lourie.

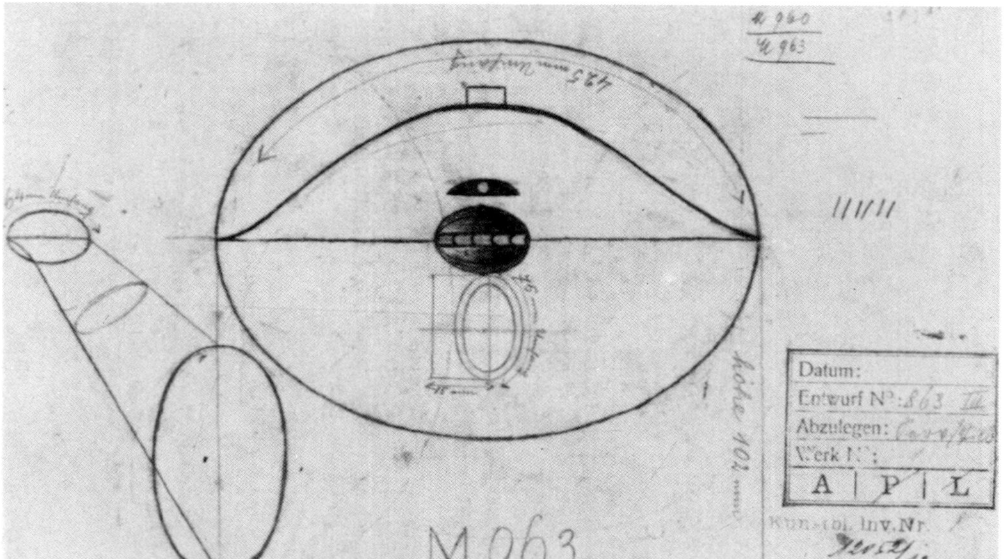

Josef Hoffmann. Entwurf für eine Teekanne. 1904.
Bleistift, 18,8 × 28,6 cm. Österreichisches Museum
für angewandte Kunst, Wien.

Josef Hoffmann. Samowar mit Stövchen. 1909–10.
Silber und Elfenbein; Samowar, 29 cm hoch.
Österreichisches Museum für angewandte Kunst, Wien.

Josef Divéky (zugeschrieben). Postkarte für das Kabarett Fledermaus. 1908.
Lithographie, 14×8,9 cm. Sammlung Leonard A. Lauder.

Emil Hoppe. Projekt für den Ausstellungspavillon für Design auf der *Kunstschau Wien 1908*.
Bleistift, Buntstift, Tusche, Feder, Pastell und Gouache, 31,2×25,4 cm.
Fischer Fine Art, London.

Bertold Löffler. Plakat für das Kabarett Fledermaus. 1908.
Lithographie, 63×43,5 cm.
Historisches Museum der Stadt Wien.

Bertold Löffler. Fächer für das Kabarett Fledermaus. 1907.
Pappe und bedrucktes Papier, 21×38,4 cm geöffnet. Historisches Museum der Stadt Wien.

Carl Otto Czeschka. Umschlag für das Programm I, Kabarett Fledermaus. 1907.
Lithographie, 24,2×23,4 cm.
The Robert Gore Rifkind Center for German Expressionist Studies.
Los Angeles County Museum of Art;
erworben durch den Anna Bing Arnols Fund,
Museum Acquisition Fund and Deaccession Funds.

Fritz Zeymer. Ohne Titel (Frau mit transparentem Umhang),
Tafel 3 (Randentwurf von Carl Otto Czeschka)
aus dem Programm I, Kabarett Fledermaus. 1907.
Lithographie, 24,2×23,4 cm.
The Robert Gore Rifkind Center for German Expressionist Studies,
Los Angeles County Museum of Art;
erworben mit Geldern von Anna Bing Arnold, dem
Museum Acquisition Fund und den Deaccession Funds.

Oskar Kokoschka. Vier Illustrationen zu *„Die träumenden Knaben"*. 1908 (ausgeführt in Leipzig: Kurt Wolff, 1917).
Lithographien, je 24×28,9 cm.
The Museum of Modern Art, New York; The Louis E. Stern Sammlung.

Carl Otto Czeschka. Zweiseitige Illustration zu *Die Nibelungen* (Wien: Gerlach & Wiedling, 1908.)
Lithographien, je 14,8×13,5 cm.
Historisches Museum der Stadt Wien.

Carl Otto Czeschka. Zweiseitige Illustration zu *Die Nibelungen.* (Wien: Gerlach & Wiedling, 1908.)
Lithographien, je 14,8×13,5 cm.
Historisches Museum der Stadt Wien.

Hans Kalmsteiner.
Postkarte (Kasperletheater). Um 1909.
Lithographie, 14×8,9 cm.
Sammlung Leonard A. Lauder.

Hans Kalmsteiner.
Postkarte (Kasperletheater). Um 1909.
Lithographie, 14×8,9 cm.
Sammlung Leonard A. Lauder.

Oskar Kokoschka.
Postkarte (Ruhende Frau). Um 1908.
Lithographie, 14×8,9 cm.
Sammlung Leonard A. Lauder.

Oskar Kokoschka.
Postkarte (Reiter). Undatiert.
Lithographie, 14×8,9 cm.
Sammlung Leonard A. Lauder.

Bertold Löffler. Plakat für die *Kunstschau Wien 1908*. 1908.
Lithographie, 68×96 cm.
Privatsammlung, mit Genehmigung der Barry Friedman Ltd., New York.

Rudolf Kalvach. Plakat für die *Kunstschau Wien 1908*. 1908.
Lithographie, 94×57,2 cm.
Privatsammlung, mit Genehmigung der Barry Friedman Ltd., New York.

Oskar Kokoschka. Plakat für die *Kunstschau Wien 1908*. 1908.
Lithographie, 93,4×61 cm.
Privatsammlung, mit Genehmigung der Barry Friedman Ltd., New York.

Michael Powolny. Bonbondose. Um 1912–13.
Glasierte Keramik, 12 cm hoch, 8,6 cm Durchmesser.
Historisches Museum der Stadt Wien.

Michael Powolny. Putto mit „Frühlingsblumen“ – Korb. 1908.
Glasierte Keramik, 37,5 cm hoch.
Österreichisches Museum für angewandte Kunst, Wien.

Josef Hoffmann. Ballkartenbehälter. 1909.
Messing und Leder, 14,2×11,8 cm.
Historisches Museum der Stadt Wien.

Carl Otto Czeschka. Pokal mit Deckel. 1909.
Vergoldetes Silber und Lapislazuli, 25,5 cm hoch, 13 cm Durchmesser.
Österreichisches Museum für angewandte Kunst, Wien.

Carl Otto Czeschka, Tafelaufsatz. Um 1906.
Silber, Lapislazuli- und Glaseinlagen, 10 cm hoch.
Österreichisches Museum für angewandte Kunst, Wien.

Mela Köhler. Postkarte mit Kleidentwurf. Undatiert.
Lithographie, 14×8,9 cm.
Sammlung Leonard A. Lauder.

Mela Köhler. Postkarte mit Kleidentwurf. Undatiert.
Lithographie, 14×8,9 cm.
Sammlung Leonard A. Lauder.

Josef Divéky. Postkarte mit Kleidentwurf. Undatiert.
Lithographie, 14×8,9 cm.
Sammlung Leonard A. Lauder.

Erich Schmal. Postkarte mit Kleidentwurf. Undatiert.
Lithographie, 14×8,9 cm.
Sammlung Leonard A. Lauder.

Josef Hoffmann. Brieftasche. Um 1915.
Goldbesticktes Ziegenleder, 8×13,2 cm.
Österreichisches Museum für angewandte Kunst, Wien.

Josef Hoffmann. Briefmappe. 1910–15.
Goldbesticktes Ziegenleder, 29,3×23,3 cm.
Österreichisches Museum für angewandte Kunst, Wien.

Unbekannter Designer. Zwei Paar Damenschuhe. Um 1914.
Seide und Leder.
Historisches Museum der Stadt Wien.

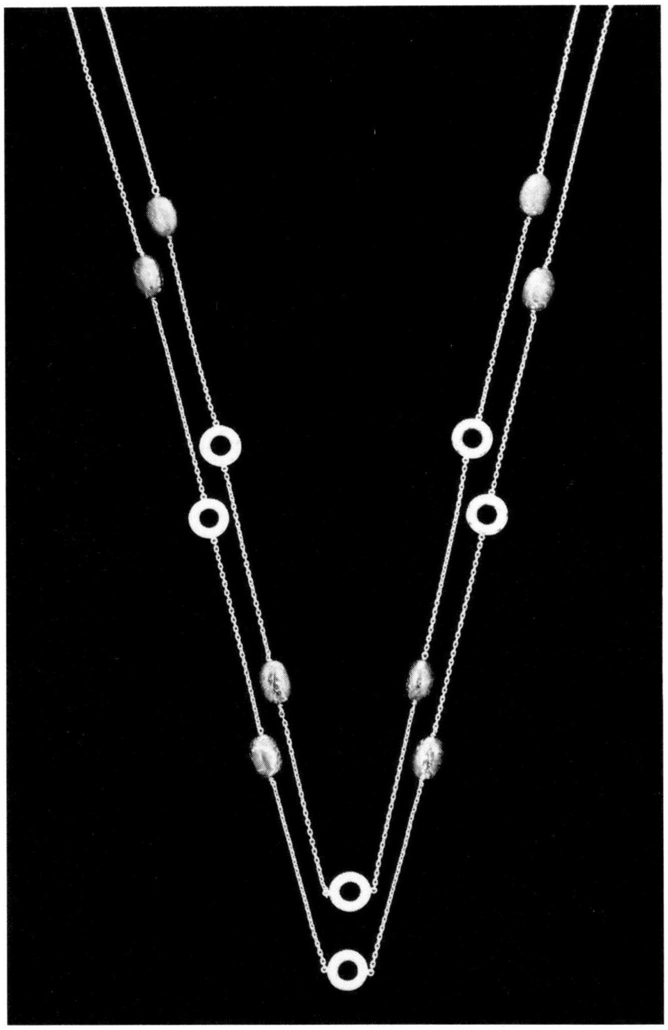

Koloman Moser und Josef Hoffmann. Halskette. Um 1904–06.
Gold mit schwarzem Opal, 162 cm lang.
Privatsammlung.

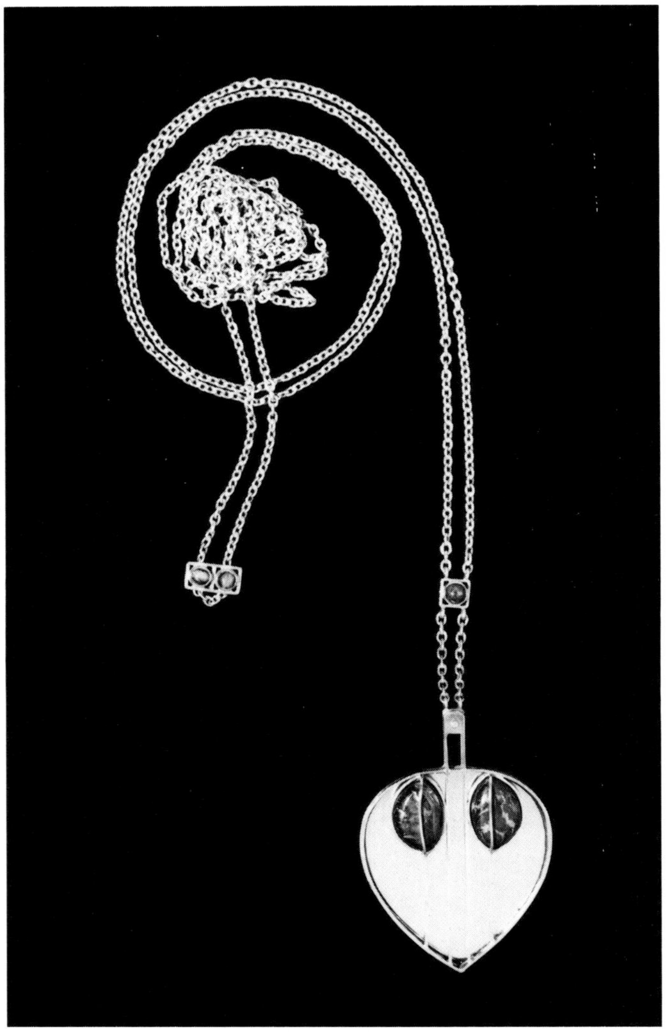

Josef Hoffmann. Halskette mit herzförmigem Anhänger. 1905.
Silber, Spiegel und zwei Opale;
Kette 78,5 cm lang; Anhänger 5,4 cm lang.
Sammlung Dr. Wolfgang Fischer, Wien, für Fischer Fine Art, London.
Zuvor Sammlung Emilie Flöge.

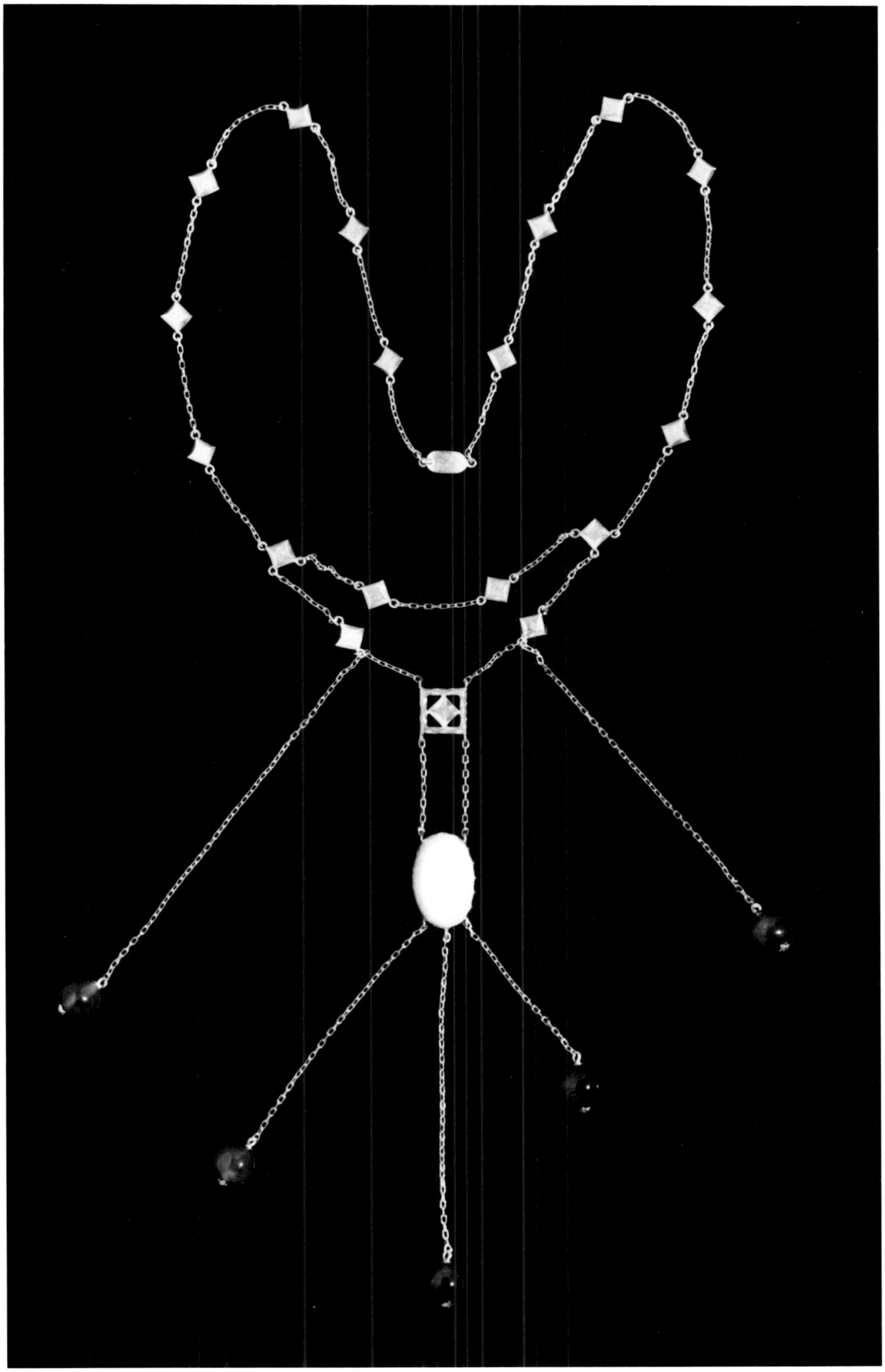

Koloman Moser. Halskette für Emilie Flöge. 1905.
Silber, Elfenbein, Karneolperlen, 48 cm lang.
Sammlung Dr. Wolfgang Fischer, Wien, für Fischer Fine Art, London.

Carl Otto Czeschka (zugeschrieben). Armband. Um 1905.
Gold, Mondstein, 20,4 cm lang.
Privatsammlung.

Josef Hoffmann. Armband. Um 1914.
Getriebenes Gold, Elfenbein, Diamant, 4,8×19,8 cm.
Privatsammlung.

Josef Hoffmann. Gürtelschnalle. Um 1907.
Vergoldetes Kupfer, emailliert, 6,5×6,5 cm.
Privatsammlung.

Josef Hoffmann. Brosche. 1908.
Silber, teilweise vergoldet, Lapislazuli, Koralle, Opal, Granat, Türkis, Chrysopras, Achat, Mondstein, Karneol, 5,5×5,5 cm.
Privatsammlung.

Josef Hoffmann. Brosche. Undatiert.
Silber, Malachit, Lapislazuli, Mondstein, Cabochon, Koralle, 4,5×4,5 cm.
Sammlung Christa Zetter, Galerie bei der Albertina, Wien.

Josef Hoffmann. Halsband. Um 1904–06.
Vergoldetes Silber, Citrin, 53,4 cm lang.
Privatsammlung.

Josef Hoffmann. Anhänger. Um 1915.
Getriebenes Gold, Opal, 7 cm hoch.
Privatsammlung.

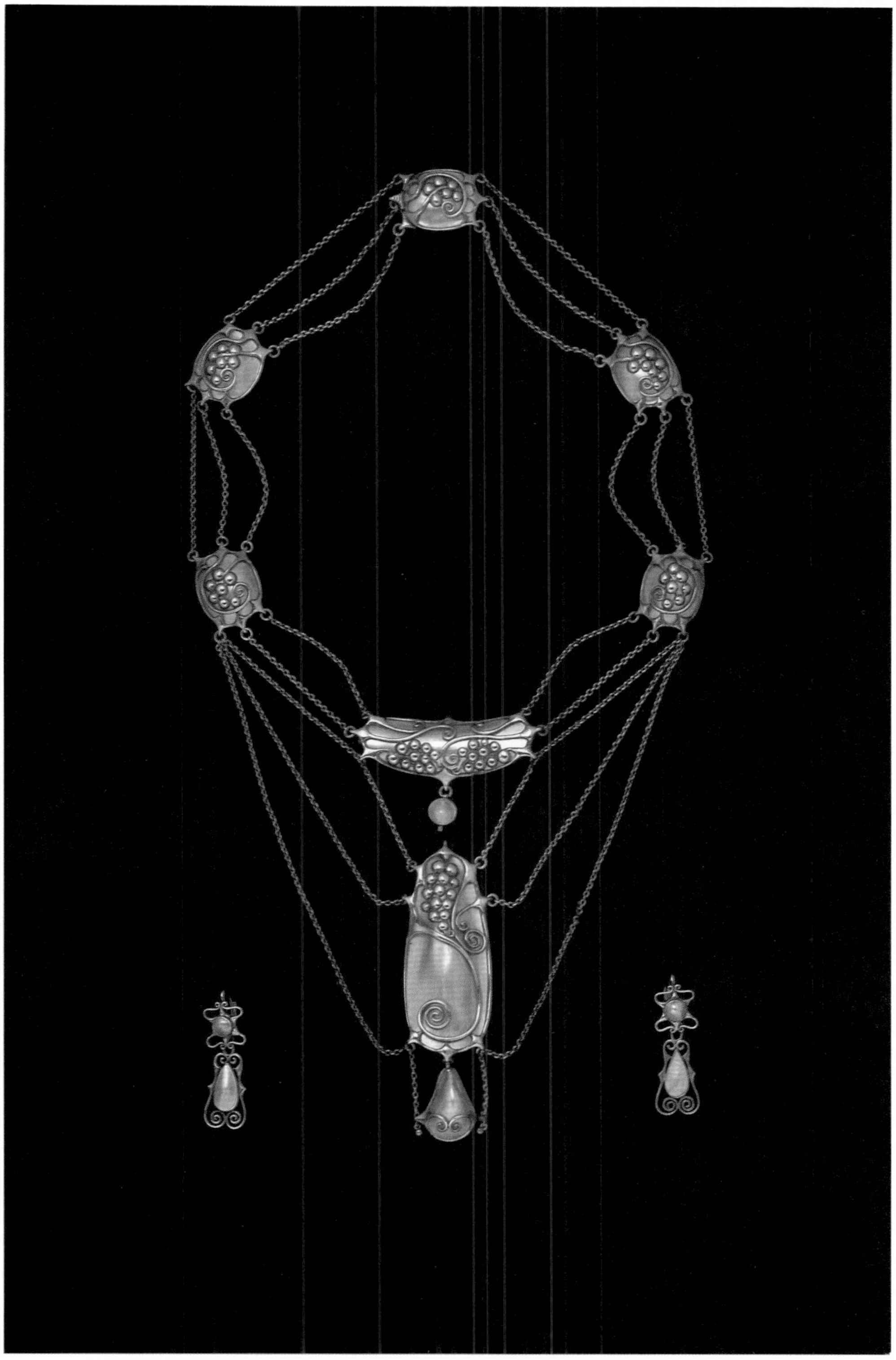

Otto Prutscher. Halskette und Ohrringe. 1908.
Platin, Perlen; jeder Ohrring 3,5 cm hoch.
Privatsammlung.

EGON
SCHIELE
1915

MALEREI UND GRAPHIK

Bis zu den ersten Ausstellungen von Oskar Kokoschka und Egon Schiele um 1908/09 waren Architekten und Designer die treibenden Kräfte der modernen Kunst Wiens. Die einzige Ausnahme bildete der Maler Gustav Klimt, ein „Kultur-Heroe", dessen Ruf die Grenzen von Medium und Stil überschritt. Man hat Klimts Aufstieg in den ersten Jahren des 20. Jahrhunderts oft mit Zurückhaltung betrachtet. Erotik und Eleganz seiner Kunst scheinen des bloßen Vergnügens an reiner Prachtentfaltung schuldig zu sein; einzig seine angebliche Berufung auf tiefe Freudsche Triebe und seine Beschäftigung mit so morbiden menschlichen Grundthemen wie Alter, Tod und – extrem wienerisch – Angst scheinen ihn hier etwas zu entlasten. Ebensooft sind Kokoschka und Schiele nur als moderne Racheengel portraitiert worden, die sich von dem vergoldeten Flitter Klimts befreit hätten, um tiefere schmerzliche Wahrheiten zu zeigen.

Diese Einschätzung der Wiener Malerei, obwohl sie mit den Urteilen einiger Wiener Künstler und Kritiker übereinstimmt, ist in mehrfacher Hinsicht unangemessen. Sie setzt die Annahme voraus, sinnlicher Genuß sei die Schwester schaler Dekadenz, und die moderne Wahrheit habe den Trauerschleier zu tragen. Diese Annahme mißachtet einige von Klimts persönlichsten und dichtesten Arbeiten, während ernstere, aber weniger originelle Bemühungen überbewertet werden. Sie führt dazu, die komplexen Strategien des Expressionismus zu verkennen, die weniger direkt verlaufen als die unmittelbaren Enttäuschungen der Seele. Es mag eher umgekehrt so sein, daß die Annahme von Klimts subjektiver Wahrhaftigkeit und der künstlichen Theatralik des Expressionismus zu informativeren Einsichten führt und die wirklich kreativen Leistungen genauer ortet. Wie schon bei der Wiener Architektur mit ihrem Spiel der Fassaden waren auch in der Malerei Tiefgründigkeit und Oberfläche auf sehr komplexe Weise miteinander verflochten.

Zur Jahrhundertwende verkörperte Klimt sowohl Autorität als auch Rebellion. Er wurde 1862 als Sohn eines Goldschmieds geboren und wandte sich schon als Jugendlicher beruflich den dekorativen Künsten zu. Zugleich führte er Entwürfe des „Fürsten" der Wiener Ringstraßenära, des Malers Hans Makart (Abb. S. 150), aus. Nach Makarts Tod wurde Klimt, den man als seinen „Erben" ansah, zum meistgesuchten Deckenmaler der Bauten an der Ringstraße.[1] Als ein anerkannter junger Professioneller genoß Klimt in den 80er Jahren den besonderen Respekt vorwärtsdenkender Künstlervereinigungen wie des Siebenerclubs von Josef Hoffmann und Koloman Moser.[2] Als das Wunderkind älter wurde und schon recht viele Stunden auf den Gerüsten verbracht hatte, um den konventionellen Geschmack zu befriedigen (weshalb er für eine Professur in Historienmalerei

Gegenüberliegende Seite: Egon Schiele. *Sitzendes Paar.* 1915. Bleistift, Gouache, 52,5×41,2 cm. Graphische Sammlung Albertina, Wien.

Rudolf von Alt. *Makarts Atelier.* 1885. Aquarell, 69×108 cm. Historisches Museum der Stadt Wien.

vorgeschlagen worden war), reifte er heran, um sich von ihrer Idee überzeugen zu lassen, daß moderne Kunst etwas Besseres zu bieten habe.[3] In den späten 90er Jahren entschied sich Klimt in zwei wichtigen Fällen (bei der Bemalung der Decke der Wiener Universitätsaula und mit der Gründung der Sezession), den Pfad seiner „einwandfreien“ Karriere zu verlassen und sich der Jugend und dem Wandel hinzugeben. Dieses *exemplum virtutis* und seine ohnehin kollegiale Gesinnung verschafften ihm die Aura eines weltlichen Heiligen, die durch das „Martyrium“, das ihm einige Kritiker bescherten, noch überhöht wurde. Bart, Sandalen und Arbeitskittel vervollständigten dieses fromme Bild, das aber pikanterweise überhaupt nicht seiner Reputation als Frauenheld und der schwülen Sinnlichkeit seiner Arbeiten entsprach. So war Klimt halb Franz von Assisi und halb Rasputin.

Zum ersten Vorsitzenden der Sezession wurde er mehr aufgrund seiner Persönlichkeit als seiner Malerei wegen gewählt. Als sich die Sezession von der größeren Künstlerhausgenossenschaft abspaltete, hatte sie bestimmte neue Ziele (besonders das, mehr ausländische Künstler auszustellen), aber kein zusammenhängendes ästhetisches Programm. Wie man ihrer Zeitschrift *Ver Sacrum* entnehmen kann, reichte das Spektrum der Mitglieder zunächst von aggressiven Vertretern des Jugendstils bis hin zu unverblümten Naturalisten in anfänglich harmonischer Zusammenarbeit. Klimts Wahl zum Präsidenten wurde ergänzt durch den Ehrenvorsitz für den allseits geschätzten Aquarellisten und *plein-air*-Maler Rudolf von Alt.[4]

Jedenfalls hatte Klimt 1897 seinen endgültigen Stil noch nicht gefunden. Sein Erfolg als Deckenmaler stützte sich auf seine eklektische Fähigkeit, vom florentinischen bis hin zum ägyptischen Stil eine weite Spanne verschiedener historischer Stile nachzuahmen, und auch seine privaten Portraits und Allegorien zeigten allerlei Einflüsse deutscher, englischer und belgischer Maler seiner Zeit. Die einzige Konstante seiner Arbeit bildete die Grundstruktur eines gewissen Naturalismus: eine große Genauigkeit bei der stofflichen Darstellung und ein besonderes Auge für die Haltung und Physiognomie seiner Wiener Zeitgenossen.[5] Selbst noch in recht gebändigter Form verlieh dieser Naturalismus etwa seinem frühen *Auditorium des Alten Burgtheaters* eine merkwürdige Künstlichkeit, und er wurde immer ausgeprägter, je mehr sich Klimt in die eigentlich entgegengesetzte Richtung des dekorativen Symbolismus bewegte.

Um 1900 bewirkte der hintergründige Realismus solcher Allegorien wie die der *Pallas Athene* (Abb. S. 188) oder die der *Judith I* (Abb. S. 189) eine so verstörende Unmittelbarkeit, als ob idealistische Visionen zu *tableaux vivants* verkleidet worden wären. (Selbst die kleine „Statue" der *nuda veritas* in der Hand Athenes ist von irritierender Körperlichkeit.)[6] Diese Verbindung von Traum und Fleisch erschien in Klimts Arbeiten zunächst als Laune, wurde dann aber, aggressiver eingesetzt, zu einem wesentlichen Element seines besonderen Erfolgs.

Im Alter von 35 Jahren war Klimt nicht nur über seinen Stil unentschieden, sondern er war auch relativ unproduktiv. Einige Portraits und kleinere Allegorien waren alles, was er als eigenständige (nichtdekorative) Arbeiten vorweisen konnte. Seine höheren Ambitionen als Maler kündigten sich zum ersten Mal 1899 an, als er den Auftrag für die Decke der Universitätsaula ausführte. Hier verwandelte sich der alte Klimt, der pflichtschuldig historisierende Dekorateur, in den neuen, avantgardistischen Allegoriker der menschlichen Verhältnisse. Die riesigen Leinwände, die in den letzten Tagen des Zweiten Weltkriegs verbrannten[7] (Abb. S. 152, 153), galten als der Durchbruch des Künstlers und der Wiener Kunst insgesamt. Doch rückblickend muß man sich fragen, ob man sie nicht eher als emblematische Illustrationen einer Epoche denn als künstlerische Leistungen schätzen sollte und ob Klimts Ansprüche und Fähigkeiten hier tatsächlich schon harmonierten.

Die lebhafte Geschichte dieser Bilder begann 1898 mit der vorläufigen Billigung der Entwürfe zu den Allegorien von *Philosophie, Medizin* und *Juri-*

Gustav Klimt. *Zuschauerraum im Alten Burgtheater.* 1888. Gouache, 82×92 cm. Historisches Museum der Stadt Wien.

sprudenz und endete 1905, als Klimt, entmutigt von der allgemeinen Feindseligkeit gegen die fertigen Bilder, seine eigenen Arbeiten wieder zurückkaufte. Dazwischen verstrickte die sukzessive Veröffentlichung der drei Gemälde auf den Ausstellungen der Sezession (*Philosophie* im Frühjahr 1900, *Medizin* ein

Links oben: Gustav Klimt. *Philosophie.* 1899–1907. Öl auf Leinwand, 430×300 cm. Zerstört.

Rechts oben: Gustav Klimt. *Medizin.* 1900–07. Öl auf Leinwand, 430×300 cm. Zerstört.

Jahr später und die unvollendete *Jurisprudenz* 1903) den Künstler in zahllose Kontroversen. Carl Schorske hat meisterhaft gezeigt, wie in diesen Jahren die Kulturpolitik der Regierung zuerst für Klimt arbeitete, sich dann aber gegen ihn wandte, und daß die Fronten zwischen Unterstützern und Kritikern der Bilder symptomatisch für tiefere Brüche in der Wiener Gesellschaft waren.[8] In der bedeutenden Rolle ungeschützter Nacktheit in diesen Werken und dem Vorwurf der Obszönität, der deswegen gegen den Künstler erhoben worden ist, ist auch eine Parallele gesehen worden zwischen der Betonung des Erotischen im Werk Klimts und den zeitgenössischen Arbeiten Sigmund Freuds, die von der Wiener Gesellschaft ebenfalls herabgesetzt und zurückgewiesen wurden. Und so wuchsen die imposanten Bilder aus der Universität eben über ihre tatsächliche Größe noch hinaus. An ihnen kristallisierte sich der schmerzhafte Einbruch des Unbewußten in das moderne Denken mit all seiner verstörenden Macht. Der Skandal um ihre Zurückweisung schien das Zeichen des endgültigen Scheiterns der liberalen Kultur in Wien zu sein.[9] Obwohl aber diese Bilder ein wichtiges Kapitel der Wiener Kulturgeschichte liefern, sind ihr Beitrag zur frühmodernen Kunstgeschichte und ihre Bedeutung für eine kritische Würdigung von Klimts Werk von eher untergeordnetem Rang.

Die beiden ersten Bilder, *Philosophie* und *Medizin,* waren keine besonders originellen Entwürfe, und der Schock, den sie zwischen 1900 und 1903 verursachten, spricht eher für die künstlerische Provinzialität Wiens als für einen besonderen kreativen Wagemut Klimts. Die Idee einer unspezifischen Allegorie, bestehend aus einem Knäuel von Akten von Menschen jeglichen Alters, war im späten Symbolismus ein Allgemeinplatz. Und auch die von *Philosophie* und *Medizin* in selbstbezogener Sinnlichkeit und unter den Tränen unaus-

Links oben: Auguste Rodin. *Höllenpforte*. 1880–1917. (Ausschnitt). Bronze, 548,6×365,8×83,8 cm insgesamt. Kunsthaus Zürich.

Rechts oben: Gustav Klimt. *Jurisprudenz*. 1903–07. Öl auf Leinwand, 430×300 cm. Zerstört.

sprechlichen Leids dargebrachte Endzeitvision der Menschheit war damals eine in Europa durchaus bekannte Vision, die längst durch die Lichtkraft und den Lebenswillen des Vitalismus ersetzt war.

Eins der offensichtlichsten Vorbilder für Klimts Bildentwürfe und Detailfiguren stammt aus dem Jahr 1880: Rodins *Höllenpforte*. Rodin war einer der von der Sezession am meisten bewunderten Künstler, und entscheidende Aspekte seiner Arbeit – die unkonventionellen Posen extremer Verkrampfung und Körperstreckung, die sinnliche Selbstvergessenheit und besonders die erotische Freiheit seiner späten Zeichnungen – haben bei Klimt tiefe Spuren hinterlassen. Was Klimt dem hinzufügte, war die besondere Atmosphäre einer unterwasserhaften Lethargie. Wo in der *Höllenpforte* Rodins Figuren aus eigenem Antrieb wie im Krampf voneinanderstreben, treiben die Scharen in Klimts *Philosophie* und *Medizin* aufwärts wie zäh schwebende geschmolzene Formen. Auch andere Künstler der Jahrhundertwende, wie der norwegische Bildhauer Gustav Vigeland, schufen nach Rodins Vorbild ähnliche Säulenbilder der Menschheit, doch hatten sie die Tendenz, Rodins ohnehin schon forcierte Körperlichkeit noch zu überbieten.[10] In Klimts barockem Illusionismus wird die Schwerkraft – das Los der Sterblichkeit, das in den Szenen des Jüngsten Gerichts so maßlos übertrieben wird, und die der machtvolle Widersacher der Leidenden Rodins ist – geleugnet. Der Zyklus menschlicher Hilflosigkeit wird in östlich inspirierten Bildern als absolute Vergänglichkeit und passives Treiben im Reich der Träume phantasiert.

Das bisher Gesagte gilt für Klimts ursprüngliche Entwürfe, selbst wenn in den endgültigen Fassungen die prosaische Nacktheit und räumliche Losgelöstheit der Figuren im Vordergrund verwirrender wirkt. Als sich Klimt aber der

Gustav Klimt. *Beethovenfries.* Ausschnitt aus: „Sehnsucht nach Glück". 1902 (vor der Restauration). Kaseinfarbe, Blattgold, Halbedelsteine, Perlmutt, Gips, Kohlestift, Pastell, Bleistift auf Stuckgrundierung, 216×1378 cm insgesamt. Österreichische Galerie, Wien.

Gustav Klimt. *Beethovenfries.* Ausschnitt aus: „Die feindlichen Gewalten" (von links: die Drei Gorgonen; der Gigant Typhoeus, Wollust, Unkeuschheit und Unmäßigkeit). 1902 (nach der Restauration). Kaseinfarbe, Blattgold, Halbedelsteine, Perlmutt, Gips, Kohlestift, Pastell, Bleistift auf Stuckgrundierung, 216×636 cm insgesamt. Österreichische Galerie, Wien.

dritten und letzten Allegorie, der *Jurisprudenz,* zuwandte, hatten sich radikale Veränderungen ereignet. Nun waren Naturalismus und Ornament völlig polarisiert, wie es sich schon seit Jahren, zum Beispiel bei den goldenen Stoffdekorationen der *Medizin,* angekündigt hatte. Der Realismus der knochigen Akte war schneidender, während zugleich die abstrakten Aspekte markanter wurden. Der hell-dunkle Nebel der *Philosophie* war von schlängelnden rhythmischen Massen verdrängt worden. Die direkte Konfrontation von Figuren und Betrachter hatte auch die milderen Barockperspektiven der beiden ersten Bilder ersetzt; der Raum bestand eher aus unverbundenen Schichten als aus wolkig unbestimmter Tiefe. Die Strenge des Motivs, die noch von einer Palette von Schwarz- und Goldtönen verschärft wurde, entsprach der Unversöhnlichkeit seiner Auffassung von Gerechtigkeit. Diese danteske Vision stellte das unerreichbare und gefühllose Gesetz hoch über eine Bestrafungsszene, wo ein kraftloser alter Mann und drei sehnige Frauen mit den schattigen Augen von Cabaretvampiren das Gefühl physischer und psychischer Beklemmung beschwören, vor dem Unschuld keinen Schutz bietet (Abb. S. 153).[11]

Trotz aller Bemühung um eine unheilvolle Düsternis kann diese Konzeption jedoch nicht ganz überzeugen. Der abstoßende und zugleich dekorative Polyp und die stilvolle Dämonie der knochigen Studioharpyien besitzen durchaus eine seltsame Ausstrahlung, doch weder dieses noch die anderen allegorischen Gemälde sind wirklich Verkörperungen einer großen Idee. Hier, wo sich die schwerelose Poesie der früheren Allegorien verflüchtigt hat, erkennt man unverstellter die Schwerfälligkeit von Klimts selbstbewußt-ernsthafter Symbolik.

Klimt fühlte sich zweifellos zu dieser Art von monumentalem Ausdruck berufen. Auch andere ehrgeizige Maler der Jahrhundertwende, die von der angeblichen Begrenztheit der Staffeleimalerei frustriert waren, sehnten sich danach, mit ihrer Kunst die transzendenten Themen in größerer Form zu bearbeiten. Es ist immer noch offen, ob gerade dieses Ziel einer Kunst von öffentlichem Maß und Anspruch und gleichzeitig entschieden individuellem Stil überhaupt zu verwirklichen war. Offenbar haben aber viele danach gestrebt – darunter Munch, Gauguin und Signac –, doch nur wenige hatten dabei den erhofften Erfolg. Trotzdem gelangte Klimt, nicht durch zufällige Aufträge, sondern auf eigene Weise, zu der Überzeugung, daß durch eine neuartige Verbindung mit der Architektur seine Malerei an die Tradition großer Wandmalerei anknüpfen und daß er in der nobleren Atmosphäre der Philosophie sich verwirklichen könne.[12]

Klimts ausdrucksvollstes Zeugnis dieser Ambition liefert das gewaltige *al secco* auf den Putz gemalte Fries für die Sezessionsausstellung von 1902 zu Ehren von Max Klingers Beethoven-Monument (Abb. S. 42). Klingers Skulptur folgte selbst einem grandiosen ikonographischen Programm, das sich auf den Reliefs des Bronzethrons ausdrückte. Hier verbanden sich griechische und christliche Motive in einem Zyklus von Leid und Rettung und feierten Beethoven als erlösenden Übermenschen.[13] In der angrenzenden Nebenhalle entfaltete Klimt, offenbar stark beeinflußt von Richard Wagners Interpretation der Neunten Symphonie, einen Zyklus von drei Hauptthemen: Die Schwachen erflehen den Schutz der Starken (dargestellt von dem Ritter auf der linken Wand) gegen die feindlichen Mächte (Ausschweifung, Zügellosigkeit, Krankheit, Wahnsinn und andere, abgebildet auf der Frontseite). Darüber hinweg schweben die Sehnsüchte der Menschen, um Trost in der Poesie zu finden. Das Ganze gipfelt in der Darstellung eines Chors (auf der rechten Wand), der ein sich umarmendes Paar umgibt, Sinnbild des Satzes „diesen Kuß der ganzen Welt“ (Abb. S. 197).[14]

Um diesen „legendären“ Fries, der nach Jahrzehnten des Verfalls erst kürzlich wieder restauriert wurde, rankte sich eine in ehrfurchtsvollen Mythen schwelgende Literatur. Doch bei aller Tinte, die der Bedeutung des Werks und seinen zahlreichen stilistischen und ikonographischen Vorbildern geopfert wurde, gab es überraschend wenige kritische Kommentare zu seinen eher problematischen Aspekten.[15] Die Grundidee folgt einem Spiel von Sentimentalität und Machtverehrung, das einen doch stutzig machen sollte. Der Mann in der Rüstung erscheint heute ebensosehr als *der Führer* wie als Weißer Ritter. Diese Interpretation wird noch von der gesamten Konzeption dieser Ausstellung bestätigt (vergleiche den Abschnitt über Hoffmanns Ausstellungsentwurf

Gustav Klimt. *Beethovenfries*. Ausschnitt aus: „Die Poesie“. 1902 (vor der Restauration). Kaseinfarbe, Blattgold, Halbedelsteine, Perlmutt, Gips, Kohlestift, Pastell, Bleistift auf Stuckgrundierung, 216×981 cm. Österreichische Galerie, Wien.

Gustav Klimt. *Wasserschlangen I.* 1904–07. Öl, Blattgold, verschiedene Techniken auf Pergament, 50×20 cm. Österreichische Galerie, Wien.

Gustav Klimt. *Adele Bloch-Bauer I* (Detail). 1907. Öl auf Leinwand, 138×138 cm insgesamt. Österreichische Galerie, Wien.

Abb. S. 43). Darüber hinaus kommt im Ausdruck des Werks entweder der beabsichtigte Schrecken oder das angestrebte Versprechen zu kurz. Der perläugige Affe und seine Kohorten verbreiten eher eine Atmosphäre des Übertriebenen als eine Stimmung des Bösen, und der Engelchor wirkt zu selbstzufrieden, um zu jubilieren. Was soll man hier mehr beklagen, die Idee oder die Ausführung? Berührt uns der Zyklus deswegen so wenig, weil er zeigt, wie sich Klimt vom öffentlichen Anspruch der Allegorien in der Universität zurückzog in die Vision von einer tröstenden Kunst und einer eingeschlossenen, aber alles verzehrenden Sexualität?[16] Oder enttäuscht Klimts Beharren auf dem Versuch, mit minderen Mitteln – den schwächeren Visionen solcher dekorativen Talente wie Félicien Rops, Aubrey Beardsley oder Jan Toorop zum Beispiel – ein monumentales Gemälde von programmatischer Sublimität zu erzwingen?

Die angestrengte Ernsthaftigkeit des *Beethovenfrieses* und der *Jurisprudenz* mag man mit guten Gründen als teilnahmslosen und kühlen Rückzug deuten vor dem beunruhigenden erotischen Schmachten, das sich um 1900 mit den ersten Bildern für die Universität oder mit kleineren Arbeiten wie der *Judith I* als persönliche Note in Klimts Schaffen schlich. Durch das Verarbeiten der Einflüsse geringerer Illustratoren, aber auch bedeutenderer Künstler, wie Rodin oder Munch, fand Klimt einen direkten Weg, einen bestimmten Nerv der Wiener Psyche, ja der menschlichen Seele überhaupt zu berühren. Hier ging es um jene Phantasien, wo sich das Verlangen nach Lust und Luxus vermischt mit den passiven Angstgefühlen von Ekel, Melancholie und mit der Furcht vor der Vergänglichkeit. Dieser Flirt von Dichtung und weicher Pornographie mit seinen Visionen von geschmeidigen Frauen, die mit halbgeschlossenen Augen in moschusduftender Lässigkeit zerfließen, berührt einen grundsätzlichen und komplexen Gedanken. Doch wo Klimt diese Visionen dazu zwingt, Gewißheiten statt Ahnungen auszusprechen – wenn es um Gut und Böse, Leben und Kunst geht –, wird die Musik scheppernd und die Dichtung schwülstig. Klimts Vorstellungen wurden nicht auf den frostigen Höhen des Idealismus, sondern in den Tiefen des Wasser geboren, weniger unter Nibelungen als unter Nymphen. Wie so oft am Ende des Jahrhunderts, wurde in den ersten beiden Bildern für die Universität das Ursprüngliche als Fließen wirbelloser Wesen begriffen. So, wie das Dickicht paralleler Baumstämme in Klimts Waldbildern (Abb. S. 192) an Hodlers Auffassung von objektiver Ordnung in der Natur erinnert[17], entwickelten sich die aus dem Feld des Rahmens hinaus- und wieder hineinfließenden Kurven und Wellenlinien zu Klimts Metapher für die von Sinnlichkeit überflutete subjektive Welt. Ein extremes Beispiel hierfür sind die *Wasserschlangen* von 1904–1907, eine Pergamentminiatur mit einer Oberfläche von persischer Erlesenheit, die den Betrachter mit ihrem plasmaartigen Verschmelzen von organischem und unorganischem Leben in Verwirrung stürzt.

Die *Wasserschlangen* zeigen, wie Klimt seinen besonderen Naturalismus und seine expressive Verzerrung, Raumillusionen und feinste Flächenornamentik

Constantin Brancusi. *Der Kuß*. 1907–08. Stein, 11 cm hoch. Muzuel de Artă, Craiova, Rumänien.

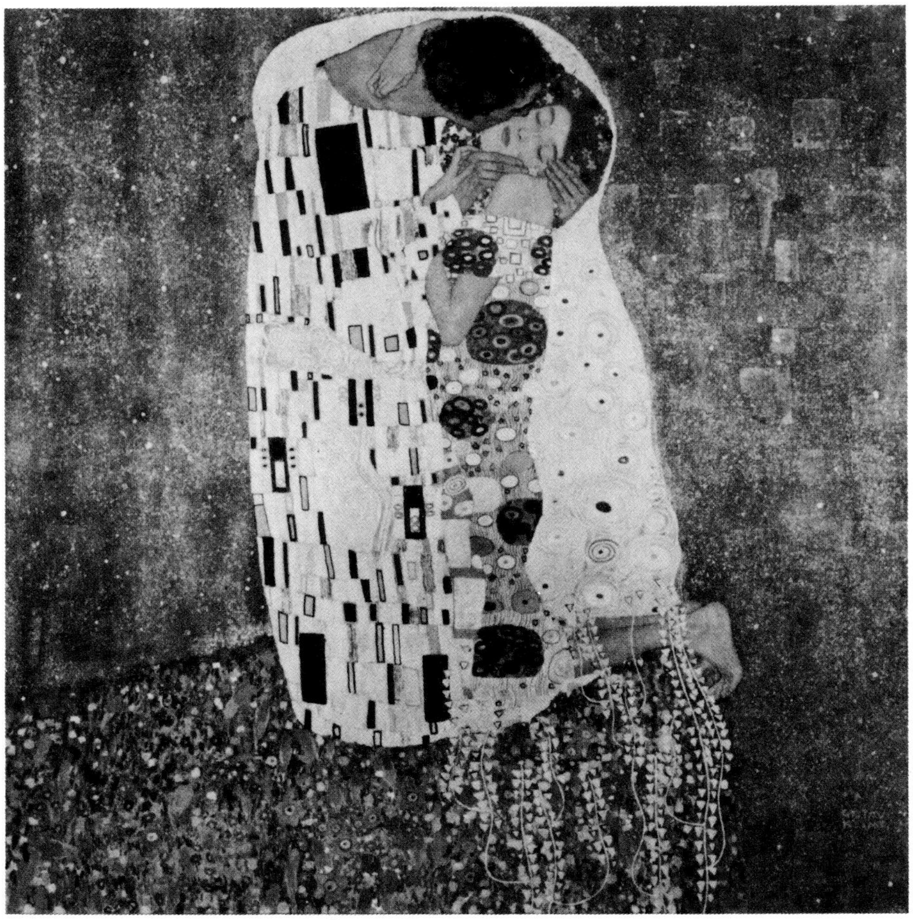

Gustav Klimt. *Der Kuß*. 1907–08. Öl auf Leinwand, 180×180 cm. Österreichische Galerie, Wien.

zu einem machtvollen Einklang bündelte. Die Körper der beiden lesbischen Liebhaberinnen durchmischen sich auf rätselhafte Weise (insgesamt erkennt man nur einen Kopf und zwei Arme), fließende Bänder von Schleiern, Haaren und Stoffen umhüllen sie. Die bleichen, silbrigen Körperformen und die lebhaften Schuppenmuster verursachen ein ständiges Vibrieren der Grenzen von Figur und Hintergrund. Bei der Betrachtung fällt die Vorstellung zweier für sich bestehender Frauen zusammen zur Illusion eines einzigen ausgestreckten, knochenlosen, biomorphen Organismus, zu dem Objekt eines Verlangens, das zwischen den Odalisken Ingres' und den Träumereien Picassos aus den 30er Jahren schwankt.

Diese Art von Durcheinander und ornamentalem Reichtum ist keine Verschönerung des Inhalts von Klimts Kunst, es *ist* der Inhalt. Für Klimt war das Verhindern einer Entscheidung – zwischen Figur und Hintergrund, Fläche und Tiefe, Gegenstand und Abbild – ein entscheidender Weg zur Steigerung der Kunsterfahrung.[18] Es verursachte den privilegierten Zustand eines träumerischen Fließens, bei dem die Phantasie die Welt verflüssigt und nach ihren eigenen Wünschen färbt und formt. (In dieser Absicht sind Klimts Bilder den psychedelischen Bildern der 60er Jahre ähnlich.) Die extremsten Äußerungen dieser gewollten ornamentalen Desorientierung fallen in Klimts „goldene" Phase von 1906 bis 1909. Hier erhalten die Bilder durch Applikationen von Blättern aus Metall und durch eingeprägte Muster eine kollagenartige Oberfläche, die sich entschieden vom figürlichen Inhalt befreit (Abb. S. 157). Ferner greifen sie auf ein Repertoire besonders alter und exotischer Ornamente zurück; Spiralen, Rechtecke, Rhomben, Dreiecke und so weiter werden zu einem Wortschatz von geometrischen und biologischen Ur-Formen zusammengefügt, die archaische Assoziationen an Männliches und Weibliches, Geist und Natur hervorrufen sollten.[19]

Die Ziele eines antiillusionistischen Spiels mit den Sinnen des Betrachters und einer zu universellen Ausdruckszwecken geeigneten formalen abstrakten Sprache führten andere europäische Künstler jener Jahre zu den energischen Gewißheiten von scharfer Reduktion und Synthese. Klimt veranlaßte sie zu Verfeinerung und Ambiguität. Während andere in archaischer und exotischer Kunst nach einer neuen Ökonomie von Volumen und Linie suchten, entdeckte Klimt in denselben Quellen den überhöhten Glanz der Komplexität – nicht die unverblümte Empirie eines Kopfes von Giotto, sondern den Kopf mitsamt seinem flachen goldenen Heiligenschein; nicht einfach die holzschnittartige Schlichtheit einer Form von Hokusai, sondern die Überlagerung dieser Schlichtheit mit vielfältigen Kimonomustern; nicht die weiße Reinheit der griechischen Kunst von Segesta, sondern die reiche Ornamentik der jüngsten mykenischen Funde. Für ihn trugen exotische, archaische und primitive Kunstformen Merkmale einer ursprünglichen Liebe des Menschen zur vielgestaltigen Brillanz, einer doppelten Intensität von erdgebundener Beobachtung, die sich mit fruchtbarer abstrakter Erfindung verbindet und mit der Lust am Material. Hier fand er die Fundamente, auf denen, von den Metallarbeiten der Nomaden bis zu den byzantinischen Mosaiken, eine Tradition spirituell aufgeladener Kunst gewachsen war, die er wieder freilegen wollte.

Wir wollen in diesem Zusammenhang Klimts bekanntestes Bild im dekorativen Stil, den *Kuß,* mit Brancusis etwa zur gleichen Zeit entstandenen Version desselben Themas vergleichen. Beide Künstler waren von archaischer und östlicher Volkskunst begeistert und wollten den bloßen Naturalismus durch eine intensivere Spiritualität ersetzen, die sie in jenen Quellen fanden. Und beide bekannten sich zur postsymbolistischen Hervorhebung des Erotischen. In Kontrast zur düsteren und gefährlichen Sexualität seiner Arbeiten um 1900 (etwa der *Judith I*; Abb. S. 189) wollte Klimt im *Kuß* einen neugewonnenen Glauben an die verbindende Kraft der Liebe ausdrücken. Doch wo Brancusi die Verschmelzung der Gegensätze zum karikaturähnlichen Aphorismus konzentrierte, versinnbildlichte Klimt die subtile, vieldeutige Vereinigung mit einem enervierten Luxus, der die Körperlichkeit gerade mit einer überladenen Sinnlichkeit auflöste. Der extravagante ornamentale Stil war geradezu ein Element des Spiels zwischen Gewißheit und Ungewißheit, Gegensatz und Vereinigung, Individualität und Universalität, das die Bedeutung von *Der Kuß* ausmachte. Doch in der gemalten Version (Abb. S. 202) war das Ergebnis auch in einem weniger positiven Sinn gemischt; die träumerische Lyrik wirkte durch den üppigen Reichtum der formalen Mittel beinahe überwältigend. Nur in der härteren, entschlossener abstrakten Form des Mosaiks *Erfüllung* im Palais Stoclet (Abb. S. 71) verwirklichte Klimt seinen Einfall mit voller Intensität. Mit dem archaischen Glanz seiner unregelmäßigen Oberfläche und seiner funkelnden Farben definierte der *Stoclet Fries* (Abb. S. 70–73) einen modernen Byzantinismus, der Matisse herausforderte, ohne ihn zu imitieren, und er eröffnete ein phantastisches Reich zoomorpher Geometrie, das später von Klee durchforscht werden sollte. Nirgendwo sind die Spannungen in Klimts Kunst – zwischen Darstellung und Abstraktion, zwischen hoher Kunst und Kunsthandwerk, zwischen Traum und Wirklichkeit – kraftvoller ausgeführt als in dieser obsessiv sich windenden Feier der Liebe als Vereinigung und Auflösung.

Obwohl offenbar für Träume gemacht, verwirklichte sich der goldene Stil zuerst und immer wieder im Bildnis, wo er sich auch gelegentlich am eindrucksvollsten auswirkte. Das 1902 entstandene Portrait von Klimts langjähriger Gefährtin Emilie Flöge (Abb. S. 198) markierte den Beginn der neuen Malweise; ein Schwarm reflektierender Motive überzog das Netz des linearen Entwurfs. Das „heilige" Glitzern der Vision, wie etwa im *Kuß,* war von Anfang an vermischt mit einem Gefühl für Chic (die Flöge war eine Modeschöpferin, siehe S. 100, 101). In den Frauenportraits dieser Phase, wo die individuelle Präsenz des Modells einen gewissen Rettungsanker gegen die Auflösungserscheinungen der Extravaganz bot, schuf Klimt einige seiner besten Arbeiten.

Im Portrait der Flöge entfalten der schwingende Rhythmus des Jugendstils, der dunkle, konturlose Hintergrund und die Beschränkung des Ornaments auf das Gewand nur einen Teil ihres Potentials. Die pfauenhafte Verfeinerung mußte zuerst zur Keuschheit eines Schwans zurückfallen – in der Mischung von Kostbarem und Lakonischem, von Whistler und Werkstätte, die das Portrait *Margaret Stonborough-Wittgenstein* von 1905 charakterisiert (Abb. S. 199) –, bevor sie in der vollkommeneren Brillanz der Portraits *Fritza Riedler* und *Adele Bloch-Bauer I* neu entstehen konnte (Abb. S. 200, 201).

Diese Bilder sind nicht im normalen Sinn schmeichelhaft. Klimt hatte immer eine sehr merkwürdige Vorstellung von Schönheit. Seine ausgemergelten Körper und hohlwangigen Gesichter wurden, wie die von den Präraphaeliten bevorzugten Botticelli-Frauen, die ihn stark beeinflußten, zunächst als seltsam, ja häßlich empfunden, bevor sie ihre besondere morbide, zerbrechliche Wirkung entfalteten. Er schönte auch nicht die Gesichtszüge seiner Modelle oder plazierte sie in den Posen konventioneller Grazie. Ihre Gesichter sind nicht lieblich, und ihre Hände ringen sie in seltsam verkrampfter Geistesabwesenheit. Doch die Überfülle von getupften, blättrigen, ziselierten und geprägten Wirbeln, Bögen, Quadraten oder Wellenlinien mit ihren schattenlos metallischen Lichttönen von Rosen, Perlen, Silber und Gold umgaben sie mit der Pracht der Mandarine. Diese Bilder beschworen aufs neue den immer wiederkehrenden Traum der Wiener von der unbegreiflichen Pracht des Ostens, einer herrschaftlichen Opulenz, vor der normale Aristokraten wie Bettler wirkten. Diese vergoldete Eleganz ist oft für ein Kennzeichen von Dekadenz gehalten worden, für die Vision einer narzißtischen Oberschicht, die sich in fruchtlosen Ästhetizismus flüchtet, und für einen Beweis für Klimts enttäuschenden Rückzug aus einer Welt der wagemutigen, verantwortungsbewußten Ambitionen in die der schlaffen Privilegien.[20] Doch wegen seines Einblicks in den Charakter und die Erwartungen jener besonderen Schicht der Wiener Gesellschaft und wegen der besessenen Vielfältigkeit der formalen Erfindungen gibt es wenig in Klimts Werk, das sich mit dieser Serie von Portraits messen könnte. Obwohl sie am meisten ihre Epoche ausdrücken, sind sie doch am wenigsten mit ihr untergegangen.

Eine vergleichbare Exotik macht sich, wenn auch wesentlich lockerer mit der Wiener Liebe zur *Chinoiserie* verknüpft, in seinen späteren Portraits (Abb. S. 102, 204) bemerkbar. Hier wird das Wahrnehmungsspiel mit Raum und Tiefe, Figur und Hintergrund, Belebtem und Unbelebtem allein durch gemalte Muster in Gang gesetzt. Diese luxuriösen Bilder sind weicher und von besserer Stimmung als die eher angespannten Portraits von 1905–1908. Doch fehlt ihnen auch die harte Eleganz und die große Phantasie, welche die Bilder der golde-

Gustav Klimt. *Der Park.* 1910. Öl auf Leinwand, 110×110 cm. The Museum of Modern Art, New York; Gertrud A. Mellon Fund.

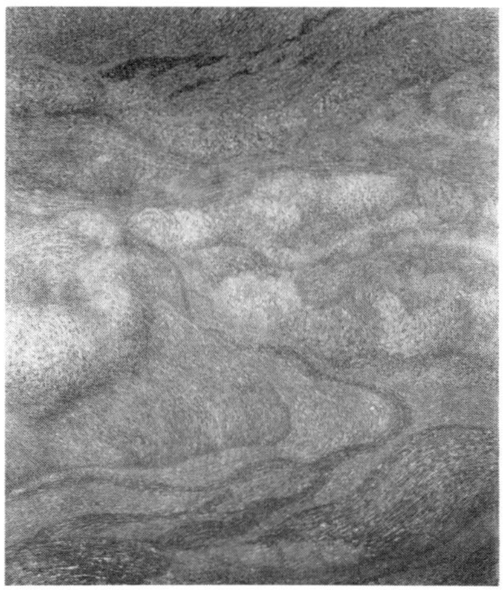

Adolf Böhm. *Landschaft.* 1901. Öl auf Leinwand, 100×84 cm. Historisches Museum der Stadt Wien.

nen Phase so auszeichnete. In der Phase, die etwa mit der Kunstschau von 1908 begann, verloren Klimts Arbeiten an Intensität. In Wien traten jüngere Künstler mit anderen Visionen in den Vordergrund; Klimts Arbeiten selbst gerieten deutlicher unter den Einfluß weit hergeholter Stile.

Seine Landschaften prägt eine Rückkehr zum früheren Interesse am tiefelosen Spiel knapp gestrichelter Muster, das von Ferne an den Neoimpressionismus erinnert. Um 1900 zeigt sich in der Wiener Malerei eine Tendenz zum Divisionismus sowohl bei den schwermütigen Symbolisten als auch in den Experimenten einer jungen abstrakten Malerei; doch der besondere wissenschaftliche Antrieb der neoimpressionistischen Farbentheorie fand in Wien keine strengen Anhänger. Klimt scheint besonders von der tupfigen, teppichartigen Wirkung zahlloser regelmäßiger Pinselstriche fasziniert gewesen zu

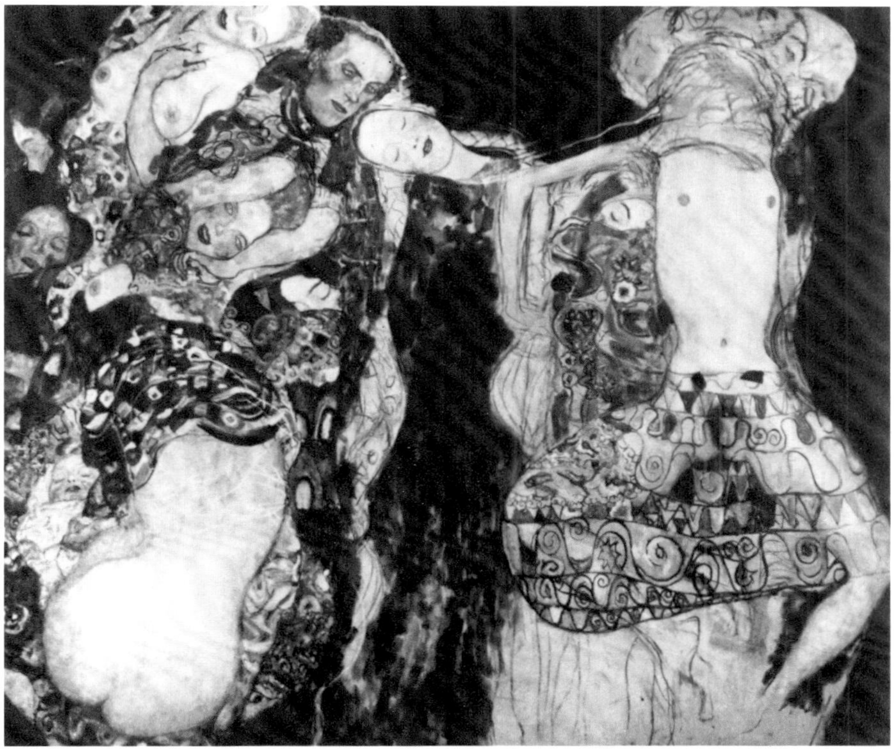

Gustav Klimt. *Die Braut*. 1917–18. Öl auf Leinwand, 166×190 cm. Privatsammlung.

sein, die er wohl besonders geeignet fand für die diffusen, schattenlosen Farbfelder von Blumen und Büschen (Abb. S. 194, 195). Nach 1910 weisen die Landschaften gelegentlich dickere Farben und bewegtere Rhythmen auf. Diese flachen, oft horizontlos getupften Farbflächen waren vor allem Ferienarbeiten, die während Klimts sommerlicher Aufenthalte am Attersee entstanden. Die ersten dieser allgemein sehr friedvollen Bilder entstanden in den Jahren 1910 bis 1919 und zeigen in Strich, Farbe und Raumaufteilung wesentlich unvermitteltere Energieausbrüche, die für Klimts Interesse am eher expressiven Naturgefühl van Goghs und an den Landschaften Egon Schieles (Abb. S. 171–173) sprechen.

Man könnte auch die späten Portraits und figürlichen Darstellungen „expressionistisch“ nennen, doch stammen ihre Anregungen weniger aus dem Norden als von den Farben und Mustern von Nabis und Matisse. Klimts Vorstellung von Lust färbte sich deutlich femininer, er gab die mit Angstgefühlen und Furcht vor dem Verlust des Selbst gesetzte Polarisierung der Geschlechter auf, die seine früheren Vorstellungen von der Konfrontation von Männlichem und Weiblichem bestimmt hatte. Unverstellter Voyeurismus und ozeanische Wollust charakterisieren zwei seiner Hauptarbeiten aus den Jahren

Gustav Klimt. *Johanna Staude*. 1917–18. Öl auf Leinwand, 70×50 cm. Österreichische Galerie, Wien.

nach 1910, *Die Mädchen* von 1912–13 (Abb. S. 205) und das unvollendete Bild *Die Braut* von 1918, seinem Todesjahr. Die vieldeutigen, in sich selbst verschlossenen Gesten der Akte auf den Universitätsbildern sind hier Frauenfiguren gewichen, die sich im eckigen Körperrhythmus orientalischer Tänzerinnen frei dem Blick des Betrachters darbieten. Die Fragmentierung der Körper in Köpfe, Gesäße, Beine und Torsi erzeugt statt der glyzerinhaften Glattheit der *Wasserschlangen* (Abb. S. 156) die eingefrorene Atmosphäre eines Leichenschauhauses. Kurz vor Ende des Ersten Weltkriegs, vor dem raschen Zerfall Österreichs, schlich sich eine beunruhigende Stimmung in seine Bilder; das zeigt nicht nur die seltsam kühle und übersüße Phantasmagorie der *Braut,* sondern auch das außergewöhnlich unordentliche, merkwürdig zerstreute Portrait von *Johanna Staude.* Dessen zittrige Auflösung von Struktur und Fläche unterscheidet sich beunruhigend von den energiegeladenen Vieldeutigkeiten der Vergangenheit: Hier brach etwas im Kern zusammen.

Die Jahre von 1906 bis 1910, dem Höhepunkt von Klimts goldener Phase, bescherten den bildenden Künsten Wiens eine einschneidende Veränderung. Um 1905 vergrößerte sich innerhalb der Sezession der Bruch zwischen den eher konservativen, im allgemeinen naturalistischen Malern mit einem Hang zur festwurzelnden *Heimatkunst* und den „Stilisten", die Klimt zu ihrem Bannerträger erkoren hatten. Im selben Jahr, als sich die „Klimtgruppe" von der Sezession trennte, verzichtete Klimt auch auf das Aufhängen seiner Bilder in der Universität und kaufte sie zurück; diese Geste spricht für seine Überzeugung, daß die offizielle Politik dabei war, der Avantgarde ihre Gunst zu entziehen. Otto Wagners Schwierigkeiten zur gleichen Zeit bestätigen diese Tendenz. Mit dieser konservativen Wende sowohl bei der Ausstellungsgemeinschaft der Künstler als auch bei der Förderung durch die Regierung wurden private Galerien genau zu dem Zeitpunkt immer wichtiger, als sich vorausschauende Kunsthändler in den Hauptstädten Europas ohnehin für die provozierenden Werke junger moderner Künstler zu interessieren begannen. Einer der Anlässe, über die es in der Wiener Sezession zum Bruch kam, war die Verbindung der „Klimtgruppe" mit einer ortsansässigen Galerie.[21] Noch wichtiger war aber, daß die neue Marktlage den Aufstieg von Berlin und München förderte, wo der moderne Kunsthandel viel aktiver war und Männer wie Herwarth Walden mit seiner Galerie „Der Sturm" (Berlin) in ganz Europa nach neuen Talenten suchten. In diesen Städten sollte der Expressionismus zur bestimmenden Kunstrichtung werden; die Gruppe der „Brücke" mit Künstlern wie Ernst Ludwig Kirchner und Emil Nolde war 1908 gerade von Dresden nach Berlin umgezogen.

Wien verfügte nicht über eine zugleich durch messianische Utopien und tiefen sozialen Zynismus sich auszeichnende künstlerische Bohème, die Berlin zur neuen Hauptstadt der Kunst gemacht hatte. An der Donau vertraten Künstler und Mäzene immer noch die von Sezession und Kunstschau bestätigte beruhigende Ansicht, daß Wien in Mitteleuropa vor allem die Hauptstadt des guten Geschmacks sei. Der um Klimt und Hoffmann sich scharende Zirkel von Industriellen und Kunstfreunden verehrte das Handwerk und die Ausweitung eines guten Designs auf alle Lebensbereiche. Doch um 1908 kam es vielen so vor, als sei diese Haltung zu einem flachen Ästhetizismus verkommen, der der Kunst nur noch die Rolle eines gefälligen Dekors zuweise. Bei der Besprechung der Kunstschau von 1908 in Karl Kraus' Zeitung *Die Fackel* meinte ein Kritiker säuerlich: „Unsere Kunst wird vom guten Geschmack ruiniert."[22] Der Kreis von Kritikern und Mäzenen um Egon Schiele und Oskar Kokoschka, die diese Meinung teilten, stammte hauptsächlich aus einer Schicht Wiener Geschäftsleute, Intellektueller, Schriftsteller und Musiker, die mit dem Milieu der Sezession und der Wiener Werkstätte wenig zu tun hatten. Ihre führenden Mitglieder waren entschieden radikal eingestellt; sie neigten weniger zur genossenschaftlichen Gleichberechtigung als zur einsamen Exklusivität, und statt ästhetischer Traditionen fühlten sie sich redlicher Kritik, der Theorie und dem Reich der Ideen verpflichtet. Sie unterstützten solche Arbeiten, die sich unter Ausschluß aller dekorativen Ansprüche mit, wie sie es empfanden, wirklich ernsthaften Dingen beschäftigten. An dieser Kunst schätzten sie nicht die geschickte Handwerksleistung, sondern im Gegenteil die deformierenden Spuren wilder Impulse oder gar absichtlicher Häßlichkeit; diese Spuren galten als Zeichen einer inneren Notwendigkeit, die den Künstler über die erdrückenden Konventionen des bloßen Geschmacks hinaus trieben. Man kümmerte sich nicht mehr um die Rolle der Kunst im Leben, sondern vor allem um die Intensität des Lebens in der Kunst.

Diese neue Haltung erkennt man schon in der Beziehung des Malers Richard Gerstl zu dem Komponisten Arnold Schönberg.[23] Der aus reichem Haus stammende Gerstl hatte sich als Fünfzehnjähriger in der Akademie der bildenden Künste eingeschrieben, doch er war ein schwieriger, antisozialer Charakter und eignete sich wenig zur akademischen Ausbildung. Seinen Eintritt in die hohe Wiener Kultur fand er statt dessen über den Weg der Musik, die er

Rechts: Richard Gerstl. *Zwei Schwestern (Karoline und Pauline Fey)*. 1905. Öl auf Leinwand, 175×150 cm. Österreichische Galerie, Wien.

Rechts unten: Richard Gerstl. *Gruppenbild Schönberg*. Um 1908. Öl auf Leinwand, 88×109 cm. Museum moderner Kunst, Wien.

Unten: Richard Gerstl. *Selbstbildnis – Der Lachende*. 1908. Öl auf Leinwand, 40×31 cm. Österreichische Galerie, Wien.

leidenschaftlich liebte. Als Gustav Mahler künstlerischer Direktor der Hofoper war, ging Gerstl ständig dorthin und kam so mit Schönberg und dessen Kreis in Kontakt. In den Jahren 1907 und 1908 verbrachte Gerstl die Sommerferien mit der Familie Schönberg und portraitierte sie in radikal unstrukturierten, mit dickem Farbauftrag gemalten Bildern. Dabei ermunterte er Schönberg selbst, der keine entsprechende Ausbildung hatte, zu eigenen Malversuchen. Doch diese „falsche Dämmerung" eines Wiener Expressionismus währte nicht lange, und nach einer Affäre mit Schönbergs Frau nahm sich Gerstl im Herbst 1908 das Leben.

Der Episode Gerstl–Schönberg verdanken wir einige wenige und problematische Kunstwerke, die in den soziologischen Ähnlichkeiten des unterstützenden Milieus und in den gemeinsamen Quellen Berührpunkte mit dem entwickelten Wiener Expressionismus hatten. In Wien war Gerstl vielleicht der erste Maler, der die Schlüsselbedeutung der Ausstellungen mit Werken von Vincent van Gogh (1903 in der Sezession, 1906 in der Galerie Miethke) und Edvard Munch (1904 in der Sezession) begriff. Doch trotz mancher Nachklänge dieser kraftvollen Inspirationen in seiner schwerfälligen Pinselarbeit und seinen gelegentlich durchdringenden Farben konzentrierten sich seine Ambitionen nie zu so schneidender Spannung, wie sie die Bilder des vollentwickelten deutschen oder des Wiener Expressionismus aufwiesen. Trotz ihres oft wilden Antinaturalismus haben seine Bilder oft die lockere Flüssigkeit eines Entwurfs und lassen wenig von einer Welt spüren, die entlang neuer Linien sorgfältig umstrukturiert wurde. Mehr, als seine Erfolge es waren, war es Gerstls speziell in den extremen nackten und halbnackten Selbstportraits erfahrbare aggressive Einstellung, die etwas außerordentlich Zukunftweisendes hatte.

Schönbergs Kunst läßt sich noch weniger einordnen; sie bewegt sich zwischen Karikatur, naivem Realismus (vor allem in der Serie schlicht frontaler Selbstportraits) und visionärer, quasiabstrakter Bilder, die als „Blicke" bekannt sind.[24] Diese kleinen Zeichnungen und Ölbilder fanden das Lob von Wassily Kandinsky, der in jeder unangeleiteten Kunstproduktion den reinen Ausdruck innerer psychischer Notwendigkeit bewunderte.[25] Die Arbeiten wurden 1910 in einer Wiener Galerie gezeigt und 1912 im Almanach *Der Blaue Reiter* veröffentlicht. Es ist zu bezweifeln, ob diese Arbeiten trotz ihrer unabhängigen Ausdrucksform eine solche Beachtung gefunden hätten, wenn ihr Urheber nicht der bekannte Musiker gewesen wäre. Ihr Ausdruck ist *faux-naïf* und wohl vor allem für Bewunderer des Komponisten interessant. Sie gehören

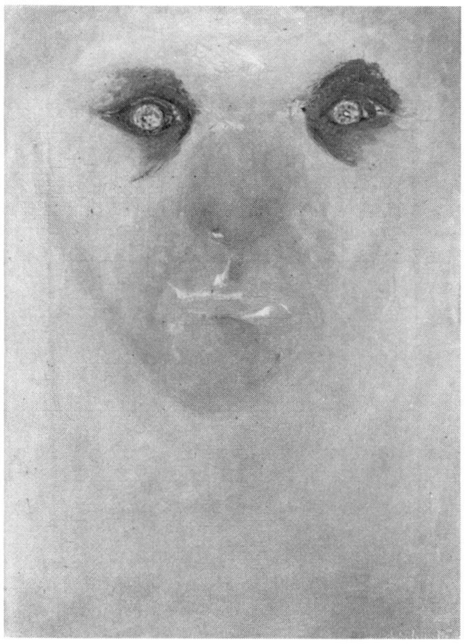

Arnold Schönberg. *Der Blick*. 1910. Öl auf Leinwand, 28×20 cm. Sammlung Lawrence A. Schoenberg, Los Angeles.

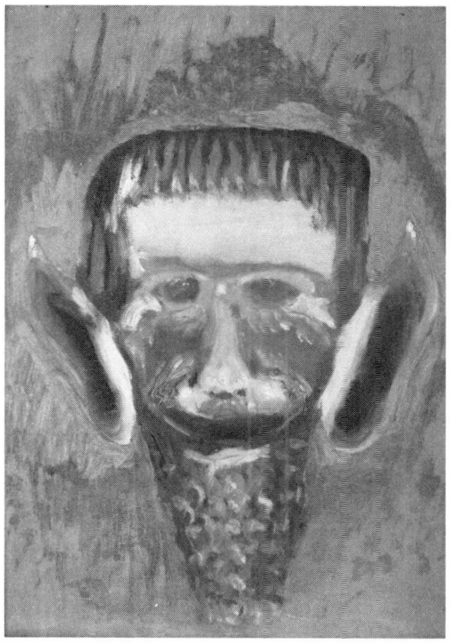

Arnold Schönberg. *Kritik I*. 1910. Öl auf Holz, 44×30 cm. Sammlung Lawrence A. Schoenberg, Los Angeles.

zu jenen kuriosen Randerscheinungen der modernen Kunst, in deren Gesellschaft sich auch die „Protoabstraktionen" zahlreicher naiver theosophischer Künstler jener Zeit oder die Ölstücke eines anderen „Protoexpressionisten", nämlich August Strindbergs, befinden.[26] Schönberg lieferte die beste Rechtfertigung seiner Arbeiten, als er 1911 schrieb: „Ich glaube, Kunst entsteht aus einem ‚Ich muß', nicht aus dem ‚Ich kann'."[27]

Die ersten, vielleicht auch die besten Früchte der neuen Wiener Ästhetik waren die Ölportraits, die Oskar Kokoschka von 1909 bis 1911 malte. Bei seinem Debüt auf der Kunstschau von 1908 hatte der rebellische junge Kokoschka einen unkonventionellen Sinn für erotische Phantasie bewiesen (Abb. S. 130). Der gewalttätige Tenor seiner Einfälle steigerte sich noch im grellen und blutigen Schauspiel *Mörder Hoffnung der Frauen* (Abb. S. 185, 214, 215), das er im Freilufttheater der Kunstschau von 1909 vorführte.[28] Diese Ausstellungen und vielleicht Kokoschkas fehlende künstlerische Ausbildung überzeugten Adolf Loos davon, daß dieser Künstler die richtige Lebenshaltung mitbringe, um den inneren Aufruhr zu portraitieren, den Loos für die Wahrheit der Existenzbedingungen des modernen Menschen hielt. Loos nahm Kokoschka unter seine Fittiche und förderte seine Karriere. Eine der ersten Portraitsitzungen, die Loos arrangierte, war bezeichnenderweise mit dem Schriftsteller Ludwig Ritter von Janikowsky, der damals in der Steinhof Anstalt untergebracht war (Abb. S. 207).[29] Nach den aggressiv unschmeichelhaften Frühwerken wie den Portraits von Janikowski oder von Vater Hirsch (Abb. S. 206), worin die wütenden Farben an van Gogh erinnern, gab es wohl kaum einen Künstler, der weniger zum Genre des Gesellschaftsportraits disponiert war. Doch Loos hatte sich so auf das Projekt versteift, daß er Kokoschka

Oskar Kokoschka. *Peter Altenberg.* 1909. Öl auf Leinwand, 76×71 cm. Privatsammlung.

Oskar Kokoschka. *Hans Tietze und Erica Tietze-Conrat.* 1909. Öl auf Leinwand, 76,5 cm × 135,2 cm. The Museum of Modern Art, New York; Abby Aldrich Rockefeller Fund.

in verschiedenen Kurorten der Alpen unterbrachte, damit er die Aristokratie, die sich dorthin vom Stadtleben zurückzog, malen konnte.[30] Durch Loos' Kontakte gelang es Kokoschka, eine seltsam gemischte Gesellschaft auf die Leinwand zu bannen, von prominenten Wissenschaftlern und Gelehrten (wie im außergewöhnlichen Doppelportrait des Kunsthistorikers Hans Tietze und seiner Frau) bis hin zu ungekämmten Exzentrikern wie dem Wiener Autor Peter Altenberg, einer Hauptfigur des Kreises um Kraus und Loos; elegant verlebte Grafen und Gräfinnen scheinen jener von Thomas Mann im *Zauberberg* beschriebenen seltsamen Welt zu entstammen, wo sich leidenschaftliches Raffinement und Nervenleiden verbinden.

All diese Individuen wurden jedoch von Kokoschkas Pinsel zu einer besonderen Familie des Geistes vereint. Unter dem Einfluß teils der „Magnetfelder" rhythmisch organisierter Pinselstriche, die so oft van Goghs Selbstportraits umgeben, teils eines vergleichbaren Glaubens an die spirituellen Energien eines Menschen umhüllte Kokoschka viele seiner Modelle mit einer glühend aufgeladenen Aura. Er schuf um sie herum eine dunkle Atmosphäre, die er mit schabenden und kratzenden Eingriffen in die Maloberfläche zu knisterndem Leben erweckte. In den besten seiner frühen Portraits wirkt die Haut der Personen wie ganz dünn, mit Venen durchästelt, wie kurz vor der Auflösung. Die vibrierende Elektrizität der Umgebung vermittelt einen Nimbus nervöser Energie, die die kränkelnde Physis der Dargestellten vergessen läßt.

Diese Tendenz, die Modelle von ihrer weltlichen Umgebung zu trennen, um sich ganz auf den Charakter zu konzentrieren, findet sich auch in den um 1910 entstandenen Portraits von Egon Schiele. Er befreite sich von dem wohlwollenden, aber erdrückenden Einfluß Klimts, als er die dekorativen Hintergründe seiner ersten Portraitversuche beiseite ließ.[31] Doch statt der wimmelnden atmosphärischen Fülle Kokoschkas stellte er seine Modelle, etwa Dr. Erwin von Graff (Abb. S. 168) oder Eduard Kosmack (Abb. S. 208), in ein reines Vakuum; so wurde die Energie ihrer Gesten eher komprimiert als nach außen

Oskar Kokoschka. *Paul Scheerbart.* 1910. Öl auf Leinwand, 70×47 cm. Privatsammlung, mit Genehmigung der Serge Sabarsky Gallery, New York.

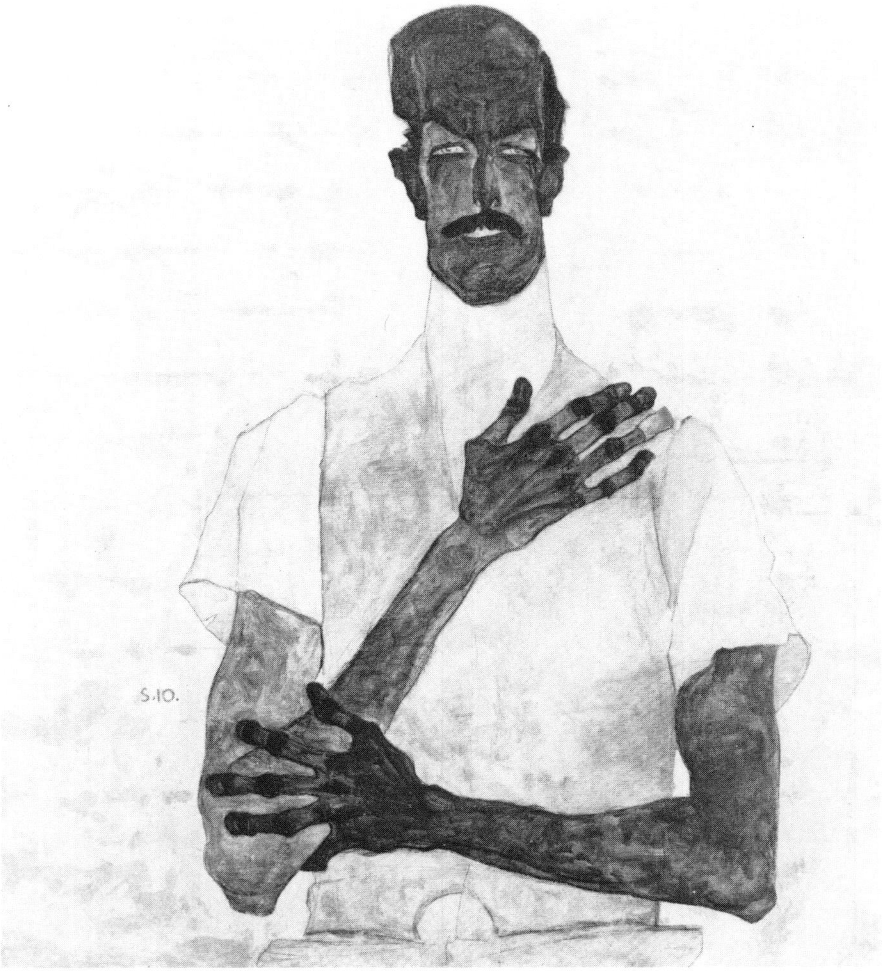

Egon Schiele. *Dr. Erwin von Graff.* 1910. Öl auf Leinwand, 100×90 cm. Privatsammlung.

gestrahlt. Im Kontrast zum schmelzenden Fleisch der Figuren Kokoschkas bestehen Schieles Modelle nur aus Knochen und gespannten Sehnen. Er übertrieb ihre vogelscheuchenhafte Häßlichkeit mit einem eher graphischen als malerischen Talent, das ebensosehr von Toulouse-Lautrec wie von van Gogh beeinflußt war. Kokoschkas Menschen verursachen einen Aufruhr, der die Welt um sie herum in Bewegung versetzt; in Schieles besten Portraits zeugen hingegen die stumme Zeichensprache und die Leere von einem anderen Seelenleiden: von dem verzweifelten Eingesperrtsein in der Entfremdung.

Die Metaphern, in denen diese neue Art der expressionistischen Portraitmalerei häufig beschrieben wird, stammen aus der Chirurgie: Da werden Masken heruntergerissen und private Wahrheiten abgetastet. Wo Klimt oft der Oberflächlichkeit bezichtigt wird, heißt es von der expressionistischen Vision, daß sie die Wahrheit aufdecke – sie sei eine Verbindung von schonungsloser Offenbarung der inneren Zustände des Modells und der eigenen Seele des Künstlers, die dieser ohne vermittelnde Instanz in jeden Akt der Kunstschöpfung investiere.

Doch dieser Befund paßt nicht so ganz. Weit entfernt davon, die Einzigartigkeit ihrer jeweiligen Modelle zu definieren, scheinen die besten der frühen Portraits von Kokoschka und Schiele in ihrer gesteigerten Intensität eng verwandt zu sein. Die Grimassen und Körperhaltungen, die aufgeladene Leere und die gegenstandslosen Hintergründe sprechen von einem gemeinsamen Seinszustand, vor dessen Hintergrund erst das je Individuelle erscheinen kann. Eine frühe Biographin Kokoschkas erkannte, daß dessen Portraitvisionen in seinen Phantasien von Charaktertypen entstanden, bevor sie die konkreten Züge seines Gegenübers wahrnahmen. Er strebte danach, bemerkte sie, „bekannte Individuen in menschliche Urtypen zu verwandeln... und stets das Gemeinsame in allen Menschen zu suchen, denen er begegnete.“[32] Diese Versionen von innerer Wahrheit wurden gefiltert durch einen neuen, umfassenden Sinn für das innere Wesen und den äußeren Ausdruck moderner menschlicher Existenz, wo die gestörten Energien des Inneren nicht mehr kontrollierbar sind und eine abgetrennte äußere Welt bewußter und unbewußter Gesten sich im Agieren mitteilt.

Es ist kaum zufällig, daß Kokoschkas erstes Portrait in Öl einen Schauspieler darstellte (*Der Trancespieler,* 1908) und daß einer von Schieles engsten Freunden ebenfalls Bühnenkünstler war (Erwin Dom Osen oder Mime van Osen, wie er sich nannte).[33] Beide Darsteller erweiterten die gestischen Darstellungsmöglichkeiten, um auch innere Zustände angemessener darstellen zu können. Bei ihrer Charakterisierung im Portrait war der ganze Körper beteiligt, eine besondere Rolle aber spielten die Hände. Die Modelle sinken zusammen, winden sich, greifen wieder aus und gestikulieren wie wild, sie stellen ihre Identität zur Schau in komprimierten Dramen von Brüchigkeit und Spannung, Impuls und Stillstand. Verlust und Bewußtsein des eigenen Selbst; dies ist das Gegenteil von ruhiger Sammlung in gelöster Selbstpräsentation. Nicht der Operationssaal, sondern die blanke Bühne des Kabaretts scheint der angemessene Raum dieser Vision zu sein.

Diese Theatralik ist auch ein wichtiger Aspekt der Selbstdarstellung der beiden Maler. Schon als junge Männer waren sie Rollenspieler und haben im Laufe ihrer Karriere immer wieder Verkleidungen übergestülpt. Anfangs hatte sich Kokoschka nach Art eines Kriminellen den Kopf geschoren, um seine Schurkenrolle als Feind bürgerlicher Selbstzufriedenheit zu unterstreichen. Nachdem ihn Herwarth Walden in Berlin elegant eingekleidet und der Elite einer internationalen Avantgarde vorgestellt hatte, wurde seine Selbstdarstellung als Outlaw noch grimmiger. Sie setzte sich fort in einem Plakat, auf dem ein von blasphemischem „Martyrium“ wie Christus verwundeter Torso mit einer grotesk angeberischen Grimasse versehen war. Erst nachdem Kokoschka nach Wien zurückgekehrt war und eine stürmische Affäre mit Alma Mahler, der Witwe Gustav Mahlers, begonnen hatte, erfuhren seine Selbstportraits eine energische Entwicklung. Von der Beziehung zu einer weltgewandten und um einige Jahre älteren Frau zugleich herausgefordert und bedroht, projizierte sich Kokoschka in einer Serie von Illustrationen zu eigenen Erzählungen in die epischen Rollen von Held und Opfer.[34] Den Höhepunkt dieser Periode der Selbstsuche markierten am Schluß jenes Verhältnisses zwei gemalte Allegorien: der *Fahrende Ritter* (Abb. S. 170), wo er die Rolle eines gefallenen Ritters annahm (wie ahnungsvoll angesichts seiner Verwundung im Ersten Weltkrieg)[35], und *Die Windsbraut* (Abb. S. 170), die die Vision Kokoschkas und Alma Mahlers im Wirbel ihrer Leidenschaft beschwor. Beide Bilder kennzeichnet der dickere Pinselstrich und die dunklere Farbpalette, die nach 1912 die erhitzte spinnenartige Zittrigkeit der frühen Portraits ersetzten; zugleich verschob sich ihr rhetorischer Ton hin zu einem offensichtlicheren Pathos.

Kokoschkas Gespür für seine eigene Originalität und sein späteres Selbstbild eines epischen Helden scheinen das solide Selbstvertrauen zu spiegeln, das ihm seine Erziehung vermittelte. Von seinem Vater, einem respektierten Prager Goldschmied, hatte Kokoschka Stolz, eine starke ethische Erziehung und ein kritisches soziales Bewußtsein mitbekommen.[36] Im Gegensatz dazu formte Schiele sein Selbstbild nach einer krass anderen Erfahrung; sein Vater, ein strenger Stationsvorsteher, war in syphilitischer Umnachtung gestorben, als Schiele gerade 14 Jahre alt war. Er erlebte eine schwierigere, in sich selbst verschlossene Kindheit, die von einer ungewöhnlich engen Bindung an seine jüngere Schwester Gertrud geprägt war.[37] Den beiden jungen Männern stellte Wien durchaus verschiedene Aufgaben. Während der rebellische Kokoschka als junger Skinhead herumstolzierte, suchte sich Schiele zum makellos saube-

Oskar Kokoschka. „Vortrag O. Kokoschka“: Plakat zu einer Lesung Kokoschkas für den „Akademischen Verband für Literatur und Musik“. 1912. Lithographie, 95×62,9 cm. The Museum of Modern Art, New York; Gertrud A. Mellon Fund.

Oskar Kokoschka. *Pietà – Es ist genug.* 1914. Kohlestift, 47×31,2 cm. Sammlung Werner Blohm, Westdeutschland

Oskar Kokoschka. *Die Windsbraut.* 1914. Öl auf Leinwand, 181×221 cm. Öffentliche Kunstsammlung, Kunstmuseum Basel.

Oskar Kokoschka. *Fahrender Ritter.* 1915. Öl auf Leinwand, 90×180 cm. The Soloman R. Guggenheim Museum, New York.

ren Künstler-Dandy zu stilisieren, der sich weiße Kragen aus Papier schnitt, wenn er keine aus Stoff mehr hatte. Der ältere Kokoschka bewegte sich ohne Probleme als Einzelgänger im Wiener Nachtleben, doch Schiele pflegte die Ideale künstlerischer Bruderschaft (sichtbar in seiner Rolle als Gründer der Neukunstgruppe 1909) als Ausgleich für den relativ mageren gesellschaftlichen Erfolg. Während Kokoschka nach Berlin ging, verbrachte Schiele mehr Zeit in den Provinzstädten; und als Kokoschka mit seiner Beziehung zu einer der prominentesten Damen der Wiener Kultur einen Skandal entfachte, saß Schiele in einem Landgefängnis unter der Anklage, eine entlaufene Minderjährige verführt zu haben.[38] Leichter vom Leben zu verletzen und weitaus weniger einverstanden mit dem Widerspruch zwischen seinen Idealen und der wirklichen Situation, erfand Schiele eine eigene Sammlung fiktiver Identitäten für seine Kunst.

Schiele hüllte sich in die Masken von Mönch oder Kardinal (Abb. S. 210), aber nicht wegen irgendwelcher Vorstellungen von privater Transzendenz, die beispielsweise Kokoschka zur katholischen Tradition geführt hatten, sondern wegen des Ideals spiritueller Brüderschaft, das er zum Modell des erstrebten Künstlerlebens erhob. (Der andere „Mönch" in den Hauptwerken dieser Phase ist nach Erscheinung und symbolischer Funktion beinahe mit Gewißheit Schieles künstlerischer „Abt" Klimt.)[39] Auch für seine Beziehung zu Frauen fand er andere Allegorien. *Der Tod und das Mädchen* (Abb. S. 211), ein Bild, auf dem ein benommener, verstörter Schiele von seinem Modell, der Geliebten Wally Neuzil, umklammert wird, entstand zu der Zeit, als Schieles Heirat mit der respektableren Bürgerin Edith Harms seine Studioliaison mit Wally zerstörte[40]. Das Bild entstand etwa gleichzeitig mit Kokoschkas *Windsbraut,* dem Lebewohl zu dessen Affäre mit Alma Mahler. Die Unterschiede in der kryptoreligiösen Stimmung – Schiele malte eine Station des Kreuzwegs, Kokoschka eine Himmelfahrt – verstellen nicht die Ähnlichkeit ihrer Strategien, Verkleidungen und symbolische Fiktionen als Mittel der Selbstdarstellung zu erfinden.

Egon Schiele. *Vier Bäume.* 1917. Öl auf Leinwand, 110,5×141 cm. Österreichische Galerie, Wien.

Schieles Hang zum Symbolischen zeigt sich immer wieder in Elementen wie der verwelkten Sonnenblume, die er als Attribut anderer (wie im Portrait Kosmacks, Abb. S. 208) und Chiffre seiner selbst verwendete. In seinen späteren Landschaften malte er kahle, herbstliche Bäume, deren Pathos über die sanftere Stimmung der deutschen Landschaftsmalerei um 1900 hinaus zurückwies auf die romantische Natursymbolik eines Caspar David Friedrich (Abb. S. 172).[41] Es gab hierfür zwar einige naheliegende Vorbilder, insbesondere bei Klimt und Hodler, doch haben die Motive der speziellen Blumen und Bäume sowie das allgemeine Gefühl einer Selbstprojektion in die Natur ebensoviel van Gogh zu verdanken. Obwohl Schiele stilistisch nicht so unmittelbar von van Gogh beeinflußt scheint wie Kokoschka, mag er mit ihm doch in einem tieferen Sinn übereinstimmen in der Besessenheit vom zentralen Thema des Selbst, dem man direkt begegnet oder durch Übertragung in die Landschaft, in erfundene Handlungen und in die umgebenden Objekte. Schieles 1911 entstandene kleine Ansicht seines Zimmers in dem Provinzort Neulengbach bestätigt seinen Respekt für van Gogh, auch wenn die dürren Formen der Möbel, die Flachheit

Egon Schiele. *Herbstsonne (Sonnenaufgang)*. 1912. Öl auf Leinwand, 80,2×80,5 cm. Privatsammlung, mit der freundlichen Genehmigung der Galerie St. Etienne, New York.

des Raums und die dünnen Farben eine viel zerbrechlichere Sensibilität verraten. Die grob gemeißelte Struktur von *Das Schlafzimmer des Künstlers in Arles* ist hier zu einer Collage aus Papier und Stöcken geworden.

Die zugespitzte Perspektive und die groben Bauernfarben von van Goghs *Schlafzimmer* reflektieren seine drängende Sehnsucht, sein gequältes Gemüt mit der herzlichen, ungebrochenen Natürlichkeit zu besänftigen, derer sich die ländlicher Lebenden erfreuen. Die blasse, klapprige Zaghaftigkeit von Schieles Zimmer offenbart eine völlig andere Stimmung. Wie das aufgewühlte Bild

Vincent van Gogh. *Das Schlafzimmer des Künstlers in Arles*. 1888. Öl auf Leinwand, 72,7×91,8 cm. The Art in Institute of Chicago; Schenkung von Frederic Clay Bartlett.

Links: Egon Schiele. *Zimmer des Künstlers in Neulengbach*. 1911. Öl auf Holz, 40×31 cm. Historisches Museum der Stadt Wien.

Egon Schiele. *Gelbe Stadt.* 1914. Öl auf Leinwand, 110×140 cm. Fischer Fine Art, London.

einer mönchischen Gemeinschaft in *Agonie* (Abb. S. 210) verrät, wurde Schieles Sehnsucht nach menschlichen Bindungen blockiert von der Furcht, in der Gesellschaft anderer erstickt zu werden.[42] In ähnlicher Weise könnte man das immer wiederkehrende Motiv des kunterbunten Durcheinanders österreichischer Provinzstädte für ein Beispiel der damals gängigen Sehnsucht nach der „organischen", festwurzelnden Natur des traditionellen Landlebens halten. Doch die seltsame Stimmung dieser Stadtszenen – leer und doch klaustrophobisch, schwankend zwischen der Welt von Hänsel und Gretel und der eines Dr. Caligari – verweist auf die ambivalente Haltung des Künstlers zur beklemmenden Gespreiztheit des provinziellen Lebens, das seine Wünsche reizte und seiner Natur doch fremd war. Aus dieser Unvereinbarkeit von städtischem Selbst und ländlicher Gesellschaft entstand Schieles traumatischstes Erlebnis seiner kurzen Karriere, seine Einkerkerung in Neulengbach im Frühjahr 1912. Die engstirnigen Bedenken gegen seine angeblich freizügige Lebensweise und pornographische Kunst veranlaßten den örtlichen Richter nicht nur dazu, Schiele aufgrund zweifelhafter Vorwürfe einzusperren, sondern auch, eine seiner Zeichnungen im Gerichtssaal zu verbrennen. Diese Ereignisse führten zu einigen der exaltiertesten Selbstportraits des Künstlers (Abb. S. 174).[43]

Es wäre jedoch falsch, eine zu direkte Verbindung zwischen Schieles Biographie und seiner Kunst herzustellen. Zunächst geht aus dem Zeugnis seiner Freunde klar hervor, daß es eine krasse Trennung gab zwischen dem merkwürdigen, frenetisch verstörten Schiele, den wir in seiner Kunst zu erkennen glauben, und dem wohlgekleideten und relativ umgänglichen jungen Mann, den sie im Alltag kannten.[44] Auch reicht der Rückzug auf die simple Behauptung nicht, die Kunst enthülle das wahre Selbst ohne die normalen gesellschaftlichen Masken. Dies ist die Rhetorik des Expressionismus, die wir schon für falsch befunden haben; und nirgendwo scheint sie weniger hilfreich zu sein als dort, wo man sie für besonders angemessen halten möchte, nämlich bei der einzigartigen Serie seiner Akt-Selbstportraits, die den Höhepunkt in Schieles Schaffen darstellen. Hier ließ er alle offensichtlichen Verkleidungen und symbolischen Surrogate beiseite – die er ja nicht nur mit Kokoschka, sondern mit vielen anderen modernen Künstlern geteilt hat – und schuf etwas viel Persönlicheres und Originelleres. Er erfand ein Ersatz-Selbst, das in seinem eigenen Körper wohnte, ein Selbst, das als *Poseur* im wörtlichen wie übertragenen Sinn eine Identität vorspielte, die als ebensosehr gespielte wie erlebte anerkannt wurde. Was an diesen Arbeiten so ausgesprochen modern wirkt, ist nicht die Direktheit ihrer Kommunikation, sondern deren Vermitteltheit, nicht ihr Sinn für Enthüllung, sondern für Darstellung.

Nach einigen etwas modischen frühen Versuchen der Selbstdefinition begann Schiele 1910 mit der Serie gemalter und gezeichneter Selbstportraits, die zu den außerordentlichsten Werken der Wiener Frühmoderne gehören (Abb. S. 176, 212). Immer wieder zeigte er sich als dürren, skrofulösen Akt, der sich in Wogen von roten, leuchtend orangen, ockerfarbenen, gelegentlich auch blutunterlaufen blauen Farbtönen in den bizarrsten Posen eines Verrenkungskünstlers wandt. Die Nacktheit ist hier kein Signal für ideale Wahrheit, sondern für die Künstlichkeit des Studios. Schiele und die Frauen, die gelegentlich bei ihm auftauchen, werden ausdrücklich als Modelle abgebildet, ohne daß ein symbolischer Vorwand oder eine mäßigende Idealisierung diese Rolle abschwächen würden (Abb. S. 148, 213). Natürlich war das Motiv des Künstlers mit seinem Modell nicht neu, und die Darstellung des szenischen Apparats hinter den Studioposen mit der Absicht, die falsche Idealisierung der Nacktheit zu unterlaufen, geht zumindest auf die Generation der Seurats und Lautrecs zurück.[45] Doch die Einbeziehung des Künstlers selbst in die Nacktheit und in die vorgeführten Posen eines Modells gab dem Ganzen eine besondere moderne Wendung. Der Künstler wird nicht als losgelöster Betrachter präsentiert, sondern teils als Schöpfer, teils als Geschöpf der Studiowelt mit den von ihr übernommenen Posen.

Sowohl Schieles wie Kokoschkas Kunst ist theatralisch. Dabei repräsentieren Schieles ergreifende Selbstportraits die Sparte des Marionettentheaters.

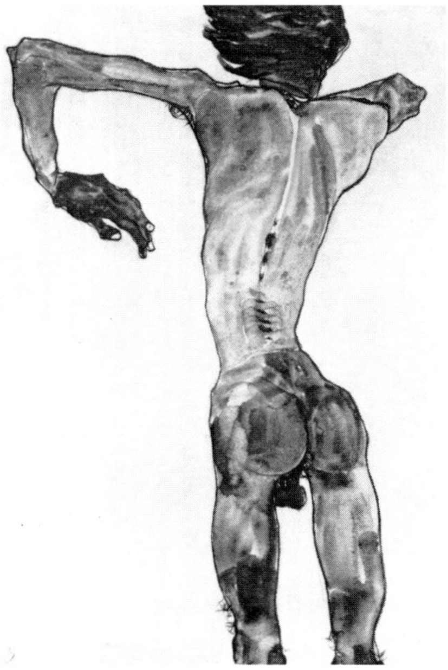

Egon Schiele. *Stehender männlicher Rückenakt.* 1910. Kreide, Aquarell, Gouache, 44,8×30,8 cm. Privatsammlung, mit der freundlichen Genehmigung der Serge Sabarsky Gallery, New York.

Egon Schiele. *Selbstbildnis als Gefangener.* 1912. Bleistift, Aquarell, 48,2×31,8 cm. Graphische Sammlung Albertina, Wien.

Oben: Egon Schiele. *Liebespaar*. 1914. Öl auf Leinwand, 119×138 cm. Privatsammlung, mit der freundlichen Genehmigung der Serge Sabarsky Gallery, New York.

Links: Egon Schiele. *Der Künstler zeichnet ein Aktmodell vor dem Spiegel*. 1910. Bleistift, 55,2×35,3 cm. Graphische Sammlung Albertina, Wien.

Links: Egon Schiele. Postkarte mit *Selbstbildnis mit erhobener linker Hand.* 1913. Lithographie, 14×8,9 cm. Privatsammlung.

Rechts: Egon Schiele. *Selbstbildnis im Wams mit erhobenem rechten Ellbogen.* 1914. Kreide, Aquarell, Gouache, 47,6×31,1 cm. Sammlung Alice M. Kaplan.

Sie zeigen keine direkte, kathartische Offenbarung des Innenlebens, sondern sie gestikulieren in privaten Codes oder überlassen sich einer unartikulierten Stummheit, welche die schon in den frühen Portraits wahrzunehmende Entfremdung zutiefst verinnerlicht hat. Das Authentische solcher Bilder liegt nicht in der Ablehnung aller Künstlichkeit, sondern darin, daß sie unseren Sinn dafür schärfen. Schiele nahm eben die Formen, die bis dahin die bevorzugten Symbole der Wahrhaftigkeit gewesen waren – die Nacktheit und implizit auch den Spiegel –, und benutzte sie zur Mitteilung einer tiefverwurzelten Falschheit. Wie so oft in der Wiener Kunst, zum Beispiel in den Arbeiten von Loos, wird die trübe Grenze zwischen Innenleben und sozialer Kommunikation zur unüberwindlichen modernen Seinsbedingung stilisiert.

Schiele portraitierte sich selbst unter zwei verschiedenen Aspekten des Marionettenhaften. Auf der einen Seite sehen wir die übertreibende Zurschaustellung gewollter Grimassen, die weit über die normale künstlerische Tradition des Studiums eigener extremer Ausdrücke (wie etwa bei Rembrandt) hinausgeht. Zusammen mit seinem Schauspielerfreund van Osen scheint Schiele nach einem neuen Alphabet universeller gestischer Kommunikation gesucht zu haben, das er beim pseudowissenschaftlichen Studium der Pathologie menschlicher Bewegungen und Ausdrücke entwickelte[46], und er scheint jene unkonventionellen Signale der Trauer für sein privates Theater der Selbst-Abbildung ausgenutzt zu haben. In diesem Sinn nehmen seine Arbeiten teil am umfassenderen Studium expressiver Bewegungen, das im frühen 20. Jahrhundert die Experimente des modernen Tanzes beflügelte.[47]

Auf der anderen Seite portraitiert sich Schiele in vielen dieser Bilder stumm und ausdruckslos wie eine Puppe, mit leeren Augen und mechanisch verrenkten Posen (Abb. S. 148, 212). Dieselbe knopfäugige, puppenhafte Schlaffheit kennzeichnet viele seiner weiblichen Modelle und verwischt so die Grenze zwischen Marionette und Mensch.[48] Schieles Figuren sind hier übrigens Verwandte jener Gliederpuppen, die in der Zeit des Ersten Weltkriegs auch die Arbeiten anderer Künstler, beispielsweise de Chiricos, zu bevölkern begannen. In ihrer Hohlheit symbolisieren sie eine tief pessimistische Einstellung zur Kommunikation und die entschlossene Ablehnung des Ideals eines privaten Innenlebens, das in der Malerei der Jahrhundertwende eine so entscheidende Rolle gespielt hatte.

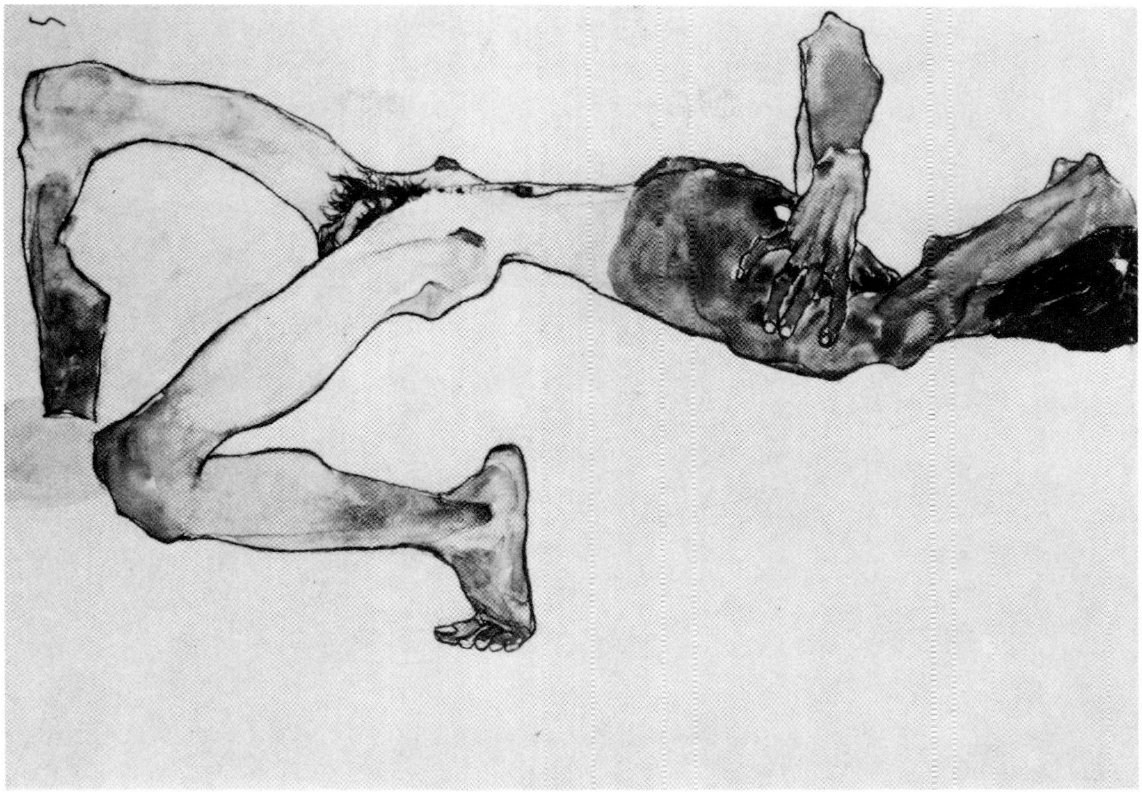

Egon Schiele. *Liegendes männliches Modell mit gelbem Kissen.* 1910. Bleistift, Aquarell, Gouache, 31,1×45,4 cm. Privatsammlung, mit der freundlichen Genehmigung der Serge Sabarsky Gallery, New York.

Egon Schiele. *Zwei Mädchen, in verschränkter Stellung liegend (Zwei Modelle).* 1915. Bleistift, Gouache, 32,8×49,7 cm. Graphische Sammlung Albertina, Wien.

GRAPHIK

Die Graphik spielte in der Wiener Kunst keineswegs eine untergeordnete Rolle. Linearität kennzeichnete viele der besten modernen Gemälde, und die *Flächenkunst* (heute würde man sagen „graphisches Design“) hatte für sämtliche Bereiche der dekorativen Kunst, von der Textil- über die Buch- bis zur Möbelgestaltung, eine entscheidende Bedeutung. Bei manchen Künstlern wurde die Graphik zum eigentlichen Betätigungsfeld. Das Werk Alfred Kubins oder Klemens Broschs besteht fast nur aus Zeichnungen, während Klimt, Kokoschka und Schiele viele graphische Arbeiten hinterlassen haben, die unabhängig von ihrer Malerei entstanden.

Der von der Sezession 1902 geehrte Leipziger Bildhauer Max Klinger (siehe S. 42, 155) hatte in den 90er Jahren behauptet, die Graphik sollte zu einem eigenen, für bestimmte Themen und Haltungen reservierten Ausdrucksbereich werden. In seinem Essay *Malerei und Zeichnung* von 1891 vertrat er die Ansicht, Farben solle man für die Darstellung von Visionen oder objektive Abbildungen der Natur reservieren, während man im Medium der Graphik die kritische Prüfung der Realität oder die verzerrte Welt von Phantasie und Traum besser ausdrücken könne.[49] Seine eigenen Zyklen sozialkritischer und phantastischer Radierungen, speziell die fetischistische Geschichte *Paraphrase über das Finden eines Handschuhs* (1882), entsprachen nicht den bevorzugten Träumen Klimts oder der Sezessionisten.[50] Sie hinterließen jedoch einen tiefen Eindruck bei Kubin und Brosch.

Kubin entdeckte sehr früh seine endgültige, auffallend persönliche Bildwelt. Seine frischesten Arbeiten stammen aus den allerersten Jahren nach der Jahrhundertwende, speziell aus der Zeit zwischen seiner ersten Berliner Ausstellung 1902 und der Veröffentlichung seines phantastischen Romans *Die andere Seite* im Jahre 1908.[51] In einer häufig grausamen, oft auch gewalttätigen Stimmung des Traums beschworen sie eine dämmrige Welt voll absurder menschenähnlicher Tiere und Pflanzen, die in den Kreisen der deutschen Expressionisten auf große Zustimmung stieß. Ein Böhme von Geburt, hatte Kubin in Deutschland mehr Erfolg als in Österreich. Er arbeitete als Illustrator für den *Simplicissimus* und war mit Kandinsky und anderen Gründer der Gruppe *Der Blaue Reiter.*

In Bildphantasie und Stil reflektiert sein Werk die graphischen Einflüsse zahlreicher anderer Künstler von Rops und Redon bis zu Bosch und Brueghel. Vermutlich war er auch von den Erkenntnissen über Traum und Unbewußtes fasziniert, die sich als Ergebnis der Arbeiten Freuds in Österreich und Deutschland verbreiteten.[52] Trotz seines zusammengeflickten Eklektizismus besaß Kubin ein echtes poetisches Talent, das nirgendwo entliehen war; leider hatte er aber keine verläßliche Kontrolle darüber, wie seine Unfähigkeit, das kreative Niveau der frühen Bilder zu wahren, beweist.

Das Unheimliche widersteht jeder definierenden Formel, und Kubins Erfolg hierin ist schwer zu beschreiben. Erotische Deformation, Verwirrung der Größenverhältnisse und irritierende nächtliche Lichtverhältnisse tragen alle zur Stimmung allgemeiner Unbehaustheit bei. Seine frühen Szenen in lavierter Tinte besitzen die stufenlose Tonalität feiner Aquatinta oder Lithographie, und ihre Motive wirken wie mit der Kamera erfaßt. (In der Tat hatte sich Kubin als Knabe mit der Photographie beschäftigt.) Es ist etwas leichter zu bestimmen, wo seine Vision schiefgeht. Kubins Sinn für das grotesk Plastische glitt leicht ins Vulgäre und Pornographische ab, wenn er den Rest von Poesie mißachtete, der seiner Grausigkeit den besonderen Tonfall gab. Außerdem

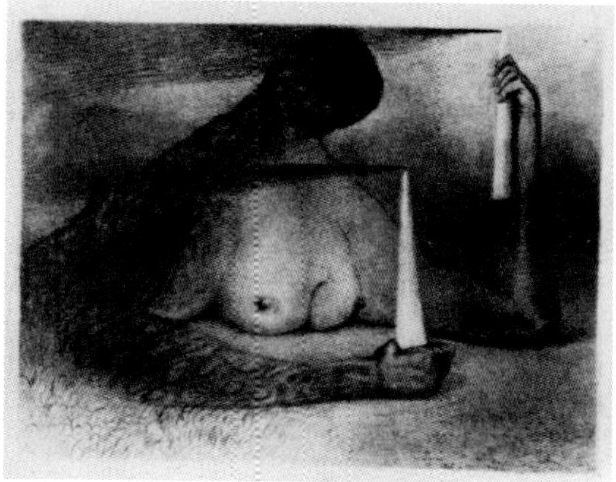

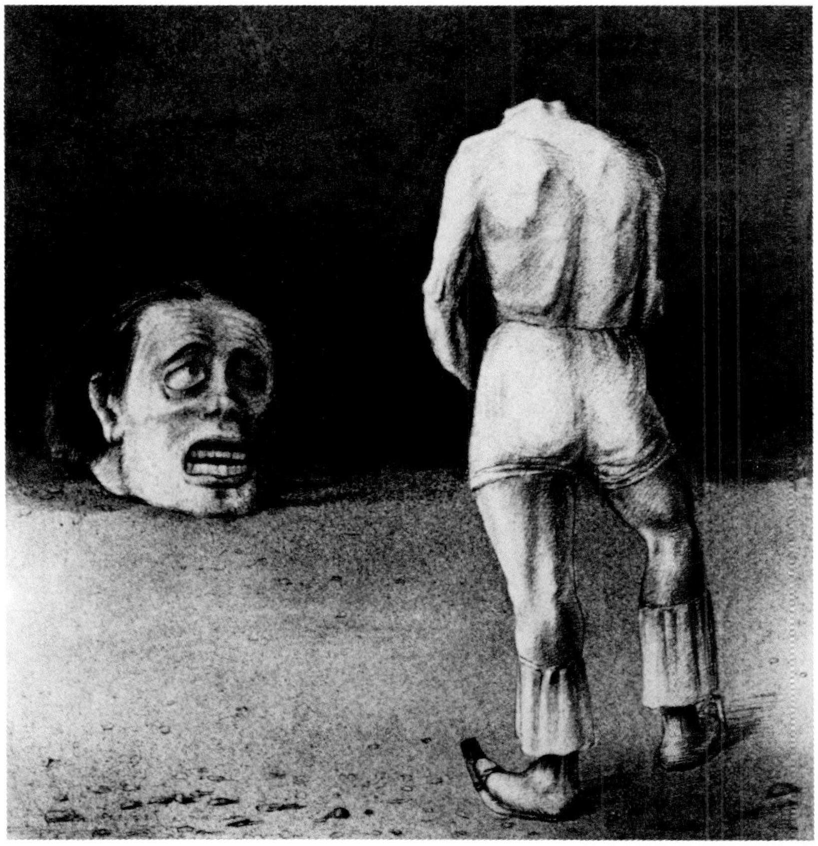

Links oben: Alfred Kubin, *Urschlamm.* 1904. Tusche, Kohlestift, laviert, gespritzt, 39,5×31,2 cm. Graphische Sammlung Albertina, Wien.

Oben rechts: Alfred Kubin. *Afrika.* 1902. Bleistift, Feder, Pinsel, 31,3×39 cm. Graphische Sammlung Albertina, Wien.

Oben: Alfred Kubin. *Krieg.* Um 1916. Tuschfeder laviert, 31,2×39,4 cm. Graphische Sammlung Albertina, Wien.

Links: Alfred Kubin. *Selbstbefragung.* 1902. Tuschfeder, laviert, gespritzt, 22,5×22,7 cm. Graphische Sammlung Albertina, Wien.

Klemens Brosch. *Zeppelin über Linz.* 1911. Bleistift, Tuschfeder, laviert, 33×20,3 cm. Oberösterreichisches Landesmuseum, Linz.

Klemens Brosch. *Schwalben über dem Südufer.* 1912. Tuschfeder, laviert, 35×41,4 cm. Oberösterreichisches Landesmuseum, Linz.

Klemens Brosch. *Birken, Stacheldraht, Gefallene.* 1914. Tinte, laviert, 20,6×26,2 cm. Oberösterreichisches Landesmuseum, Linz.

Klemens Brosch. *Erinnerungen an die Wiener Schlittschuhbahn.* 1915. Tusche, laviert, 31,4×45,1 cm. Oberösterreichisches Landesmuseum, Linz.

Klemens Brosch. *Ende der Arbeit.* 1912. Bleistift, Tusche, laviert, 28×48,9 cm. Oberösterreichisches Landesmuseum, Linz.

war er weniger ein wirklicher Zeichner als ein Künstler der tonalen Abstufungen, und sobald er das Hell-Dunkel seiner frühen Werke für einen offener expressionistischen, ruppigen Zeichenstil hergab, löste sich die Magie auf.

Klemens Broschs Karriere war wesentlich kürzer als die Kubins, da er 1926 im Alter von zweiunddreißig Jahren Selbstmord beging. Außerhalb seiner Heimatstadt Linz und der Hauptstadt Wien, wo er an der Akademie der bildenden Künste studierte, ist er praktisch unbekannt geblieben.[53] Wie Kubin war er ein Wunderkind, schon als Jugendlicher, noch keine zwanzig Jahre alt, begann er ganz plötzlich mit der Produktion sehr ausgereifter, persönlicher Arbeiten. Auch ihre Inspirationsquellen sind sich ähnlich; Broschs bitter ironische Szenen über den Ersten Weltkrieg stehen unter starkem Einfluß Goyas, und Klingers sparsamer, scharfkantiger Realismus durchdringt seine ganze Bildwelt. Doch unterscheiden sich Broschs scharfblickende Tagträume völlig von Kubins Phantasmagorien.

Brosch zeichnet seine filmische Phantasie aus. Seine Kombination von beweglicher Perspektive, erbarmungslosem Blick für das Detail und *japonistischer* Asymmetrie des Raumes scheint die Welt eines Caspar David Friedrich mit der Alfred Hitchcocks zu vereinen. Besonders aufregend wegen ihrer Entstehungszeit (noch vor den Erfindungen Sergei Eisensteins und Dziga Vertovs im russischen Film) sind Broschs außergewöhnliche, distanzierende Perspektiven: Aus steiler Frosch- oder Vogelperspektive zieht er zufällige, nah oder fern liegende Details zusammen zu Szenen, deren Leere von der Abwesenheit einer Handlung spricht. Kubin lebte mit seiner Vision in einer anderen Welt, Brosch hingegen stand knapp außerhalb der unsrigen, in die er mit der tauben Genauigkeit einer posttraumatischen Gleichgültigkeit hineinsah. Sein beunruhigendstes Werk ist das Bild eines kargen Krankensaals, den man durch das Spiegelbild des Künstlers auf einer Glastür sieht. Angst löst eine Fliege aus, die in diesem gespenstischen Selbstportrait über das Auge des Künstlers krabbelt.

So interessant diese unabhängigen graphischen Arbeiten auch sind, die wichtigsten Zeichnungen jener Wiener Epoche waren die Studien der bekannten Maler. Von Altmeister Klimt sagte ein Autor 1944: „Der byzantinische

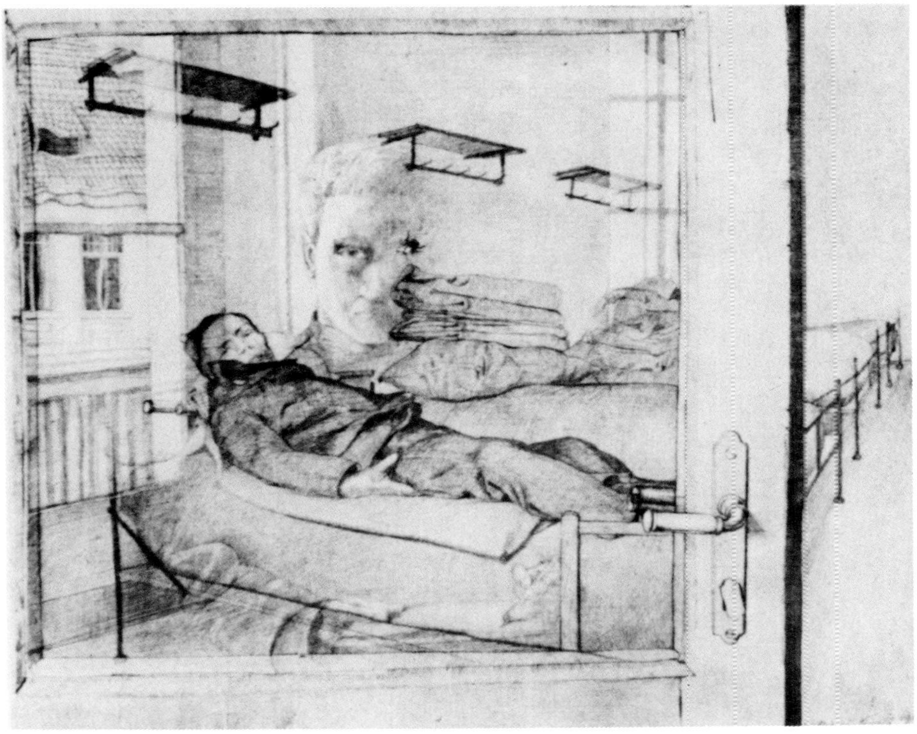

Klemens Brosch. *Blick durch die Glastür.* 1915. Bleistift, 25×34 cm. Stadtmuseum Linz.

Gustav Klimt. *Skulptur* (für das Vorlagenwerk *Allegorien, Neue Folge*). 1896. Schwarzer Pastellstift, Bleistift, laviert, Gold, 41,8×31,3 cm. Historisches Museum der Stadt Wien.

Carl Otto Czeschka. *Akt mit Umhang*. 1909. Bleistift, 61,2×46 cm. Graphische Sammlung Albertina, Wien.

Pomp und die theatralische Symbolik seiner bedeutendsten Kompositionen sprechen den heutigen Geschmack nicht mehr an, (doch) seine wahrlich meisterhaften und sehr sinnlichen Zeichnungen werden immer unter den besten ihrer Art stehen. Gerade als Zeichner hatte er einen fördernden Einfluß auf die jungen Künstler Wiens.“[54] Vielleicht erscheint uns heute Klimts graphisches Werk etwas weniger imposant und dasjenige Kokoschkas und Schieles doch unabhängiger von seinem Vorbild.

Überraschenderweise fehlt die straffe, sinnliche Linearität, die wir mit Klimt assoziieren, in seinen Zeichnungen gänzlich. Seine frühen allegorischen Zeichnungen enthüllen ein mildes, im wesentlichen malerisches und tonales Talent (Abb. S. 19). Die perspektivisch verkürzten Figuren der Studien für die Universitätsbilder (Abb. S. 196) weisen einen dramatischer schwellenden linearen Rhythmus auf, doch hat er diese Konturen nur teilweise fixiert. Hier wie in seinem gesamten Schaffen verwirklicht sich Klimts Beherrschung der Linien eher in den gemalten Bildern selbst als in den vorbereitenden Studien. Zu seinen wichtigsten Portraits existieren zahlreiche Studien, doch selbst die unmittelbar vorbereitenden Zeichnungen geben nur eine allgemeine, locker gestrichelte Anlage der Formen. Die für seine Gemälde so charakteristische Liebe zu knappen dekorativen Mustern zeigt sich in Klimts Zeichnungen selten so ausführlich wie zum Beispiel in denen Czeschkas.

Auf jeden Fall gründet sich Klimts Ruf als Zeichner nicht auf derartige Zweckarbeiten, sondern auf seine viel freieren Aktstudien. In diesem umfangreichen Werk versammelte er einzeln oder paarweise auftretende Frauen in einer außerordentlichen Vielfalt informeller, oft ausgesprochen erotischer Posen. Diese Arbeiten hält man schon lange für den wesentlichen Beitrag zu Klimts Reputation als Sensualisten und der Vorstellung von Wien als einem Babel freizügiger Erotik. Doch wesentliche Aspekte dieser Zeichnungen wurden importiert. Auf der Pariser Weltausstellung von 1900 und zweifellos auch bei anderen Gelegenheiten hatte Klimt die Chance, die neuartigen Zeichnungen zu sehen, die Rodin in den späten 90er Jahren begonnen hatte. Es waren mit einfachen Bleistiftkonturen rasch gestrichelte und oft mit Wasserfarben kolorierte, in ihrer Konzentration auf das Erotische häufig voyeuristische Studien von Aktmodellen in ungewöhnlichen Posen. Diese kühnen Zeichnungen übten einen bleibenden Einfluß aus auf viele Künstler, die (wie Matisse) um 1906 zur Blüte gelangten, und sie waren bestimmt für Klimt sehr wichtig. Allerdings interessierte sich Klimt mehr für das Spiel fließender Linien als für die Modellierung räumlicher Volumen; so hinterließen auch die fett gestrichelten, atmosphärischen Bilder solcher Künstler wie Anders Zorn oder Giovanni Boldini ihre Spur. Anders als Rodin vor oder Schiele nach ihm kümmerte sich Klimt wenig um die athletische Qualität der Geste oder die graphische Anordnung der Figur auf dem Malblatt. Darum wirken seine Zeichnungen mit ihren oft unterbrochenen Linien leichthändig und zufällig, und selbst obszöne Szenen sind von intimer Schwerelosigkeit.

Die frühen Figurenzeichnungen Kokoschkas und Schieles scheinen ihren Ausgangspunkt nicht bei der deutlichen Sinnlichkeit dieser späteren Aktstudien Klimts zu nehmen, sondern bei seinen hochaufgeschossenen, ausgemergelten früheren Frauenfiguren (Abb. S. 197). Bei Klimt war diese Schlankheit der expressive Ausdruck einer morbid geschwächten und implizit „hungrigen“ Sexualität gewesen, die er mit der *Femme fatale* assoziierte. Bei Kokoschka und Schiele wurde sie unter dem Einfluß der gotisierenden Skulpturen Georges Minnes (Abb. S. 47) zum Attribut der Jugend. Sowohl Kokoschka als auch Schiele fühlten sich stark von herumstreunenden Gassenmädchen angezogen, die ebenso das soziale Pathos einer Randexistenz wie die verstörende Faszination präpubertärer Erotik verkörperten (Abb. S. 184). (Aus dem gleichen Grund adoptierten die Maler der „Brücke“ das Zirkuskind Franzi als „Studiomaskottchen“.) Die knochigen Körper dieser Mädchen befriedigten das Bedürfnis der Künstler nach einer jenseits der Qualität professioneller Modelle liegenden ungewöhnlichen Nacktheit, an der sie eine härtere Linienführung

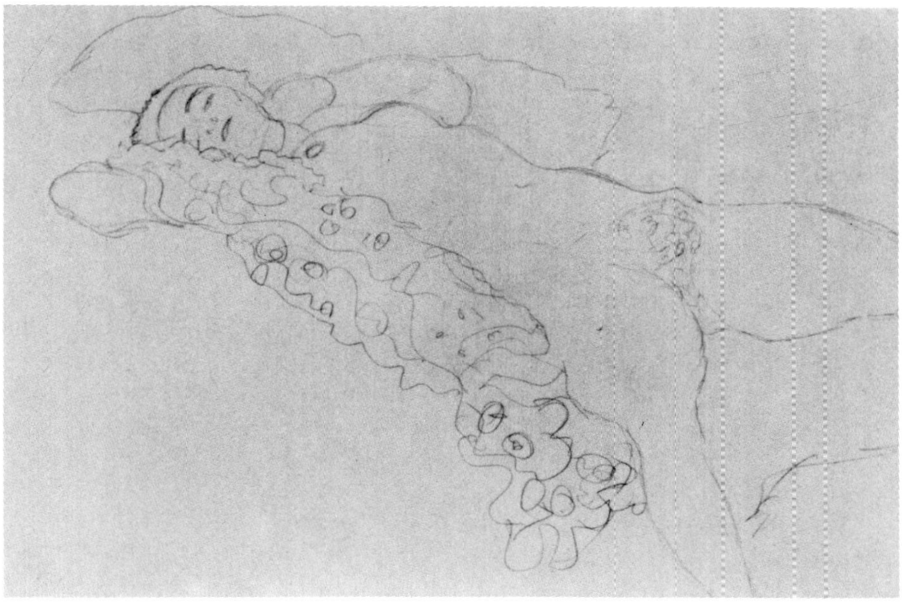

Gustav Klimt. *Akt,* undatiert. Bleistift, 37×57 cm. Historisches Museum der Stadt Wien

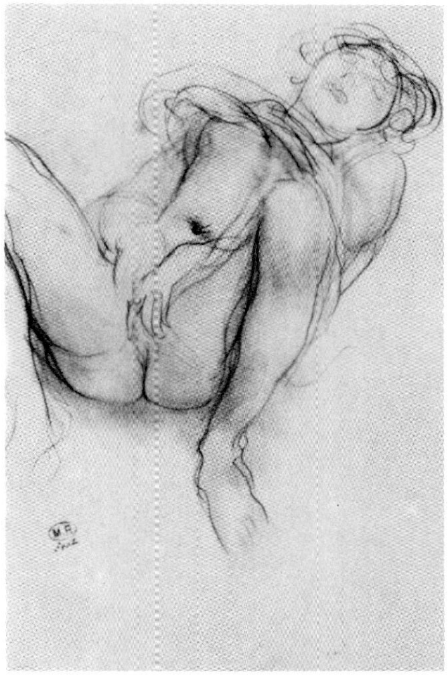

Auguste Rodin. *Liegender weiblicher Akt.* Um 1900. Bleistift, 31×20 cm. Musée Rodin, Paris.

Gustav Klimt. *Liegender Akt.* Um 1913–14. Blauer Stift, 37,1×55,8 cm. Historisches Museum der Stadt Wien.

entwickeln konnten, die die süßliche Glattheit der Jugendstil-Kurven hinter sich ließ. Das Tabu einer Sexualität, die sozial nicht geduldet wurde, aber im Einklang stand mit einer neuen psychologischen Wahrnehmung frühreifer Libido, erhöhte den Reiz des Themas.

Kokoschkas eindrucksvollste Zeichnungen aus der Frühzeit entstanden jedoch nicht nach Modellen, sondern entsprangen der Phantasie; es waren Illustrationen des kruden, ritualisierten Dramas um Blut, Lust und Verlangen, *Mörder Hoffnung der Frauen,* das auf der Kunstschau von 1909 Premiere feierte. Das Plakat dazu schockierte mit seinem makaberen Spiel mit den Assoziationen an eine tröstende Pietà und an ein gefräßiges, totenköpfiges Weib; der verdrehte, gehäutete männliche Körper vor dem Nachtblau des Hintergrunds vergröberte noch den Schock (Abb. S. 215). Später erschienen Tuschzeichnungen hierzu in *Der Sturm;* mit ihrem Zusammenwirken von

Oskar Kokoschka. *Das wahnsinnige Mädchen.* Bleistift, Aquarell, 44×31 cm. Historisches Museum der Stadt Wien.

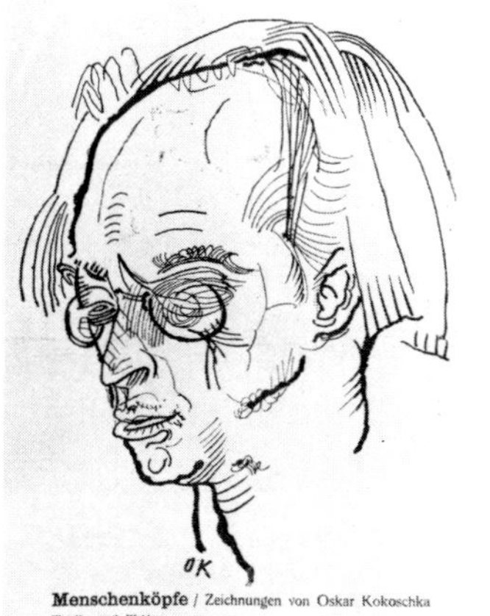

Oskar Kokoschka. *Herwarth Walden.* Um 1910 (in: Der Sturm, Bd. I, Juli, 1910).

Oskar Kokoschka. *Karl Kraus.* Um 1910 (in: Der Sturm, Bd. I, Mai, 1910).

Rechts: Oskar Kokoschka. *Junges Mädchen aus drei Blickrichtungen.* 1908. Bleistift, 45×31 cm. Graphische Sammlung Albertina, Wien.

steifer Schematisierung und expressiver Verrenkung sowie den dürr hingepinselten, kalligraphischen Ornamenten vermittelten sie die grausame Botschaft mindestens ebenso lebhaft. Formen von zersplitterten Degen oder Sternen, die oft aus der Übertreibung konventioneller graphischer Zeichen entstehen, zum Beispiel der Parallelschraffur, mit der man räumliche Tiefen andeutet, suggerieren Stammesopfer oder die Wunden der Figuren selbst und laden die Szenen mit knisternden Konfliktenergien auf. Diese Zeichnungen heben sich scharf von der naiven Robustheit der Konturen ab, die Kokoschkas unmittelbar davor entstandene Phantasie-Illustrationen, wie *Die träumenden Knaben* (Abb. S. 130) und verwandte Geschichten, charakterisierte. Sie scheinen spätere Arbeiten Picassos, etwa die Studien zu *Guernica,* vorwegzunehmen.

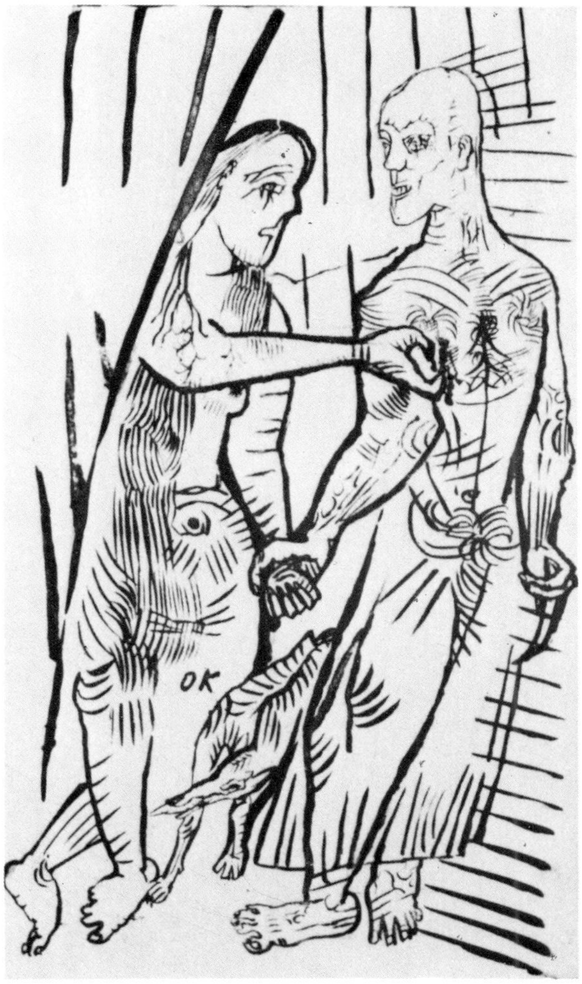

Oben: Oskar Kokoschka. Zeichnung zu *Mörder Hoffnung der Frauen IV.* Um 1908. Tusche, 27,5×27,5 cm. Privatsammlung.

Links oben: Oskar Kokoschka. Zeichnung zu *Mörder Hoffnung der Frauen I.* Um 1908. Tusche, 27,5×20 cm. Privatsammlung.

Wo mit denselben Linienerfindungen das Gesicht einer Figur zu einem verstümmelten Feld von Sternen und Kometen aufgebrochen wird, mag man auch schon Züge des surrealistischen Automatismus vorausahnen. Diese expressive Kalligraphie bildete den Ausgangspunkt für die verkratzte Oberfläche einiger von Kokoschkas frühen gemalten Portraits. Doch nachdem sich sein Malstil geändert hatte, wirkte der Einfluß in umgekehrter Richtung: Die breitere Malmanier der Jahre 1910–1920 kehrte in die Zeichnungen als verdickter Strich zurück, wie man bei der ab 1912 entstehenden Serie lithographischer Illustrationen erkennen kann (Abb. S. 170). Die holzschnittartige Schärfe des Stifts wich dem kühleren, sanfteren Anblick von Kreide und Pastell.

Von all diesen Künstlern war es sicherlich Schiele, der das abwechslungsreichste und stets aufs neue fesselnde Werk schuf. Seine Linien gehen von zerbrechlicher, spinnenbeiniger Zittrigkeit bis zu rauh gezacktem Splittern, und seine Farbgebung umschließt fließende Zartheit ebenso wie ledrig runzlige

Oben: Egon Schiele. *Sitzender Akt in Schuhen und Strümpfen.* 1918. Kohlestift, 46,7×29,9 cm. The Metropolitan Museum of Art, New York; Vermächtnis von Scofield Thayer, 1982.

Rechts oben: Egon Schiele. *Liegender Akt mit gelbem Tuch.* 1917. Tempera, schwarze Kreide, 31,1×48,3 cm. Privatsammlung.

Gegenüberliegende Seite. Egon Schiele. *Liegender Halbakt.* 1911. Aquarell, Bleistift, 47,9×31,4 cm. Privatsammlung, mit Genehmigung der Serge Sabarsky Gallery, New York.

Zähigkeit. Schiele besaß etwas, das Klimt nicht hatte: eine geradezu unfehlbare Fähigkeit, der figürlichen Komplexität einer in jeder nur denkbaren Weise verdrehten und verkürzten Anatomie gerecht zu werden. Darüber hinaus konnte Schiele, auch hier anders als Klimt, Körperformen zugleich als Volumen im Raum und als graphische Formen auf dem Papier wahrnehmen und beides mit gleicher Kraft umsetzen. Seine Linienführung wirkt unermüdlich genau und an die lebendige Erfahrung gebunden, wenn sie die unidealisierten Eigenheiten von Haut, Haar, Knochen und Kleidung verfolgt. Und doch entfaltet dieselbe Linienführung mit ihrer scheinbar mühelosen Kraft, mit der sie die Formen umschließt, auch eine reiche dekorative Wirkung. Folgt man einer Linie durch die Zeichnung, dann bricht sie und kehrt zurück, huscht umher und vollzieht schwellende Sprünge, zögert in zittriger Zartheit und läßt sich mit flächiger Fülle nieder – ein eigenes, von den beschriebenen Dingen beinahe unabhängiges Leben. Die Leibchen und Handtücher, die Unterröcke, Strumpfhalter, Schuhe und Strümpfe fungieren nicht einfach als fetischistische Accessoires, sondern liefern einen Anlaß für Farbe und Muster, seinen typisch benommenen Figuren etwas Schwung beizubringen. In vergleichbarer Weise breiten sich die abgemagerten Körper auf den Malblättern in einer Art aus, die einen ständig beweglichen, nie zu befriedigenden Standpunkt und einen stetigen Widerstand gegen die Beschränkung durch den verfügbaren Raum spüren lassen. In jeder Hinsicht sind Schieles Fähigkeiten als Beobachter und seine zeichnerischen Instinkte völlig miteinander verbunden.

Diese Zeichnungen sind seit ihrer Entstehung für ihren pornographischen Charakter berüchtigt, und diesen Ruf haben sie wohl verdient. Das Sexuelle ihres Voyeurismus ist normalerweise viel härter, hitziger und herausfordernder als der plüschige Haremsdunst Klimts. Bei Schiele hat es oft den Anschein, als hätte die Erotik ihre Verbindung zur Lust verloren und sich mit krampfendem Leiden vereint. Die Selbstvergessenheit und Verschlossenheit der spreizbeinigen Modelle wirken seltsam berührend. Doch als Entwurf sind diese willfährig skurrilen und oft erkennbar unsinnlichen Akte von beinahe ebenso unfehlbarer Eleganz. Diese Eleganz war für Schiele ein Reflex; er hatte ein ebenso persönliches Auge für den ungewöhnlichen Stil wie für die ausgefallene Psychologie des Körpers. Es ist diese Verbindung von Schock und Schick, von den Reizen der Verworfenheit und des Leidens mit dem Bedürfnis nach Stilisierung, die die besondere Qualität dieser Zeichnungen ausmacht. Die schwüle Mischung aus Morbidität, wollüstiger Häßlichkeit und großer Mode, die Klimt als erster zur definitiven Sensibilität des Wiener *Fin de siècle* gemacht hatte, modernisierte Schiele zum brutalen, entblößten Glamour.

EGON
SCHIELE

Gustav Klimt. *Pallas Athene*. 1898.
Öl auf Leinwand, 75×75 cm.
Historisches Museum der Stadt Wien.

Gegenüber:
Gustav Klimt. *Judith I*. 1901.
Öl auf Leinwand, 84×42 cm.
Österreichische Galerie, Wien.

JUDITH UND
HOLOFERNES.

Carl Moll. *Dämmerung.* Um 1900. Öl auf Leinwand, 80×94,5 cm. Österreichische Galerie, Wien.

Gustav Klimt. *Insel im Attersee*. Um 1901.
Öl auf Leinwand, 100×100 cm.
Besitz von Dr. Otto Kallir, mit Genehmigung der Galerie St. Etienne, New York.

Gustav Klimt. *Buchenwald I.* Um 1902.
Öl auf Leinwand, 100×100 cm.
Staatliche Kunstsammlungen Dresden, Gemäldegalerie Neue Meister.

Walter Sigmund Hampel. *Abend*. Um 1900.
Öl auf Leinwand, 100×110 cm.
Sammlung Bernard Goldberg.

Gustav Klimt. *Blühende Wiese.* Um 1906.
Öl auf Leinwand, 110x110 cm.
Privatsammlung.

Gustav Klimt. *Garten mit Sonnenblumen.* Um 1905–06.
Öl auf Leinwand, 110×110 cm.
Österreichische Galerie, Wien.

Gustav Klimt. Studie zu *Medizin*. Um 1900.
Bleistift, Pastell, 86×62 cm.
Graphische Sammlung Albertina, Wien.

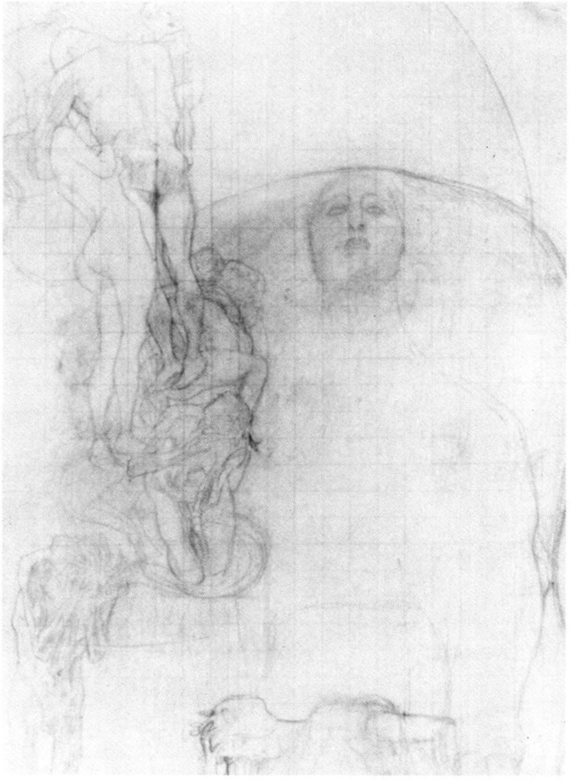

Gustav Klimt. Studie zu *Philosophie*. Um 1898–99.
Bleistift, Pastell, 89,6×63,2 cm.
Historisches Museum der Stadt Wien.

Gustav Klimt. Studie zu *Medizin (Schwebende)*. Um 1898.
Kreide, 41,5×27,3 cm.
Graphische Sammlung Albertina, Wien.

Gustav Klimt. Aktstudie zu *Medizin*. Um 1898.
Kreide, 43×28,9 cm.
Graphische Sammlung Albertina, Wien.

Gustav Klimt. *Beethovenfries*. Ausschnitt aus „Poesie" („Chor der Paradiesengel"; „Diesen Kuß der ganzen Welt"). 1902 (nach der Restauration). Kaseinfarbe, Blattgold, Halbedelsteine, Perlmutt, Gips, Kohle, Pastell, Bleistift auf Stuckgrundierung, 216×981 cm insgesamt. Österreichische Galerie, Wien.

Gustav Klimt. Studie zur linken Figur (seitenverkehrt) der Drei Gorgonen für den *Beethovenfries*. 1902. Schwarze Kreide, teilweise laviert, 44,9×32 cm. Graphische Sammlung Albertina, Wien.

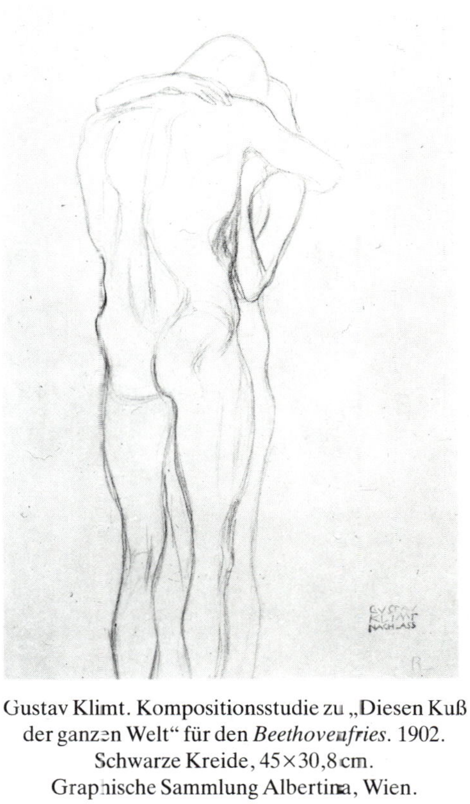

Gustav Klimt. Kompositionsstudie zu „Diesen Kuß der ganzen Welt" für den *Beethovenfries*. 1902. Schwarze Kreide, 45×30,8 cm. Graphische Sammlung Albertina, Wien.

Gustav Klimt. *Emilie Flöge*. 1902.
Öl auf Leinwand, 181×84 cm.
Historisches Museum der Stadt Wien.

Gustav Klimt. *Margaret Stoneborough-Wittgenstein.* 1905.
Öl auf Leinwand, 180×90 cm.
Bayerische Staatsgemäldesammlungen, Neue Pinakothek, München.

Gustav Klimt. *Adele Bloch-Bauer I.* 1907.
Öl, Gold auf Leinwand, 138×138 cm.
Österreichische Galerie, Wien.

Gustav Klimt. *Fritza Riedler.* 1906.
Öl auf Leinwand, 153×133 cm
Österreichische Galerie, Wien.

Gustav Klimt. *Der Kuß*. 1907–08. Öl, Gold auf Leinwand, 180×180 cm.
Österreichische Galerie, Wien.

Gustav Klimt. *Hoffnung II.* 1907–08. Öl, Gold auf Leinwand, 110,5×110,5 cm.
The Museum of Modern Art, New York; Mr. and Mrs. Ronald S Lauder und Helen Acheson Funds und Serge Sabarsky.

Gustav Klimt. *Baroness Elisabeth Bachofen-Echt.* Um 1914.
Öl auf Leinwand, 180×128 cm.
Privatsammlung.

Gustav Klimt. *Die Mädchen*. 1912–13.
Öl auf Leinwand, 190×200 cm.
Nationalgalerie, Prag.

Oskar Kokoschka. *Portrait eines alten Mannes (Vater Hirsch)*. 1907.
Öl auf Leinwand, 70,5×62,5 cm.
Neue Galerie der Stadt Linz/Wolfgang Gurlitt-Museum, Linz.

Oskar Kokoschka. *Ludwig Ritter van Janikowsky*. 1909.
Öl auf Leinwand, 60×57 cm.
Privatsammlung.

Egon Schiele. *Eduard Kosmack*. 1910.
Öl auf Leinwand, 100×100 cm.
Österreichische Galerie, Wien.

Egon Schiele. *Selbstbildnis mit schwarzer Vase (Selbstbildnis mit gespreizten Fingern)*. 1911.
Öl auf Holz, 27,5×34 cm.
Historisches Museum der Stadt Wien.

Egon Schiele. *Agonie.* 1912.
Öl auf Leinwand, 70×80 cm.
Bayerische Staatsgemäldesammlungen, Neue Pinakothek, München.

Egon Schiele. *Der Tod und das Mädchen.* 1915.
Öl auf Leinwand, 150×180 cm.
Österreichische Galerie, Wien.

Egon Schiele. *Selbstbildnis mit um den Kopf geschlungenem Arm.* Um 1910.
Kohlestift laviert, 45,1×31,8 cm.
Privatsammlung.

Egon Schiele. *Mann und Frau*. 1913.
Bleistift, Aquarell, Tempera, 78,7×47,6 cm.
Privatsammlung.

Oskar Kokoschka. *Frauenmord* für *Mörder Hoffnung der Frauen*. 1908–09.
Bleistift, Tusche, Aquarell, 30,8×25,8 cm.
The Robert Gore Rifkind Center for German Expressionist Studies;
Los Angeles County Museum of Art.

Oskar Kokoschka.
„Kokoschka: Drama-Komödie": Plakat zu *Mörder Hoffnung der Frauen*. 1909.
Lithographie, 118,1×76,2 cm.
The Museum of Modern Art, New York.

Egon Schiele. *Die Familie.* 1918. Öl auf Leinwand, 149,7×160 cm. Österreichische Galerie, Wien.

ZUSAMMENFASSUNG

Schiele malte *Die Familie* im Alter von achtundzwanzig Jahren, es war sein Todesjahr. Obwohl die männliche Figur Schiele selbst ist, handelt es sich hier nicht um ein häusliches Selbstportrait; er hatte keine Kinder, und die Frau auf dem Bild ist nicht seine Frau.[1] Man könnte es so formulieren, daß mit dieser persönlichen Allegorie des Künstlers als Vater die Kindheit der modernen Wiener Kunst zu Ende geht. Sie nährt sich nicht länger von den die etablierte Kunst herausfordernden störenden Energien der Kindheit und Jugend. Indem er sich statt dessen der Fortpflanzung als primärer Metapher der Kontinuität zuwandte, fand Schiele einen Weg, um das Vermächtnis einer Generation an die nächste darzustellen. Klimts frühe Arbeiten zum verwandten Thema der Mutterschaft waren von den Todesboten des *Fin de siècle* und dem Verlust des Selbst im Strudel des Schicksals überschattet worden. Die Verzweiflung in Schieles Bild ist beunruhigender und weniger romantisch. Ohne sich gegenseitig zu beachten, kauern die drei in der kalten Dunkelheit eines leeren Studios, und besonders der wie ein Affe dahockende Künstler ist von einer dumpfen Passivität, die weder Furcht noch Hoffnung verrät. Im Jahr seines Todes stellte diese Variation des Themas Geburt jene gewaltige Frage, die Schiele nicht mehr würde beantworten können: Was ist mit der Zukunft? Was ist unser Vermächtnis?

Zu einer zuversichtlicheren, glücklicheren Zeit hatte Koloman Moser 1898 in ein riesiges Glasfenster des Sezessionsbaus (Abb. S. 56, 57) ein Motto eingefügt, das der Freude am Gegenwärtigen, nicht der Furcht vor der Vergänglichkeit entsprang: „Der Künstler zeigt seine Welt des Schönen, die mit ihm entstand, zuvor niemals war und niemals wieder sein wird." Die Künstler, die vor diesem Fenster standen, glaubten daran, daß ihre Gemeinschaft ihre eigene Welt erschaffen könne und daß der historische Wandel ihr natürlicher Verbündeter sei. Doch schon 1918 schnitt die Sense der Zeit mit ihrer scharfen Kante – Klimt, Wagner, Moser, Schiele und das gesamte Reich gehörten der Geschichte an, noch bevor die Farbe von *Die Familie* überhaupt trocken war. Was war nun mit der Welt, die diese Gemeinschaft visionär gesehen hatte, und mit der Schönheit, die mit ihnen geboren war? Die Fragen, die Schiele zu stellen scheint, haben wir immer noch zu beantworten: Was ist das Vermächtnis? Was hat uns Wien hinterlassen?

Aus zwei Gründen wollen wir diese Frage vor allem in bezug auf die bildenden Künste Wiens stellen. Erstens haben viele andere Städte, etwa Berlin, Prag oder München, große Autoren, Philosophen und Wissenschaftler hervorgebracht und soziale Themen von enormer Tragweite aufgeworfen. Viele dieser Städte beherbergten auch bedeutende Künstler und aktive Sezessions-Gruppen. Wien jedoch zeichnete sich aus durch das Hervorbrechen von Talenten auf *allen* Gebieten visueller Kunst sowie durch das mit diesen Arbeiten verbundene besondere Wiener *Lebensgefühl.* Die Qualität dieser Kunst gehört zentral zur Faszination der Stadt, und die besonderen Züge von Lust und

Oben: Koloman Moser. Entwurf für den Umschlag der Broschüre der Wiener Werkstätte *Einfache Möbel für ein Sanatorium*. Um 1903. Tusche auf Karton, 25×25 cm. Hochschule für angewandte Kunst, Wien.

Gegenüberliegende Seite: Bertold Löffler. Entwurf für die Weinkarte des Hotel Savoy. Um 1908. Tempera, Tusche auf Karton, 18×10 cm. Hochschule für angewandte Kunst, Wien.

Schmerz in der Wiener Ästhetik färben unausweichlich auch unsere Vorstellungen von allen übrigen intellektuellen Revolten, die sich dort ereigneten.

Doch es gibt noch einen zweiten und ebenso wichtigen Grund, warum wir uns auf die visuellen Kunstproduktionen Wiens konzentrieren sollten. Sie nehmen einen ganz besonderen Platz ein, den man vom weiteren Feld der Hinterlassenschaften Wiens auf den Gebieten von Wissenschaft, Literatur, Musik und so weiter abgrenzen muß. Kurz gesagt, Klimt war nicht Freud, und Schiele war nicht Schönberg. Damit soll gesagt sein: Im frühmodernen Wien gab es Erneuerer, die die ihnen zugefallenen Betätigungsfelder mit tiefgreifender Wirkung für die gesamte westliche Kultur umwälzten – doch bildende Künstler waren nicht darunter. Wie attraktiv wir auch unser Bild von der „fröhlichen Apokalypse" ausmalen, diese Diskrepanz kann und sollte nicht überdeckt werden. Wenn wir die Umstände studieren, die so verschiedene Genies wie Wittgenstein und Kraus, Loos und Altenberg, Wagner und Musil zusammenführte, ohne die sie trennenden Unterschiede von Kraft und Originalität herauszuarbeiten, mogeln wir uns um ein wichtiges Problem herum. Wenn wir die Ansicht vertreten, die Wiener Kunst habe an den Rockschößen der Freudschen Psychoanalyse, der atonalen Kompositionen Schönbergs und der anderen radikalen Produkte der Wiener Kultur gehangen, riskieren wir, sie zur bloßen Illustration jener Epoche herabzuwürdigen, und umgehen die schwierige Frage, warum die Kunst nicht selbst zu einer ebenso radikalen Kraft in der modernen Kultur geworden ist. Der frühmodernen Wiener Kunst die Frage nach ihrem Vermächtnis zu stellen heißt nicht nur, nach ihren Erfolgen zu fragen, sondern auch, sich zu erkundigen, was schiefging und warum manches so früh sterben mußte.

Sehr vereinfachend gesprochen, war eins der Grundprobleme in Wien die Frage nach der Balance von Schlichtheit und Aufwand. Viele Autoren haben

gesehen, daß diese Balance gestört war, aber sie waren sich nicht über die Gründe und Konsequenzen einig. Ein orthodoxer Modernist applaudiert den Momenten der Einfachheit – zum Beispiel dem nüchternen, rationalen, geometrischen Stil Hoffmanns und Mosers von 1902–1904 – und beklagt die aufwendige Putzsucht als eine tödliche Krankheit Wiens. Diesem Urteil kann nur Loos als wahrer Held standhalten, begleitet von der etwas zweifelhaften Gesellschaft der anderen Feinde des Ästhetizismus, Kokoschka und Schiele. Demgegenüber vertritt ein im Umfeld der Postmoderne Argumentierender den Standpunkt, daß Wien gerade durch das Spielerische besonders ausgezeichnet gewesen sei – etwa durch den dekorativen Reichtum Klimts oder die eklektische Ornamentik der späten Wiener Werkstätte – und daß dieser Spaß von einem säuerlichen, kanonischen internationalen Modernismus unterdrückt worden sei. Keiner dieser Standpunkte wird überhaupt einer der beiden Seiten gerecht oder trägt irgend etwas zur Klärung bei, was denn nun das Verhältnis aus dem Gleichgewicht gebracht habe.

Das aufwendige Wien zum Beispiel bot mehr als nur Spaß. An der Grenze Europas zum Osten siedelnd, hatten die Wiener ein besonderes Gespür für den Glanz des Orients; das galt nicht nur für die überbordende byzantinische Prachtentfaltung, sondern auch für die komplizierte Überschwenglichkeit der slawischen Volkskunst. Bei Moser, Klimt, Czeschka oder Peche entdecken wir immer wieder das Vergnügen an der Konfusion flimmernder Muster. Doch diese optische Sinnenfreude war auch ein entscheidender Zug der Wiener Mentalität. Eine Neueinschätzung der dekorativen Künste trug entscheidend bei zum Aufkommen der modernen Ideen über Natur und Geschichte des Menschen.

Beim Studium der dekorativen Künste vereinten sich zwei Schlüsselvorstellungen der Moderne: die Gewißheit, daß die Kräfte des Geistes über den biologischen Gesetzen stehen, die das Denken des 19. Jahrhunderts stark fasziniert hatten, und die Ablehnung der griechisch-römischen Antike sowie der Renaissance als Höhepunkte der Kunst. Als man im letzten Jahrzehnt des 19. Jahrhunderts begann, die Wertschätzung für Darstellungen des Menschen danach zu richten, was sie über den Geist, und nicht so sehr danach, was sie über die Natur aussagten, wurde auch das Ornament – genau wie die gegenständliche Kunst, wenn nicht sogar mehr als sie – als Ausdruck der gesellschaftlichen Entwicklung bewertet. In diesem Bestreben war der Wiener Kunsthistoriker Alois Riegl führend, dessen Werk über die spätrömischen dekorativen Künste Epoche machte, weil es den Willen vor der Geschicklichkeit als die entscheidende prägende Kraft der Kunst hervorhob. Seine Neubewertung des Kunsthandwerks, das man bis dahin nur für untergeordnet und abgeleitet gehalten hatte, wälzte die Geschichtsschreibung der Kunst um; und seine Behauptung, daß in der anonymen, spontanen Ornamentik das sicherste Kennzeichen der Energien einer Epoche zu finden sei, verwandelte die Auffassungen von Kultur.[2] Die antipositivistischen Folgerungen der Studien Riegls waren radikal; in ihrer Konsequenz bemühten sich die Wiener Künstler nicht nur, die hierarchische Trennung von hoher und niederer Kunst zu durchbrechen, sondern Klimt, Czeschka und andere entdeckten im „dekadenten" Ornament auch einen Weg aus dem Naturalismus.[3]

Was hier für Wien noch typischer erscheint, ist nicht nur die Liebe zum Ornament, sondern die Vorliebe für geradezu desorientierende, das Auge täuschende Muster. Jenseits des vergnüglichen Sinns für eine träumerische Aufhebung des Raums hatte diese aufwendige Verspieltheit auch eine intellektuelle Bedeutung. Wie Werner Hofmann in seinem Buch über Klimt feststellte, war die Möglichkeit der Deutungsüberlagerungen von Figur und Hintergrund – häufig zu sehen in Klimts Werk (Abb. S. 156) und als ein zentraler Effekt vieler Entwürfe Mosers (Abb. S. 115) – ein entscheidendes Element bei der Entwicklung der Gestaltpsychologie.[4] Psychologen stellten die oszillierende Instabilität solcher Muster als Indiz dafür heraus, daß sich die Wahrnehmung des Menschen weder ausschließlich auf Sinneseindrücke noch allein auf geistige Konstruktionen gründe und daß Inkonstanz daher ein unumgängliches Moment all unserer Beziehungen zur Welt darstelle.[5] Für Riegl und Klimt gilt das gleiche wie für Moser und die Gestalttheorie: Die Wiener Lust an der Dekoration stand schon früh in Einklang mit einigen der radikalsten Entwicklungen auf den Gebieten der Erkenntnis des menschlichen Geistes und der Kulturgeschichte. Dies war kein Fall von schlichter Beeinflussung, sondern von paralleler Entwicklung vergleichbarer Wahrnehmungen, die sich gegen den positivistischen Naturalismus richteten.

Die Faszination für dekorative Muster führte in zwei verschiedene Richtungen. Auf der einen Seite konnte man, wie es der Kunsthistoriker Wilhelm Worringer in seiner berühmten Abhandlung von 1908 getan hat, die verwirrende Linienführung reichen Ornaments als Anzeichen geistiger Verzweiflung ansehen.[6] Worringers These war nicht nur kennzeichnend für die deutsche Kunst seiner Zeit, sondern hat sie auch beeinflußt. Seiner Ansicht nach war der harmonische Naturalismus der Renaissance flach; demgegenüber charakterisierte der verschlungene *Horror vacui* gotischer und keltischer Ornamente (die Czeschka so besonders reizten) eine geistig exaltiertere Zeit, in der sich die mit Furcht erfüllte Seele des Menschen in die Weltverneinung antinaturalistischer Formen entleerte.

Auf der anderen Seite erfüllte eine überbordende Ausschmückung der Welt für viele Wiener Künstler, besonders nach 1908, eine Vorliebe für späten Barock und Rokoko sowie die Lust an freudvoll sinnlicher Verwirrung. Für sie bedeutete das Überziehen der Welt mit Mustern die Überwindung der Trennung von Raum und Fläche, von Funktionalem und Nutzlosem; es löste die Grenzen eines Environments auf zugunsten einer ozeanisch überhöhten ästhetischen Erfahrung (Abb. S. 99). Dekoration sollte eine raffiniertere sinnliche Stimulation bieten, nicht innere Ängste projizieren.

Das Grundproblem war nicht, daß sich diese beiden Positionen widersprachen, sondern daß keine ihre prachtvollen Träume in der Wirklichkeit verankerte. Jeder machte aus dem Exzeß eine Tugend, was Czeschkas Talent in schwermütige Gotik trieb, während sich Hoffmann, Peche und andere auf den Weg in die Trivialität machten. In ganz seltenen Augenblicken, etwa bei Klimts Stoclet-Mosaik, erschien am Horizont das Versprechen einer energievollen Verbindung von östlicher Pracht und westlicher Kunst, die auf jene Art Synthese von dekorativem Ornament und Naturgefühl zielte, welche sich in den kraftvollen Frühwerken von Matisse realisiert hatte. Aber im Ganzen gesehen wirkt, insbesondere nach 1908, die Sucht der Wiener nach Prachtentfaltung nur trocken, herzlos und frivol. Die späteren Kunsterzeugnisse scheinen einem schwächeren Strang der Moderne anzugehören, eher im Einklang mit der Welt eines Dufy.

Die Geschichte der Schlichtheit ist so kompliziert wie das Schicksal des Pomps und weist eine ähnliche Zweiteilung auf. Etwa um 1902 erhob sich eine schmucklose Schlichtheit zum Ideal einer hohen Ordnung, die zugleich platonisch und weltbejahend sein sollte. Hoffmann und Moser begannen mit der Produktion der – wie sie es stolz nannten – „einfachen Möbel" und aller übrigen sparsam geometrischen Objekte der Wiener Werkstätte, die die Summe des menschlichen Wohlbefindens vergrößern sollten. Sie glaubten, daß die Befriedigung des individuellen Handwerkerstolzes in Einklang gebracht werden konnte mit den sinnlichen Ansprüchen einer elitären neuen Mittelschicht, so daß alle Beteiligten davon profitierten. Die Aufgeklärtheit des Dekors und die Klarheit der Geometrie sollten eine verfeinerte Form des materiellen Genusses anregen.

Diese Schlichtheit wurde nicht lange durchgehalten, weil die Kunden der Werkstätte der noblen Gesinnung eines guten Grunddesigns für jeden bald überdrüssig wurden und nun offenere Formen eines Luxus verlangten, der ihrem privilegierten Selbstgefühl entsprach. Die Schlichtheit eines Adolf Loos, die in Wien überlebte, war davon sehr verschieden. Sein Bestehen auf der Verbannung des Ornaments war das merkwürdige Spiegelbild der Liebe Klimts zum Dekor. Auch Loos blickte nach Osten (die Symbole für *Yin* und *Yang* schmückten den Haupteingang seiner Villa Karma), doch suchte er vor allem Vorbilder einer strengen Einfachheit (wie bei japanischen Häusern) und der entsprechenden Philosophie. Seine fatalistische Betrachtungsweise der Geschichte und sein ironisches Mißtrauen berührten sich mit einer weltentsagenden Ethik, die auch sein Gefühl einer mandarinhaften Überlegenheit über die billige Geschäftigkeit des gemeinen Lebens ausdrückte (zum Krieg meldete er sich in einer maßgeschneiderten Uniform).[7]

Er bestätigte ausdrücklich, was Klimt offenbar intuitiv verstand, daß nämlich die Kunst an ihren ursprünglichen Wurzeln im Ornament unmittelbar mit dem Erotischen verbunden war.[8] Doch ließ er, anders als Klimt, keinerlei träumerische Konfusion zu, und seine Beschäftigung mit den Naturwissenschaften war beinahe das Gegenteil zur Herausforderung der Gestalttheorie an Stabilität und Konstanz der Erfahrung. Wie sein Freund Karl Kraus mit seinem restriktiven Verständnis von Sprache besaß Loos einen Sinn für das Einfache, der von strikter Reduktion und hart markierten Grenzen gekennzeichnet war. Beide Männer waren übrigens stolz darauf, auf bestimmten Gebieten polare Unterscheidungen zu treffen, wo andere Überschneidungen sahen und Flexibilität zuließen.[9] Sie verkörperten einen eingrenzenden Szientismus, der sich an strikte Vorsicht hielt und nichts zuließ, was sich nicht auf Gewißheit stützen konnte. Wie Allan Janik und Stephen Toulmin hervorgehoben haben, steht die Einstellung Loos' in einer gewissen Nähe zu den Anstrengungen Wittgensteins, ein reduziertes Feld der Philosophie zu umschreiben[10]; vielleicht hatten sie sogar noch mehr gemeinsam mit dem selbsternannten wissenschaftlichen Geist der späteren Wiener Philosophie des logischen Positivismus. In beiden Fällen wurde eine militante Sterilität zur angemessenen Ausdrucksform der Moderne erklärt.

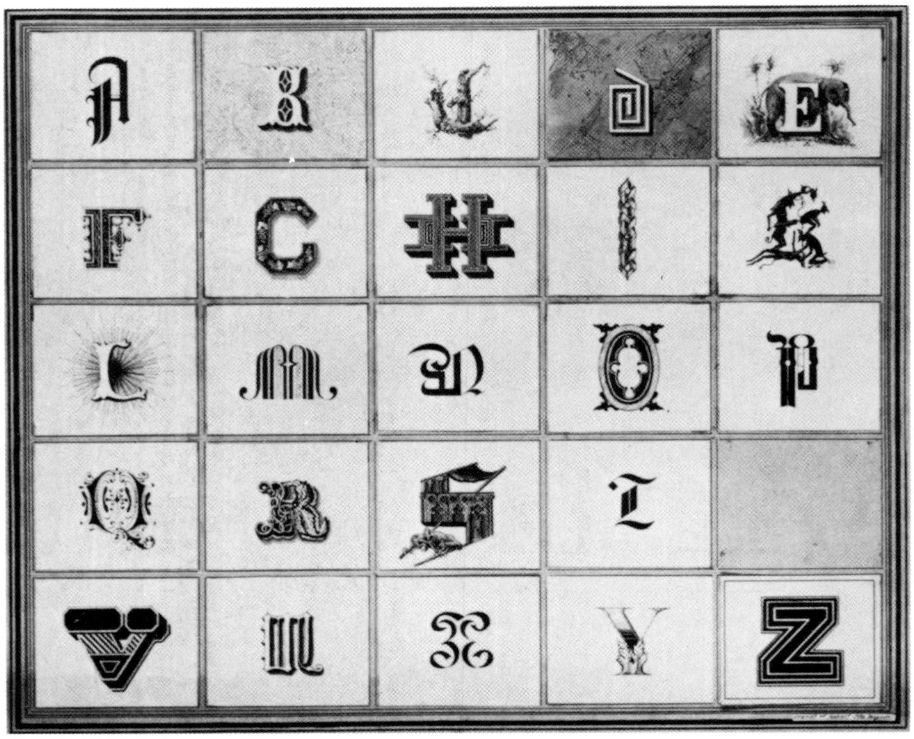

Oben: Otto Wagner. Alphabet. Um 1858. Tuschfeder, 38×41,2 cm. Kupferstichkabinett, Akademie der bildenden Künste, Wien. In der Schülerübung entwickelte Wagner ein Repertoire an Stilen – typographische Entsprechungen zum Eklektizismus der Ringstraße.

Seite gegenüber: Monogramme der Künstler aus dem Katalog der XIV. Secession, 1902. Von links nach rechts: Ferdinand Andri, Josef Hoffmann, Maximilian Lenz, Emil Orlik; zweite Reihe: Joseph Maria Auchentaller, Rudolf Jettmar, Wilhelm List, Alfred Roller; dritte Reihe: Rudolf Bacher, Gustav Klimt, Elena Luksch-Makowsky, Othmar Schimkowitz; vierte Reihe: Leopold Bauer, Friedrich König, Koloman Moser, Ernst Stöhr; letzte Reihe: Adolf Böhm, Maximilian Kurzweil, Felician von Myrbach, Leopold Stolba.

Wiederum ist es nicht so, daß die beiden Spielarten der Schlichtheit nicht miteinander vereinbar gewesen wären, vielmehr gelangte keine zu einer befriedigenden oder dauerhaften Beziehung zum aufwendigeren Design. Die Schlichtheit der frühen Wiener Werkstätte hatte keine Basis in dem, was man später für eine natürliche Eigenschaft ihrer Formen gehalten hätte, nämlich eine wahrhaft funktionalistische Ästhetik oder eine Ästhetik, die auf Massenproduktion zielte. Statt dessen löste sie sich auf unter dem Gewicht aufgesetzter Dekoration oder verkehrte sich selbst von einer reduktiven zu einer expansiven Geometrie, die irgendwann direkt in die *Art deco* mündete. Die Parallele zum Schicksal des Prachtvollen von den kraftvollen Anfängen bis zum Versikkern ist schlagend. Doch wir wollen lieber auf der Loosschen Strenge als auf dem Scheitern der Werkstätte verweilen, um das Thema unserer Betrachtung zu erweitern.

Eine schlichte Fassade war für Loos ebenso wie die makellos unauffällige Kleidung, die er bevorzugte, eine Form von Maske, ein Kostüm der Anonymität. Als er sagte, ein Gebäude müsse nach außen „stumm" sein und seinen Reichtum erst innen zeigen[11], bestand er nicht nur auf einer Trennung von privatem und öffentlichem Leben, sondern in letzter Konsequenz auf einer unüberwindlichen Barriere zwischen innerem Wesen, dem Reichtum einer individuellen Psyche, und dem äußeren Ausdruck, der entpersönlichten Stummheit sozialer Verhaltensformen. Es scheint eine klare Verbindung zu geben zwischen dieser Ethik der Abstinenz und dem Dilemma, das Hugo von Hofmannsthal in jenem berühmten Dokument der frühen Moderne, dem fiktionalen und zugleich bekennerischen „Brief des Lord Chandos" von 1902 entfaltete.[12] Der Autor des Briefes beschreibt, wie sich seine Erfahrung der Welt in jedem Aspekt bis ins Unerträgliche anreicherte und sich seine Verzweiflung über die Unangemessenheit von Worten dermaßen steigerte, daß er gänzlich zu schreiben aufhörte. Das Kennzeichen dieses gesteigerten Lebens ist die Maske des Schweigens.

Die Zwangslage des Hofmannsthalschen Lords ist natürlich ein grundsätzliches Dilemma der Kreativität, doch betraf sie Loos und Kraus in besonderem Maße, da deren architektonischer und sprachlicher Ausdruck bestimmt war von äußerster Zurückhaltung beim nach außen gerichteten Spiel der Phantasie

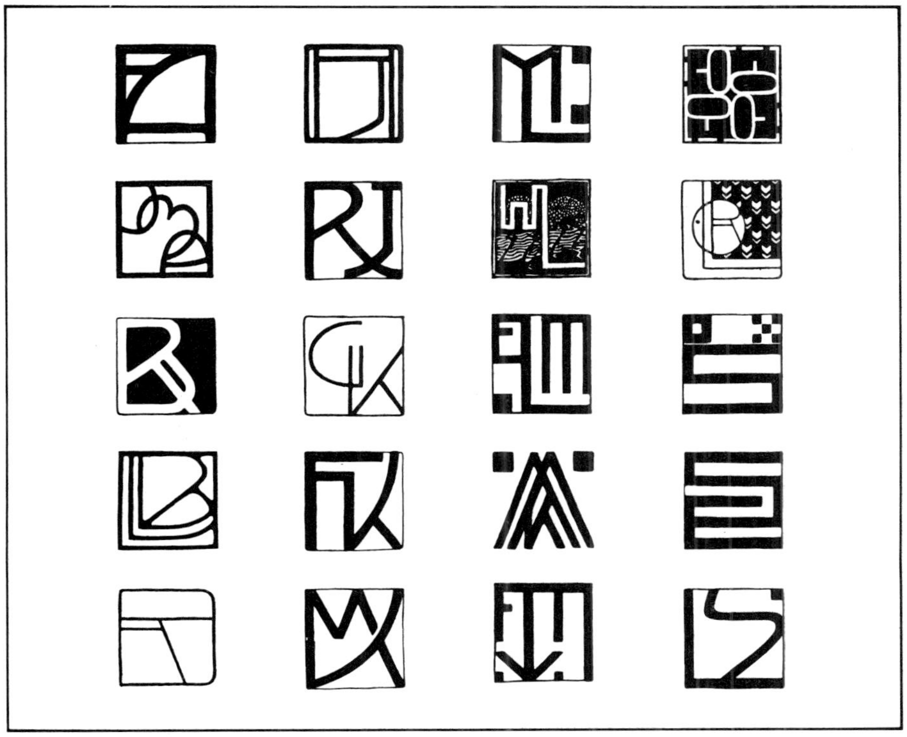

und von konsequenter Selbstbeschränkung (*Die letzten Tage der Menschheit,* das meisterliche Antikriegsopus von Kraus, war vollständig aus Texten anderer zusammengesetzt). Nimmt man Loos' Propagierung der unausgebildeten, wilden Malerei als das wahre Reich der Kunst zusammen mit der „Stummheit" seiner Bauten, so hat man ein symptomatisches Beispiel für das Scheitern eines Kompromisses, der zu einer Anerkennung des passiven Schweigens als moderner Tugend und der Mitteilungslosigkeit als Zeichen des Verstehens hätte führen können. Hier wie bei der Verflüchtigung des Ornaments ins Triviale fehlt eine bequeme, dauerhafte Mittellage zwischen den beiden Polen der Absage ans Frivole und ans Verdrießliche. Wie sie so zwischen Träumen und hohen Idealen auf der einen Seite und verkniffener Trockenheit auf der anderen Seite umherirren, scheint vielen künstlerischen Unternehmungen Wiens etwas schwer Benennbares zu fehlen – eine Herzlichkeit, eine spontane Überzeugungskraft, eine von sich selbst absehende Direktheit. Aus sich selbst heraus reflektierende Negation und Selbstzüchtigung (etwa bei Loos oder Schiele) stellten sich als die am meisten gebündelten Energien heraus, während die lebhafteste Körperlichkeit (wie bei Kokoschka) pathologisch war.

Anfangs hat es den Wiener Künstlern weder an Willen noch an Enthusiasmus gemangelt. Aber wenn man an all die kurzlebigen Projekte denkt (besonders die Ausstellungen), für die sie soviel Energie aufbrachten, ist es fair zu fragen, ob diese Münze gut ausgegeben war und ob die Bemühungen um Zusammenarbeit, die sie so hochschätzten, der Entwicklung jedes einzelnen Künstlers am besten gedient haben. Es hat ihnen auch nicht an Unterstützung gefehlt. Man kann sich an keine andere Avantgarde erinnern, die sowohl von offizieller Seite als auch durch aktive Teilnahme eines begüterten Bürgertums so ausdauernd gefördert worden wäre. Auch hier scheint die Frage berechtigt, ob diese Unterstützung ein Sprungbrett zum Erfolg oder ein verführerisch weiches Sprungtuch gewesen ist.

Die herausragende Eigenschaft der konsequentesten frühmodernen Kunst im restlichen Europa war es, daß sie Lord Chandos' Problem gelöst hat. Sie war in der Lage, aus vernachlässigten nichtkanonisierten Traditionen, aus marginalen Kunstformen und aus Intuition eine expressive Sprache zusammenzuhämmern, die entschlossen privat und unvertraut war; trotzdem wurde sie bald allgemein akzeptiert, weil sie etwas zuvor Unausdrückbares der modernen Erfahrung formulieren konnte. In den ersten Jahren des 20. Jahrhunderts, etwa bis 1907, sah es so aus, als ob in Wien alle Elemente dieses zu formenden Prozesses zur Verfügung stünden. Dann aber verkam die Beziehung zur Tradition zum eklektischen Spiel mit dem Musterbuch der Geschichte. Derartige Maskeraden fanden ihr Gegenstück ebenso in der Stummheit entpersönlichter Architektur wie in der kritischen Theatralik des Expressionismus. Obwohl die Wiener keine neue Kunstsprache zusammenschmolzen, wurden sie doch zu Meistern der Fassade. Sie entdeckten die reichen – zugleich faszinierenden und beunruhigenden – Möglichkeiten der Moderne in einer Kunst der Künstlichkeit.

ANMERKUNGEN

EINFÜHRUNG

1. Aus: Robert Musil, *Der Mann ohne Eigenschaften.* Rowohlt Verlag, Berlin, 1930; Erstes Buch, Kap. 15: Geistiger Umsturz.
2. Siehe: Stefan Zweig, *Die Welt von Gestern: Erinnerungen eines Europäers.* Stockholm, 1942. Siehe auch: Hermann Broch, *Hugo von Hofmannsthal und seine Zeit* in: Hermann Broch, *Schriften zur Literatur,* Bd. 1: *Kritik,* Suhrkamp Verlag, Frankfurt a. M., 1975.
3. Zum Sprachenstreit, speziell zum Gesetzentwurf des Grafen Casimir Badeni, welche die tschechisch-deutsche Zweisprachigkeit der tschechischen Verwaltung verlangte, siehe: Edward Crankshaw, *The Fall of the House of Habsburg,* Penguin, New York, 1983, S. 300–302.
4. Albert von Margutti, *Kaiser Franz Joseph,* Wien, 1921, S. 86; zit. nach: E. Crankshaw, *The Fall of the House Habsburg,* S. 342.
5. Der Ausdruck „fröhliche Apokalypse" stammt aus Broch, *Hugo von Hofmannsthal und seine Zeit.* Die Wendung „Labor für das Experiment Weltuntergang" stammt aus Karl Kraus' Nachruf auf Franz Ferdinand, zitiert nach: Werner Hofmann, *Experiment Weltuntergang: Wien um 1900,* Ausstellungskatalog der Hamburger Kunsthalle, Prestel Verlag, München, 1981, S. 7.
6. Von den neueren Veröffentlichungen hat mich besonders beeinflußt: Carl E. Schorske, *Fin-de-Siècle Vienna: Politics and Culture,* Knopf, New York, 1980. Meiner Bewunderung für Professor Schorskes Werk entspricht meine Dankbarkeit für seine sowohl fachlich wie persönlich großzügige Unterstützung. Siehe auch: Allan Janik und Stephen Toulmin, *Wittgenstein's Vienna,* Simon & Schuster, New York, 1973. Zwei andere Bücher beschäftigen sich speziell mit der Wiener Kunst: William J. Grath, *Dionysian Art and Populist Politics in Austria,* Yale University Press, New Haven und London, 1974, und: James Shedel, *Art and Society: The New Art Movement in Vienna, 1897–1914,* Society for the Promotion of Science, Palo Alto, Calif., 1981. Vgl. auch die mehr enzyklopädische Behandlung der österreichischen Kultur in: William M. Johnston, *The Austrian Mind: An Intellectual and Social History, 1848–1938,* University of California Press, Berkeley, Los Angeles und London, 1972, speziell das Kapitel „Aestheticism at Vienna".
7. Siehe: Robert Rosenblum, *Modern Painting and the Northern Romantic Tradition: Friedrich to Rothko,* Thames & Hudson, London, und Harper & Row, New York, 1975.

ARCHITEKTUR

1. Die umfangreichste Dokumentation des Projekts der Ringstraße in: Renate Wagner-Rieger (Hrsg.), *Die Wiener Ringstraße: Bild einer Epoche,* 11 Bde., Verlag Hermann Böhlaus, Wien, Köln und Graz, 1969–70; Franz Steiner Verlag, Wiesbaden, 1972. – Carl E. Schorske hat eine brillante Studie zur Bedeutung der Ringstraße und der Reaktionen gegen sie für die Wiener Geschichte geliefert in seiner klassischen Studie: „The Ringstrasse, Its Critics, and the Birth of Urban Modernism", in seinem Werk: *Fin-de-Siècle Vienna, Politics and Culture,* Knopf, New York, 1980.
2. Vergleichen Sie zum Beispiel die Stellungnahme des Wiener Autors und Experten Hermann Bahr in *Secession,* Verlag L. Rosner, Wien, 1900, S. 109: „Die Stile von gestern gefallen nicht mehr; diese wie in der Renaissance oder dem Barock dekorierten Paläste wirken nicht mehr. Wir verlangen, in der Art zu leben, die unseren Bedürfnissen entspricht, wie wir uns ja auch in der Art kleiden, die unseren Bedürfnissen entspricht. Wir wollen keine Verkleidungen mehr, und unsere Häuser auch nicht. Wenn wir hinüber zum Ring gehen, geraten wir in einen billigen Karneval. Alles versteckt sich, alles verkleidet sich, alles ist maskiert. Doch dafür ist das Leben zu ernst geworden. Wir wollen dem Leben ins Gesicht sehen. Wir gebrauchen das Schlagwort einer ‚realistischen Architektur'. Damit meinen wir, daß ein Gebäude seinen Zweck erfüllen soll, es soll ihn nicht verbergen, sondern offen ausdrükken. Wer die Kraft hat, seinen Formen konstruktive Lösungen zu geben, ist unser Künstler. Sie hinter seltsamen Formenspielen zu verstecken, kommt uns dumm und häßlich vor. Früher hätte man zuerst verlangt, daß ein Gebäude ‚nach etwas aussehe'. Wir verlangen, daß es etwas sei. Wir schämen uns, wenn die arbeitenden Menschen von heute wie die Fürsten und Patrizier von gestern und vorgestern leben. Wir halten das für einen Schwindel. Einem Gebäude sollte man ansehen, was der Beruf seines Bewohners ist und wie er lebt. Wir sind keine Barockmenschen, und wir leben nicht in der Renaissance; warum sollten wir so tun, als ob es so wäre? Das Leben hat sich geändert, jeder Gedanke, jedes Gefühl und die gesamte Kunst des Volkes hat sich geändert. Also müssen sich auch die Häuser der Menschen ändern, um ihre neuen Geschmackswünsche und Taten auszudrücken."
3. Über Otto Wagner und die Ringstraße, siehe: Carl E. Schorske, *Fin-de-Siècle Vienna,* S. 72 ff.
4. Über Camillo Sitte, siehe: George Collins und Christiane Crasemann Collins, *Camillo Sitte and the Birth of Modern City Planning,* Columbia University Studies in Art History and Archaeology, Nr. 3; Columbia University Press, New York, 1965. Siehe auch: Schorske, *Fin-de-Siècle Vienna,* S. 62–72.
5. Zu Wagner, siehe: Heinz Geretsegger und Max Peintner, *Otto Wagner 1841–1918, Unbegrenzte Großstadt – Beginn der modernen Architektur,* 2. Auflage, München 1980. Zu Olbrich, siehe: Robert Judson Clark, *Joseph Maria Olbrich and Vienna,* Dissertation, Princeton University, 1974. Über Olbrichs Beitrag zum Projekt der Stadtbahn und zu den Wohnhäusern, siehe insb. S. 39–45 und S. 54–55. Weitere Hinweise zu Olbrich und Wagner finden Sie im Abschnitt „Architektur" dieser Bibliographie.
6. Joseph Maria Olbrich, „Das Haus der Secession" in *Der Architekt,* Wien, Januar 1899, S. 5. „Mit welcher Freude habe ich dieses Gebäude erschaffen! Es entstieg einem Chaos von Ideen, ein enigmatischer Zusammenschluß der Linien des Gefühls, eine Verschmelzung von Gut und Böse, nicht leicht! Es mußte Mauern geben, weiß und leuchtend, heilig und keusch. Es sollte von feierlicher Würde durchdrungen sein. Eine reine Würde, wie sie mich überwältigte und erschütterte, als ich alleine vor dem unvollendeten Tempel von Segesta stand ... Ich wollte weder einen ‚neuen' noch den ‚modernen' oder gar den ‚neuesten Stil' erfinden ... Nein, ich wollte nur das Echo meiner eigenen Gefühle hören und die Wärme meines Empfindens zu kalten Wänden gefroren sehen. Die Subjektivität, meine Schönheit, mein Bau war es, den ich so, wie ich ihn erträumt hatte, sehen wollte und mußte."
7. Ibid. „Der Bezug auf den Tempel von Segesta ist bezeichnend. Schon Goethe war zu diesem außergewöhnlichen Monument nach Sizilien gepilgert. Wegen der radikalen Einfachheit seiner glatten dorischen Säulen hatten es die Architekten der Vergangenheit immer wieder aufgesucht, um hier die reine Urform des Klassizismus zu finden. Siehe auch die Besprechung in: Robert Rosenblum, *Transformations in Late Eighteenth-Century Art,* Princeton University Press, Princeton, 1967, S. 121 und S. 147. Rosenblum bezieht sich auf die Abbildung von Goethes Zeichnungen in: Gerhard Femmel (Hrsg.), *Corpus der Goethezeichnungen: Goethes Sammlungen zur Kunst, Literatur und Naturwissenschaft,* Bd. 2, Leipzig, 1960. Mein Dank an Gertje Utley für den Hinweis auf diese Quellen.
8. Olbrichs Gönner Hermann Bahr, der der Secession sehr nahe stand, drückte dies 1898 so aus: „Ein Raum ... sollte etwas von der Seele ausdrücken ... Über der Tür sollte ein Motto stehen, das Motto meines Seins. Und was dieser Vers in Worten ist, sollten auch alle Farben und Linien ausdrücken, jede Tür, jede Tapete, jede Lampe, immer dasselbe Motto. In so einem Haus würde ich überall meine Seele wie in einem Spiegel sehen." Bahr, *Secession,* S. 3[illegible], zit. nach: Eduard F. Sekler, *Josef Hoffmann: Sein Schaffen als Architekt – Monographie und Katalog seiner Werke.* Dies ist eine interessante *Fin-de-siècle*-Wendung der bekannten romantisch-realistischen Prämisse (etwa bei Balzac), der Raum sei der Charakter und der Charakter sei der Raum.
9. Otto Wagner, *Moderne Architektur: Seinen Schülern ein Führer auf diesem Kunstgebiet,* Wien, 1895. Die vierte Auflage erhielt den neuen Titel: *Die Baukunst unserer Zeit: Dem Baukunstjünger ein Führer auf diesem Kunstgebiet,* Verlag A. Schroll, Wien, 1914, wiederaufgelegt vom Löcker Verlag, Wien, 1979.
10. Siehe: Geretsegger und Peintner, *Otto Wagner,* S. 25.

11. Über den allgemeinen Konflikt zwischen *Gemeinschaft* und *Gesellschaft* in einer von Richard Wagner stark beeinflußten Generation, siehe: William J. McGrath, *Dionysian Art and Populist Politics in Austria,* Yale University Press, New Haven und London, 1974.

Zu Olbrichs Traum von einer Künstlerkolonie außerhalb von Wien, siehe: Clark, „Joseph Maria Olbrich and Vienna", S. 135.

12. Über Otto Wagners Steinhof Kirche, siehe: Massimo Caccari, *Dallo Steinhof: Prospettive viennesi del primo novecento,* Mailand, 1980, S. 50–58; Vittoria Girardi, „La Chiesa am Steinhof" in: *L'architettura cronache e storia* 4, Nr. 35, Rom, 1958, S. 332–337; Peter Haiko, Harald Leopold-Löwenthal und Maria Reissberger, „‚Die weiße Stadt': Der ‚Steinhof' in Wien – Architektur als Reflex der Einstellung zur Geisteskrankheit", in: *Kritische Berichte* 9, Nr. 6, Hamburg, 1981, S. 3–38; Ludwig Hevesi, „Otto Wagners moderne Kirche (29. November 1899)" in: *Acht Jahre Secession (März 1897–Juni 1905): Kritik, Polemik, Chronik,* Verlagsbuchhandlung Carl Konegan, Wien, 1906, neuerschienen in einer Bearbeitung von Otto Breicha im Ritter Verlag, Klagenfurt, 1984; Otto Schönthal, „Die Kirche Otto Wagners" in: *Der Architekt* 14, Wien, 1908, S. 1–5 und in: *Bildende Künste* 7/1911, S. 342–344; Manfred Tafuri, „Am Steinhof. ‚Centrality' and ‚Surface' in Otto Wagner's Architecture", in: Gustav Peichl (Hrsg.), *Die Kunst des Otto Wagner,* Ausstellungskatalog, Wiener Akademie Reihe, 1984. Wagners eigene Ideen über den Kirchenbau erschienen im Zusammenhang mit dem Bau der Pfarrkirche von Währing als „Die Moderne im Kirchenbau" in: Otto Wagner, *Einige Skizzen: Projekte und ausgeführte Bauwerke,* Bd. 3, Verlag A. Schroll, Wien, 1906.

13. Siehe: Geretsegger und Peintner, *Otto Wagner,* S. 20.

14. Ibid.

15. Über Hoffmann, siehe die zentrale Studie: Sekler, *Josef Hoffmann.* Allgemeinere Fragen der Beziehung zwischen England und Wien diskutiert: Hermann Bahr, „Der englische Stil" in: *Ver Sacrum* 1/Juli 1898, S. 3–4; Roger Billcliffe and Peter Vergo, „Charles Rennie Macintosh and the Austrian Art Revival" in: *The Burlington Magazine* 119, London, November 1977, S. 739–744; Horst-Herbert Kossatz, „The Vienna Secession and Its Early Relations with Great Brittain" in: *Studio International* 181, London, Januar 1971, S. 9–21; Stefan Muthesius, *Das englische Vorbild,* Prestel Verlag, München, 1974, insbesonders Kap. 9, S. 151 ff.; Eduard F. Sekler, „Mackintosh and Vienna" in: *The Architectural Review* 144, London, Dezember 1968, S. 455–456.

16. Alfred Lichtwark, den Hoffmann schätzte, schrieb von der „nüchternen, einfachen Masse" der Mauern eines Landhauses und behauptete, „die kleinste alte Hütte wirkt monumentaler als irgendein städtischer Palast". Siehe sein: „Palastfenster und Flügeltür", Berlin, 1899, in: Wolf Mannhardt, *Alfred Lichtwark. Eine Auswahl seiner Schriften,* Bd. 1, B. Cassirer, Berlin, 1917, S. 227–236, zit. nach: Muthesius, *Das englische Vorbild,* S. 174.

17. Zur Beethoven-Ausstellung, siehe insbesondere die zeitgenössische Besprechung von Joseph August Lux: „XIV. Kunst-Ausstellung der Vereinigung bildender Kuenstler Oesterreichs-Secession 1902: Klingers Beethoven und die moderne Raum-Kunst" in: *Deutsche Kunst und Dekoration* 10, Nr. 1, Darmstadt, 1902, S. 475 ff. Siehe auch: Marian Bisanz-Prakken, „The Beethoven Exhibition of the Vienna Secession and the Younger Viennese Tradition of the *Gesamtkunstwerk*" in: Erika Nielsen (Hrsg.), *Focus on Vienna 1900: Change and Continuity in Literature, Music, Art and Intellectual History,* Houston German Studies Nr. 4, Verlag W. Fink, München, 1982. Von derselben Autorin: „Der Beethovenfries von Gustav Klimt in der XIV. Ausstellung der Wiener Secession (1902)" in: *Traum und Wirklichkeit: Wien 1870–1930,* Ausstellungskatalog, Eigenverlag der Museen der Stadt Wien, 1985; sowie ihr umfangreicheres Werk über Klimt: *Der Beethovenfries: Geschichte, Funktion, Bedeutung,* Residenz Verlag, Salzburg, 1977, erw. Ausg. bei Deutscher Taschenbuch Verlag, 1980.

18. Über das außergewöhnliche Relief und die Frage seiner Stellung zwischen architektureller Dekoration und moderner abstrakter Kunst, siehe: Dieter Bogner, „Die geometrischen Reliefs von Josef Hoffmann" in: *Alte und moderne Kunst* 27, Nr. 184/185, Wien, 1982, S. 24–32.

19. Zur Frage der Monumentalität im Jugendstil, siehe: Rochard Hamann und Jost Hermand, „Die Volkhaft monumentale Phase" in: *Stilkunst um 1900,* Bd. 4 von: *Deutsche Kunst und Kultur von der Gründerzeit bis zum Expressionismus,* Akademie Verlag, Berlin, 1967.

20. Adolf Loos, „Vom armen reichen manne" in: *Neues Wiener Tagblatt,* Wien, 26. April 1900; Nachdruck unter dem Titel „Von einem armen reichen manne" in: Adolf Loos, *Ins Leere gesprochen, 1897–1900,* Verlag G. Crès, 1921; Nachdruck im Verlag G. Prachner, Wien, 1981, sowie in: Franz Glück (Hrsg.), *Adolf Loos, Sämtliche Schriften,* Verlag Herold, Wien und München, 1962.

21. „Gibt es noch jemand in unserer Zeit, der wie die Griechen arbeitet? Oh ja! Die Engländer als Volk, die Ingenieure als Klasse. Engländer und Ingenieure sind die Griechen unserer Zeit. Wir verdanken ihnen unsere Kultur ... Die griechischen Vasen sind in der selben Weise schön, wie eine Maschine schön ist, wie ein Fahrrad schön ist." Adolf Loos, „Glas und Ton" in: *Neue freie Presse,* Wien, 26. Juni 1898; Nachdruck in: Loos, *Ins Leere gesprochen;* zitiert nach: Benedetto Gravagnuolo, *Adolf Loos: Theory and Works,* Rizzoli, New York, 1982, übers. von C. H. Evans. Siehe auch: Roland L. Schachtel, „Adolf Loos, Amerika und die Antike" in: *Alte und moderne Kunst* 15, Nr. 113, Wien, 1970, S. 7.

22. Die Verachtung Loos' für Erfindungen wird besprochen in: Gravagnuolo, *Adolf Loos,* z. B. S. 22 („Wir haben genug originales Genie. Wir wollen uns *ad infinitum* wiederholen") und S. 35–37 bei einer Erörterung der Römer als Baumeister.

23. Zit. nach: Gravagnuolo, *Adolf Loos,* S. 20.

24. Ibid.

25. Gravagnuolo diskutiert diesen Zusammenhang. Siehe seine Überlegungen über Loos' „Enttäuschung" und „sarkastische Gleichgültigkeit" in: *Adolf Loos,* S. 56.

26. Zu Loos' frühen Arbeiten als Innenarchitekt und seine Verwendung bestehender Möbel als Vorbilder, siehe: *Traum und Wirklichkeit: Wien 1870–1930,* S. 440; Mara Reissberger und Peter Haiko, „‚Alles ist einfach und glatt': Zur Dialektik der Ornamentlosigkeit" in: Paul Asenbaum, Stefan Asenbaum und Christian Witt-Dörring (Hrsg.), *Moderne Vergangenheit: Wien, 1800–1900,* Katalog der Ausstellung im Wiener Künstlerhaus, Gesellschaft bildender Künstler Österreichs, 1981, S. 16; Christian Witt-Dörring, „Schein und Sein: Form und Funktion 1800 – Das moderne Böbel 1900" in: Asenbaum, Asenbaum und Witt-Dörring, *Moderne Vergangenheit,* S. 36; Peter Vergo, *Art in Vienna, 1898–1918: Klimt, Kokoschka, Schiele and Their Contemporaries,* Phaidon, Oxford, 1975, S. 165. Zu Loos' Ideen über Möbel, siehe seinen Aufsatz „Möbel" (1898), wieder abgedruckt in: *Ins Leere gesprochen* und in *Adolf Loos: Sämtliche Schriften.*

27. Zu Hoffmanns besonderer Einstellung zu Händen, siehe: Sekler, *Josef Hoffmann,* S. 232.

28. Zum Projekt von Purkersdorf, siehe: Sekler, *Josef Hoffmann,* S. 67–72.

29. Seklers meisterhafte Analyse der Beziehung von Reduktion und neuem Formenreichtum, des Sanatoriums von Purkersdorf und des Palais Stoclet in: *Josef Hoffmann,* S. 72.

30. Ibid. Siehe insb. S. 82–85, den Vergleich zu den Friesen der Beethoven-Ausstellung: „Wo es in Hoffmanns Bauten irgendeine Bewegung gibt, handelt es sich nicht um eine klar definierte Dynamik, sondern um eine passive Bewegung, ein Rutschen und Gleiten der Elemente, das wie eine ‚passive Dematerialisation' wirkt; dies erinnert an eine ähnliche Tendenz bei Gustav Klimt, wo Formen und Körper nicht von eigenem Willen getrieben (werden), sondern wie in Trance umeinander treiben. ... Bei aller gebotenen Vorsicht bei Vergleichen unterschiedlicher Felder der Kreativität fühlt man sich auch an die typischen Glissando-Effekte der Avantgardemusik jener Zeit erinnert." (S. 85)

31. Ibid., S. 89.

32. Ibid., S. 98.

33. Einen Vortrag mit dem Titel „Ornament und Verbrechen" hielt Loos 1908 in München, 1910 in Berlin und Wien (vor dem Akademischen Verband für Literatur und Musik) und nochmals am 21. Februar 1913 in Wien (vor dem Akademischen Architektur Verein). Siehe: Roland L. Schachtel, „Adolf Loos, der dem Zeitgeist die geringsten Zugeständnisse machte" in: Robert Waissenberg (Hrsg.), *Wien, 1870–1930: Traum und Wirklichkeit,*

Residenz Verlag, Salzburg und Wien, 1984, S. 223, Nr. 31. Der Vortrag wurde 1910 veröffentlicht in Herwarth Waldens Zeitschrift *Der Sturm: Wochenschrift für Kultur und die Künste,* Jg. 1, Nr. 6, S. 44; auf französisch in: *Cahiers d'aujourd'hui,* Nr. 5/1913, Paris, S. 247–256; erneut in: *L'esprit nouveau,* Nr. 2/1920, Paris, S. 159–168; Nachdruck in: *Adolf Loos: Sämtliche Schriften.* Eine genaue Analyse dieses Vortrags in: Reyner Banham, „Ornament and Crime: the Decisive Contribution of Adolf Loos" in: *The Architectural Review* 121, Feb. 1957, London, S. 85–88.

34. Zu Loos' Liebe zu schönen Materialien, siehe: Gravagnuolo, *Adolf Loos,* S. 23; ein Kritiker sprach von Loos' „femininer Grandeur", S. 82.

35. Siehe: Dietrich Worbs, „Adolf Loos in Vienna: Aesthetics as a Function of Retail Trade Establishments" in: *Architects Yearbook* 14, London, 1974, S. 181–196; Jacques Gilber und Gilles Barbet, „Loos' Villa Karma" in: *The Architectural Review* 145, März 1969, London, S. 215–216; über das Geschäft Kniže und die Villa Karma: Gravagnuolo, *Adolf Loos,* S. 106, 134.

36. „Mein Haus am Michaelerplatz mag schön oder häßlich sein, aber eine Eigenschaft müssen sogar seine Gegner anerkennen: Es ist nicht provinziell. Es ist ein Haus, das nur in einer Millionenstadt stehen kann." Aus Loos' Essay „Heimatkunst" (1914) in: *Trotzdem* sowie in: *Adolf Loos: Sämtliche Schriften.*

37. „Als Herdentier mußte der Mensch verschiedene Farben einsetzen, um sich zu unterscheiden; der moderne Mensch trägt seine Kleidung wie eine Maske. Seine Individualität ist so unglaublich stark, daß sie sich nicht länger erlauben kann, sich in der Kleidung auszudrücken. Mangel an Verzierung ist ein Zeichen geistiger Stärke." Aus: „Ornament und Verbrechen" in: *Adolf Loos: Sämtliche Schriften.* Ähnliche Ideen in seinen Essays „Die Herrenmode" (1898) aus: *Ins Leere gesprochen* und in „Architektur" (1910) aus: *Trotzdem,* beide abgedruckt in: *Adolf Loos: Sämtliche Schriften.*

38. „Die Gebäude sollten nach außen stumm sein und ihren Reichtum nur innen enthüllen." Aus Loos' Essay „Heimatkunst" (1914) in: *Trotzdem* und in: *Adolf Loos: Sämtliche Schriften.* Loos fährt fort: „Die Außenseite gehört der ‚Zivilisation', das Innere gehört dem Individuum. ... Es ist eine Muschel, die mit Intimität die Psyche der Person umgibt, die dort lebt."

39. In der ersten Ausgabe der Zeitschrift *Kunst: Halbmonatsschrift für Kunst und alles Andere,* Wien, 1903, veröffentlichte Peter Altenberg zwei Photographien des Apartments von Loos mit folgendem Begleittext: „Adolf Loos, das Schlafzimmer meiner Frau, weiße Wände, weiße Vorhänge, weiße Angora-Schafwolle"; zit. nach: Gravagnuolo, *Adolf Loos,* S. 102. Die Photos sind wieder abgebildet in: Burkhardt Rukschcio und Roland L. Schachtel, *Adolf Loos: Leben und Werk,* Residenz Verlag, Salzburg, 1982, S. 83. Siehe auch Gravagnuolos Besprechung von Loos' Schlafzimmer der Villa Karma: „In der Mitte des ersten Stockwerks und ohne direkte Öffnung nach außen liegt das Schlafzimmer. Es ist der zurückgezogenste Ort im ganzen Haus. Nur indirekt gelangt etwas Tageslicht durch ein enges, von einem Vorhang bedecktes Fenster hinein. Ansonsten wird der Raum von künstlichem Licht erhellt, das von der perlmuttartigen Decke reflektiert und gleichmäßig wie von einem gigantischen Lampenschirm verteilt wird. Die moderne technische Errungenschaft der Elektrizität gestattet die perfekte Kontrolle der Qualität der Atmosphäre und macht indiskrete Öffnungen nach außen überflüssig. Hier kann man wählen, ob man im Zimmer nebenan mit Veranda und offenem Kamin bleiben oder auf den Dachgarten hinaufsteigen möchte, von dessen Pergolas aus man das gesamte Panorama genießen kann. Doch das Schlafzimmer bleibt hermetisch verriegelt. Hier regiert Eros. Der Alkoven ist in eine Nische in der Wand eingelassen. Die blauen Vorhänge und die Regale aus hellem Eschenholz an den Wänden vervollkommnen die allgemeine Stimmung von Intimität." Gravagnuolo, *Adolf Loos,* S. 112.

DESIGN

1. Über die Bedeutung der dekorativen Künste bei der Entstehung der frühen modernen Kunst, siehe: John Hallmark Neff, „Matisse and Decoration: An Introduction" in: *Arts Magazine* 49, New York, Juni 1975, S. 85–86; John Hallmark Neff, „Matisse and Decoration: The Shchukin Panels" in: *Art in America* 63, New York, Juli/August 1975, S. 38–48. Siehe auch: Joseph Mashek, „The Carpet Paradigm: Critical Prolegomena to a Theory of Flatness" in: *Arts Magazine* 51, New York, September 1976, S. 82–109.

2. Über Ferdinand Hodler, siehe: Sharon L. Hirsch, *Ferdinand Hodler,* Prestel Verlag, München, 1981; Hans Ankwicz von Kleehofen, „Hodler und Wien" in: *Neujahrsblatt der Züricher Kunstgesellschaft,* Zürich, 1950; Otto Benesch, „Hodler, Klimt und Munch als Monumentalmaler" in: *Wallraf-Richartz-Jahrbuch* 24, Köln, 1962, S. 333–358, sowie in: *Otto Benesch: Collected Writings,* Bd. 4, herausgegeben von Eva Benesch, Phaidon, London 1973.

Zur speziellen Frage des Parallelismus, siehe auch: H. Behn-Eschenburg, „Ferdinand Hodlers Parallelismus" in: *Psychoanalytische Bewegung* 3, Nr. 4, Wien, Juli/August 1931, Sonderausgabe (Schweiz); Jura Brüschweiler, „La datation du Bois des Frères de F. Hodler et la naissance du parallèlism", Teil 1 und 2, *Musées de Genève* 103, Genf, März 1970, S. 2 ff. und 105, Mai 1970, S. 11 ff. Peter Dietschi, *Der Parallelismus Ferdinand Hodlers: Ein Beitrag zur Stilpsychologie der neueren Kunst,* Basler Studien für Kunstgeschichte Nr. 16, Birkhäuser Verlag, Basel, 1957; Thomas Roffler, „Der Parallelismus" in: *Schweizer Maler,* Verlag Huber, Frauenfeld und Leipzig, 1937, S. 70 ff. und 98 ff.; siehe auch den Beitrag über Parallelismus von Yvonne Lehnherr in *Hodler et Fribourg,* Katalog der Ausstellung im Freiburger Musée d'art et d'histoire, 1981, S. 36.

3. Vgl. Werner Hofmanns Untersuchung der Arbeiten Klimts unter dem Gesichtspunkt des Figur-Hintergrund-Austauschs in Beziehung auf die Entwicklung der dekorativen Künste und der Wahrnehmungspsychologie in: *Gustav Klimt und die Wiener Jahrhundertwende,* Salzburg, 1970, Kap. 3. Das hier Gesagte trifft meiner Meinung nach auch auf Moser zu.

4. Emil Utitz schrieb 1908: „Wenn man mit wenigen Worten das Hauptereignis des letzten Jahres nennen sollte, dann ist es die Eroberung des Kunsthandwerks durch die Architektur." Nach: „Der neue Stil: Ästhetische Glossen" in: *Deutsche Kunst und Dekoration* 23, Nr. 1, Darmstadt, 1908–1909, S. 74, zit. nach: Eduard F. Sekler, *Josef Hoffmann: The Architectural Work – Monograph and Catalogue of Works,* übersetzt von John Maas, Princeton University Press, Princeton, 1985, S. 120.

5. Zum Thema der geometrischen Motive, siehe: Marian Bisanz-Prakken, „Das Quadrat in der Flächenkunst der Wiener Secession" in: *Alte und moderne Kunst* 27, Nr. 180/181, Wien, 1982, S. 40–46.

6. Hinweise zum englischen Einfluß auf Wien in Anmerkung 15 des vorherigen Kapitels.

7. Siehe: Robert Breuer, „Zur Revision des Japonismus" in: *Deutsche Kunst und Dekoration* 19, Darmstadt, Oktober 1906–März 1907, S. 445–448.

8. Über die Rolle des Biedermeier, siehe: Joseph August Lux, „Biedermeier als Erzieher" in: *Hohe Warte* 1, Leipzig und Wien, 1904–1905, S. 145–155. Dieser Artikel wurde in einem sehr interessanten Ausstellungskatalog wiederabgedruckt, in dem das Design der beiden Perioden verglichen wird: Paul Asenbaum, Stefan Asenbaum und Christian Witt-Dörring (Hrsg.), *Moderne Vergangenheit: Wien, 1800–1900,* Gesellschaft bildender Künstler Österreichs, Wien, 1981.

9. Josef Hoffmann, „Einfache Möbel" in: *Das Interieur* 2, Wien, 1901.

10. Siehe die als „Arbeitsprogramm" 1905 von Hoffmann und Moser veröffentlichte Streitschrift in: Werner J. Schweiger, *Wiener Werkstätte: Design in Vienna, 1903–1932,* Abbeville, New York, 1984, S. 42–43.

11. Zur Firma Thonet, siehe: Karl Mang, *Das Haus Thonet,* Gebrüder Thonet, Frankenberg a. d. Eder, 1969; Karl Mang, „Michael Thonets Bugholzverfahren und die Pioniere der modernen Architektur" sowie Christian Witt-Dörring, „Das Unternehmen Thonet: Eine patriotische Tat" in: Stefan Asenbaum und Julius Hummel (Hrsg.), *Gebogenes Holz: Konstruktive Entwürfe – Wien, 1840–1910,* Katalog der Ausstellung im Wiener Künstlerhaus, Eigenverlag Julius Hummel & Stefan Asenbaum, 1979.

12. Über Fritz Wärndorfer und seine Aktivitäten als Sammler, siehe: Peter Vergo, „Fritz Wärndorfer as Collector" in: *Alte und moderne Kunst* 26, Nr. 177, Wien, 1981, S. 33–38.

13. Umfassend zur Geschichte der Verwaltung der Werkstätte, einschließlich einer Liste der Leiter und Teilhaber: Schweiger, *Wiener Werkstätte,* insb. S. 267.
14. Zu Mosers Ausscheiden, siehe: Schweiger, *Wiener Werkstätte,* S. 68–69.
15. „Anfangs stellte Stoclet große Summen an Bargeld zu Verfügung für die Einrichtungs- und Kunstgegenstände, die in Wien produziert werden sollten. Doch die WW litt praktisch unter permanenten Geldsorgen und verwendete Stoclets Zahlungen nicht immer für den bestimmten Zweck; zum Beispiel wurden sie für die sehr teure Ausstattung des Cabarets Fledermaus verwendet." Schweiger, *Wiener Werkstätte,* S. 52.
16. Ibid., S. 140.
17. Zum Veranstaltungsprogramm der Fledermaus, das in der ersten Saison sehr großzügig war, doch danach stark nachließ, siehe: Gertrude Pott, *Die Spiegelung des Secessionismus im österreichischen Theater,* Wiener Forschungen zur Theater- und Medienwissenschaft Nr. 3, Verlag W. Braunmüller, Wien und Stuttgart, 1975, insb. Teil 2, Kap. 6, „Das Kabarett ‚Fledermaus'". Siehe auch: Egon Friedell, „Geschichte der Fledermaus" in: Mathilde Flögl, *Die Wiener Werkstätte, 1903–1928: Modernes Kunstgewerbe und sein Weg,* Krystall Verlag, Wien, 1929. Über die Fledermaus und ihre Stellung im zeitgenössischen Wiener Theater, siehe: Wolfgang Greissenegger, „L'arte scenica" in: *Le arti a Vienna: Dalla Secessione alla caduta dell'Impero Asburgico,* Katalog der Biennale, Venedig, 1984.
18. Der entscheidende Verbindungsmann zwischen Wiener Künstlern und dem Studium der Kunst von Kindern war Franz Cizek. Vgl. die faszinierende Untersuchung *Franz Cizek: Pionier der Kunsterziehung 1865–1946,* Katalog der Ausstellung im Historischen Museum der Stadt Wien, Eigenverlag der Museen der Stadt Wien, 1985; siehe auch: Wanda A. Bubriski, „Franz Cizek: Ein Pionier der Kunsterziehung" in: Robert Waissenberger (Hrsg.), *Wien, 1870–1930: Traum und Wirklichkeit,* Residenz Verlag, Salzburg und Wien, 1984.
19. Siehe: Karlheinz Rossbacher, „*Provinzkunst,* the Countermovement to Viennese Culture" in: Erika Nielsen (Hrsg.), *Focus on Vienna 1900: Change and Continuity in Literature, Music, Art and Intellectual History,* Houston German Studies, Nr. 4, Verlag W. Fink, München, 1982.
20. Diese Tendenzen sind in der Gruppe der Secession schon klar vorhanden, wie eine Lektüre von *Ver Sacrum* verdeutlicht. Sie bestimmen auch die Arbeiten der Künstler des Hagenbunds. Siehe: Hans Bisanz, „The Hagenbund" in: Robert Waissenberger (Hrsg.), *Vienna, 1890–1920,* Rizzoli, New York, 1984. Siehe auch: Peg Weiss, *Kandinsky in Munich, 1896–1914,* Katalog der Ausstellung im Solomon R. Guggenheim Museum, New York, 1982; speziell zum „Saga Stil" von Gerhard Munthe in Norwegen und Akseli Gallen-Kallela in Finnland: Kirk Varnedoe, *Northern Light, Realism and Symbolism in Scandinavien Painting, 1880–1910,* Verlag J. M. Stenersens Forlag, Oslo, o. J. Eine breitere Untersuchung dieser Tendenzen in Deutschland und Österreich in: Richard Hamann und Jost Hermand, *Stilkunst um 1900: Deutsche Kunst und Kultur von der Gründerzeit bis zum Expressionismus,* Bd. 4, Akademie Verlag, Berlin, 1967, insb. Kapitel „Heimatkunst".
21. Über das Zusammenwirken von Folklore und Cartoon-Stil im Hagenbund, siehe: Bisanz, „The Hagenbund". Siehe auch meine Untersuchung über Gauguins Versuch, Karikatur und naive Kunst gegen den Naturalismus zu verbünden, unter dem Titel „Gauguin" in: William Rubin (Hrsg.), *„Primitivism" in 20th Century Art: Affinity of the Tribal and the Modern,* Katalog der Ausstellung im Museum of Modern Art, New York, 1984, insb. S. 184–185. Zur radikalen Verwendung des Cartoon-Stil im Primitivismus, siehe auch: Adam Gopnick, „High and Low: Primitivism, Caricature, and the Cubist Portrait" in: *Art Journal* 43, New York, Winter 1983, S. 371–376.
22. Siehe: Jaroslav Leshko, „Klimt, Kokoschka und die mykenischen Funde" in: *Mitteilungen der österreichischen Galerie* 13, Nr. 57, Salzburg, 1969, S. 16–40.
23. Zur *Kunstschau,* siehe: Carl Schorske, *Fin-de-siècle Vienna: Politics and Culture,* Verlag Knopf, New York, 1980, insb. S. 267–273 und S. 325–344.
24. Über die Rolle der Mode in der Wiener Werkstätte, siehe: Traude Hansen, *Wiener Werkstätte: Mode – Stoffe, Schmuck, Accessoires,* C. Brandstätter, Wien und München, 1984; Ursula Kehlmann, „The Wiener Werkstätte" in: *The Imperial Style: Fashions of the Hapsburg Era,* Katalog der Ausstellung im Metropolitan Museum of Art, New York, 1979; Angela Völker, *Wiener Mode und Modefotografie: Die Modeabteilung der Wiener Werkstätte, 1911–1932,* Katalog der Ausstellung im Österreichischen Museum für angewandte Kunst, Wien, Verlag Schneider-Henn, München und Paris, 1984; Eduard Wimmer-Wisgrill, *Modeentwürfe, 1912–1927,* Hochschule für angewandte Kunst, Wien, 1983; Reingard Witzmann, „Das neue Kleid, 1800–1900" in: Asenbaum, Asenbaum und Witt-Dörring, *Moderne Vergangenheit.*
25. Zur Reform der Frauenkleidung, siehe: Traude Hansen, „Vom Reformkleid zur Kunstmode" in ihrem Buch *Wiener Werkstätte;* Josef Hoffmann, „Das individuelle Kleid" in: *Die Waage* 1, Nr. 5, Wien, 9. April 1898, S. 251–252; Stella Mary Newton, *Health, Art and Reason: Dress Reforms of the 19th Century,* John Murray, London, 1974; Paul Schulte-Naumburg, *Die Kultur des weiblichen Körpers als Grundlage der Frauenkleidung,* Leipzig, 1903; Henry van de Velde, „Das neue Kunst-Prinzip in der modernen Frauenkleidung" in: *Deutsche Kunst und Dekoration* 10, Darmstadt, 1902, S. 362–386; Leonie von Wilckens, *Künstlerkleid und Reformkleid: Textilkunst in Nürnberg – Peter Behrens und Nürnberg,* München, 1980, S. 198–202. Zur Entwicklung der Mode in Wien, siehe auch: *200 Jahre Mode in Wien. Aus den Modesammlungen des Historischen Museums der Stadt Wien,* Ausstellungskatalog, Museen der Stadt Wien, 1976. Mit dem Thema befaßt sich auch der Aufsatz von Adolf Loos „Damenmode" (1898?), Nachdruck in: *Dokumente der Frau,* Wien, 1. März 1902, S. 660 ff. und in: *Adolf Loos: Sämtliche Schriften,* hrsg. von Franz Glück, Verlag Herold, Wien und München, 1962.
26. Zu Emilie Flöge, siehe: Wolfgang Georg Fischer, „Gustav Klimt und Emilie Flöge, I: Aspekte des neuentdeckten Nachlasses Emilie Flöge" in: *Alte und moderne Kunst* 28, Nr. 186/187, Wien, 1983, S. 8–15, „Gustav Klimt und Emilie Flöge, II: Aus Emilies Welt" in: *Alte und moderne Kunst* 28, Nr. 188, Wien, 1983, S. 28–33, sowie „Gustav Klimt und Emilie Flöge, III: Erinnerungen an Emilie" in: *Alte und moderne Kunst* 28, Nr. 190/191, Wien, 1983, S. 54–59; Udo Kultermann, „Gustav Klimt, Emilie Flöge und die Modereform in Wien um 1900" in: *Alte und moderne Kunst* 23, Nr. 157, Wien, 1978, S. 35–36; Christian Nebehay, „Klimt und Emilie Flöge" in seinem Werk: *Gustav Klimt: Sein Leben nach zeitgenössischen Berichten und Quellen,* Deutscher Taschenbuch Verlag, München, 1979; Christian Nebehay, „Klimt und Emilie Flöge" in: *Gustav Klimt: Dokumentation,* Verlag der Galerie Nebehay, Wien, 1969.
27. Schweiger, *Wiener Werkstätte,* S. 220.
28. Über Wimmer-Wisgrill, siehe: Traude Hansen, „Eduard Josef Wimmer-Wisgrill und sein Werk" in ihrem Buch: *Wiener Werkstätte,* S. 97–138.
29. Schweiger, *Wiener Werkstätte,* S. 228.

MALEREI UND GRAPHIK

1. Makart war der Diktator des Wiener Stils in den 1860er und 1870er Jahren. Siehe hierzu: Gerbert Frodl, *Hans Makart: Monographie und Werkverzeichnis,* Residenz Verlag, Salzburg, 1974; Gerbert Frodl, „Begegnung im Theater: Hans Makart und Gustav Klimt" in: *Klimt-Studien,* Sonderausgabe der *Mitteilungen der Österreichischen Galerie* 22/23, Nr. 66/67, Salzburg, 1978–1979; Ludwig Hevesi, „Hans Makart und die Sezession" (1900) in seinem Werk: *Acht Jahre Sezession (März 1897–Juni 1905): Kritik, Polemik, Chronik,* Verlagsbuchhandlung Karl Konegen, Wien, 1906; Nachdruck hrsg. von Otto Breicha, Ritter Verlag, Klagenfurt, 1984; W. Kitlitschka, *Die Malerei der Wiener Ringstraße,* Bd. 10 von Renate Wagner-Rieger (Hrsg.), *Die Wiener Ringstraße: Bildnis einer Epoche,* Franz Steiner Verlag, 1981, Wiesbaden; *Hans Makart,* Katalog der Ausstellung in Wien, Villa Hermes, und Salzburg, Residenz Galerie, 1975; Emil Pirchan, *Hans Makart: Leben, Werk und Zeit,* Verlag Wallishauser, Wien, 1942. Klimts Hauptaufträge zur Deckenbemalung waren für das Burgtheater (1886–1888) und das Kunsthistorische Museum (1890–1892); siehe Carl E. Schorskes Besprechung im Zusam-

menhang mit Klimts Biographie in: *Fin-de-Siècle Vienna: Politics and Culture,* Knopf Verlag, New York, 1980, S. 209–212.
2. Der Siebenernclub und der Hagenbund waren in den 1890er Jahren Kaffeehausklubs der Künstler, die zum Kern späterer Ausstellungsgesellschaften wurden. Die Mitglieder des Siebeners waren Pioniere der Sezession und später der Wiener Werkstätte. Die Mitglieder des Hagenbunds verließen später die Sezession und gründeten, unter Einschluß des Architekten Josef Urban und des Graphikers Heinrich Lefler, eine eigene Organisation. Ihre Vorliebe für Folklorestil und Märchen zeigt sich schon vor 1900 und nahm viel von dem Design vorweg, das sich erst um 1807–1808 in Wien richtig durchsetzte. Über diese Vereinigungen, siehe: Hans Ankwicz von Kleehoven, „Die Anfänge der Wiener Secession" in: *Alte und moderne Kunst* 5, Nr. 6/7, Wien, Juni/Juli 1960, S. 6–10; Hans Bisanz, „The Hagenbund", in: Robert Waissenberger (Hrsg.), *Vienna, 1890–1920,* Rizzoli, New York, 1984; Werner Fenz, *Koloman Moser: Graphik, Kunstgewerbe, Malerei,* Residenz Verlag, Salzburg und Wien, 1984, S. 19, 20, 246, Anm. 49; *Hagenbund,* Katalog der Ausstellung im Historischen Museum der Stadt Wien, Eigenverlag der Museen der Stadt Wien, 1975; Robert Waissenberger, „Der Hagenbund, 1900–1938: Geschichte der Wiener Künstlervereinigung" in: *Mitteilungen der Österreichischen Galerie* 16, Nr. 66, Salzburg, 1972, S. 55 ff.
3. Klimts Vater starb 1892, was gewiß Klimts Sicht der Zukunft beeinflußt hat. Siehe Schorskes Untersuchung der Einstellung zur Generation der „Väter" in: „Gustav Klimt: Painting and the Crisis of the Liberal Ego" in: Schorske, *Fin-de-Siècle Vienna.*
4. Eine detailreiche Geschichte der Secession in: Hans Ankwicz von Kleehoven, „Die Anfänge der Wiener Secession"; Hermann Bahr, *Secession,* L. Rosner, Wien, 1900; Hevesi, *Acht Jahre Sezession;* Walther M. Neuwirth, „Die sieben heroischen Jahre der Wiener Moderne" in: *Alte und moderne Kunst* 9, Nr. 74, Wien, Mai/Juni 1964, S. 28–31; Robert Waissenberger, *Vienna Secession,* Academy Editions, London, 1977; Robert Waissenberger, „Die ‚heroischen Jahre' der Secession" in: *Traum und Wirklichkeit: Wien, 1870–1930,* Katalog der Ausstellung im Historischen Museum der Stadt Wien, Eigenverlag der Museen der Stadt Wien, 1985.
5. Es ist oft festgestellt worden, daß Klimts Frauen selbst in historischer Aufmachung einen speziellen zeitgenössischen Typ zu verkörpern scheinen. Über Klimts frühen Naturalismus, siehe: Werner Hofmann, *Gustav Klimt und die Wiener Jahrhundertwende,* Salzburg, 1970; Alessandra Comini, *Gustav Klimt,* Braziller, New York, 1975; siehe auch: Schorske, *Fin-de-Siècle Vienna,* S. 212, und Felix Salten, „Eine schöne jüdische Jourdame" (1903) in: Otto Breicha (Hrsg.), *Gustav Klimt: Die goldene Pforte – Werk, Wesen, Wirkung. Bilder und Schriften zu Leben und Werk,* Verlag Galerie Welz, Salzburg, 1978.
6. Carl Schorske macht die zutreffende Bemerkung, daß diese Statuette ebensogut *vera nuditas* genannt werden könnte, und untersucht die Bedeutung dieses Symbols für Klimts Werk. Siehe: Schorske, *Fin-de-Siècle Vienna,* S. 222 ff.
7. Nach dem Rückkauf der drei Leinwände veräußerte Klimt diese später an verschiedene Sammler. Die *Philosophie* wurde 1905 von August Lederer erworben für einen Raum, den Josef Hoffmann für dessen Haus in der Bartensteingasse in Wien entworfen hatte. Später gehörte es zur Erich Lederer Sammlung in Genf. Ab ungefähr 1910–1912 gehörte *Medizin* zur Sammlung Ditha Moser. Etwa zur gleichen Zeit wurde auch *Jurisprudenz* an Ditha Moser verkauft. Im Jahre 1919 wurde es in die Sammlung August Lederer in Wien und von dort in die Sammlung Erich Lederer in Genf überführt. Schließlich erwarb die Österreichische Galerie in Wien die Bilder, und zwar 1919 *Medizin* und 1944 *Philosophie* und *Jurisprudenz.* Sie waren zusammen mit anderen bedeutenden Kunstwerken in Schloß Immendorf in Niederösterreich gelagert, das 1945 beim Rückzug der deutschen Armee vom Feuer zerstört wurde. Die Geschichte der Bilder sowie ein sorgfältiger Katalog der Werke Klimts in: Fritz Novotny und Johannes Dobai, *Gustav Klimt,* Praeger, New York und Washington D. C., 1968, S. 303–305, 313–315, 318–320. Siehe auch: Alice Strobl, „Zu den Fakultätsbildern von Gustav Klimt" in: *Albertina-Studien,* Jg. 2, Bd. 4, Wien, 1964, S. 138–169. Weitere Informationen zur Kontroverse um die Bilder in: Hermann Bahr, *Gegen Klimt,* J. Eisenstein, Wien, 1903.
8. Siehe: Carl E. Schorske, „Gustav Klimt: Painting and the Crisis of the Liberal Ego".
9. Ibid. Siehe auch die Besprechung der Universitätsbilder in: Comini, *Gustav Klimt,* S. 20 ff. und in: Hofmann, *Gustav Klimt und die Wiener Jahrhundertwende.* Weitere wichtige Literatur in Anmerkung 7, insb. der Artikel von Alice Strobl. Siehe auch: Marian Bisanz-Prakken, „Programmatik und subjektive Aussage im Werk von Gustav Klimt" in: Robert Waissenberger (Hrsg.), *Wien, 1870–1930: Traum und Wirklichkeit,* Residenz Verlag, Salzburg und Wien, 1984, S. 110–120; Peter Vergo, „Gustav Klimts Philosophie' und das Programm der Universitätsgemälde" in: *Klimt-Studien,* S. 94–97.
10. Bei dem Werk Vigelands handelt es sich um die große Säule der Menschheit, das Mittelstück seines Skulpturenensembles im Frogner Park, Oslo, auch als „Monolith" oder „Nadel der Menschheit" bekannt. Zu Vigeland, siehe: Ragna Stang, *Gustav Vigeland: The Sculptor and His Works,* Tanum, Oslo, 1965; Nathan Cabot Hale, *Embrace of Life: The Sculpture of Gustav Vigeland,* Abrams, New York, 1986; Tone Wikborg, *Gustav Vigeland: Mennesket og Kunstaneren,* Aschehoug, Oslo, 1983.
11. Siehe Carl Schorskes Besprechung dieses Gemäldes in: *Fin-de-Siècle Vienna,* S. 246–254. Zur besonderen Beziehung des Gemäldes zu Dante, siehe: Bisanz-Prakken, „Programmatik und subjektive Aussage im Werk von Gustav Klimt", S. 116.
12. Der Autor Peter Altenberg pries Klimt mit diesen Worten: „. . . als visionärer Maler bist Du auch ein moderner Philosoph, ein unbedingt moderner Dichter! Im Akt des Malens verwandelst Du Dich in einem Augenblick, wie im Märchen, in den ‚modernsten aller Menschen': Etwas, das Du in der Realität des Alltags vielleicht überhaupt nicht bist!" Zitiert in: Novotny und Dobai, *Gustav Klimt,* S. 64, und in: Schorske, *Fin-de-Siècle Vienna,* S. 285. Zur Genauigkeit von Altenbergs Einschätzung, siehe die Verteidigung Klimts als Denker in: Yves Kobry, „Klimt derrière le décor" in: *Vienne. Fin-de-siècle et modernité,* Sonderausgabe der *Cahiers du Musée national d'art moderne* 14, Paris, 1984, S. 56 ff.
13. Zum Programm der Skulptur Klingers, siehe: Elsa Asenijeff, *Max Klingers Beethoven,* Leipzig, 1902; Joseph August Lux, „XIV. Kunst-Ausstellung der Vereinigung bildender Kuenstler Oesterreichs-Secession 1902: Klingers Beethoven und die moderne Raum-Kunst" in: *Deutsche Kunst und Dekoration* 10, Nr. 1, Darmstadt, 1902, S. 475 ff.; Berta Zukkerkandl, „Klingers Beethoven in der Wiener Secession" in: *Die Kunst für Alle* 17, 1902, S. 386; Alexander Dückers, *Max Klinger,* Rembrandt Verlag, Berlin, 1976, S. 80–93; Marian Bisanz-Prakken, *Der Beethovenfries: Geschichte, Funktion, Bedeutung,* Residenz Verlag, Salzburg, 1977, erw. Ausg. bei Deutscher Taschenbuch Verlag, 1980. Siehe auch Bisanz-Prakkens-Artikel zum Thema, zitiert in der Auswahlbibliographie unter dem Stichwort Gustav Klimt.
14. Der Ausstellungskatalog von 1902 liefert folgende Erklärung zum Fries: „Die drei bemalten Wände bilden eine fortlaufende Serie. Erste Langwand, dem Eingang gegenüber: Die Sehnsucht nach Glück. Die Leiden der schwachen Menschheit: Die Bitten dieser an den wohlgerüsteten Starken als äußere, Mitleid und Ehrgeiz als innere treibende Kräfte, die ihn das Ringen nach dem Glück aufzunehmen bewegen. Schmalwand: Die feindlichen Gewalten. Der Gigant Typhoeus, gegen den selbst die Götter vergebens kämpften; seine Töchter, die drei Gorgonen. Krankheit, Wahnsinn, Tod. Wollust und Unkeuschheit, Unmäßigkeit. Nagender Kummer. Die Sehnsüchte und Wünsche der Menschen fliegen darüber hinweg. Zweite Langwand: Die Sehnsucht nach Glück findet Stillung in der Poesie. Die Künste führen uns in das ideale Reich hinüber, in dem allein wir reine Freude, reines Glück, reine Liebe finden können. Chor der Paradiesengel. ‚Freude schöner Götterfunke'. ‚Diesen Kuß der ganzen Welt!'"

Eine Untersuchung des Frieses im Zusammenhang mit Richard Wagners Essay über Beethoven von Marian Bisanz-Prakken, „Der Beethovenfries von Gustav Klimt in der XIV. Ausstellung der Wiener Secession" in: *Traum und Wirklichkeit: Wien, 1870–1930,* sowie in: Bisanz-Prakken, *Der Beethovenfries,* S. 32.
15. Eine Auswahlbibliographie von Werken, die sich speziell mit den Quellen – von Dürer

über Hodler bis Toorop – und der Symbolik beschäftigen: Bisanz-Prakken, *Der Beethovenfries;* Alice Strobl, *Gustav Klimt: Die Zeichnungen,* Bd. 1, Verlag Galerie Welz, Salzburg, 1980, S. 211 ff.; Novotny und Dobai, *Gustav Klimt,* S. 329. Weitere Informationen über die Einflüsse auf Klimt bei: Hans Ankwicz von Kleehoven, „Hodler und Wien" in: *Neujahrsblatt der Züricher Kunstgesellschaft 1950,* Zürich, 1950; Otto Benesch, „Hodler, Klimt und Munch als Monumentalmaler" in: *Wallraf-Richartz-Jahrbuch* 24, Köln, 1962, S. 333–358, sowie in: *Otto Benesch: Collected Writings,* Bd. 4, hrsg. von Eva Genesch, Phaidon, London, 1973; Marian Bisanz-Prakken, „Gustav Klimt und die Stilkunst Jan Toorops" in: *Klimt-Studien,* S. 150 ff.

16. Schorske interpretiert den Beethovenzyklus als Zeichen der Entwicklung Klimts von einer sozial verantwortlichen Kunst zu einer eher weltausschließenden Vision. Siehe: *Fin-de-siècle Vienna,* S. 264.

17. Über Hodler und den Parallelismus, siehe Anm. 2 des vorherigen Kapitels.

18. Siehe Werner Hofmanns Untersuchung der Ambiguität von Figur und Hintergrund bei Klimt im Zusammenhang mit zeitgenössischen dekorativen Arbeiten in: *Gustav Klimt and Vienna at the Turn of the Century,* S. 34 ff.

19. Zur erotischen Symbolik dieser Formen, siehe: Hofmann, *Gustav Klimt and Vienna at the Turn of the Century,* S. 35 ff. Alessandra Comini hat diese Kunstmittel im Zusammenhang mit der These von Adolf Loos diskutiert, jede Kunst sei ursprünglich erotisch. Siehe ihre Schrift: *Gustav Klimt,* S. 6.

20. In *Fin-de-siècle Vienna* hält Schorske diese goldenen Bilder für regressiv, für eine byzantinische Eskapade im Stile Yeats'. „Die organische Dynamik seines Stils in der Periode der *Art Nouveau* verschwand zugunsten einer statischen, kristallinen Ornamentik. In Haltung und Stil ersetzte Transzendenz das Engagement" (S. 264). „. . . von der Natur zur stilisierten Kultur, von der direkten Präsentation psycho-physischer Erfahrung zur formalen Symbolisierung: So ging die Reise" (S. 266). „So konnte Klimt auch im Portrait Bloch-Bauer widerstreitende psychische Zustände abstrakt über das Material darstellen, ohne, wie früher, direkt zu zeigen, wie sich diese Zustände anfühlten" (S. 271). Diese Formulierungen scheinen mir ein zu großes Gewicht auf die frühen Arbeiten zu legen, die ich weder für besonders dynamisch, noch besonders originell halte. Außerdem scheinen sie eine vollkommen unmittelbare kommunikative Wirksamkeit des Naturalismus zu unterstellen (z. B. „direkt zu zeigen, wie sich diese Zustände anfühlten"). Ich fürchte, die Argumentation enthält hier Elemente einer allgemeinen Überzeugung, Abstraktion oder Symbolisierung seien notwendig gleichzusetzen mit Eskapismus und Falschheit – eine These, die Professor Schorske hier hoffentlich nicht vertreten wollte. Doch der letzte Abschnitt seines Essays über Klimt zieht leider sämtliche Register, um Naturalismus und Art Nouveau gleichzusetzen mit Dynamik, wirklichem Leben und direkter Konfrontation mit den wahren, starken Gefühlen, während Abstraktion mit leerem Formalismus, Selbstgenügsamkeit und so weiter identifiziert wird.

21. Zum Bruch innerhalb der Secession, siehe: Otto Breicha, „Gustav Klimt und die neue Wiener Malerei seiner Zeit" in: *Alte und moderne Kunst* 9, Nr. 74, Wien, Mai/Juni 1964, S. 32–37; Ludwig Hevesi, „Der Bruch in der Sezession" in: *Kunst und Kunsthandwerk* 8, Wien, 1905, S. 424–429, Nachdruck in: *Acht Jahre Sezession;* Horst-Herbert Kossatz, „Der Austritt der Klimt-Gruppe: Eine Pressenachschau" in: *Alte und moderne Kunst* 20, Nr. 140, Wien, 1975, S. 23–26; Robert Waissenberger, „Die ‚heroischen Jahre' der Secession" in: *Traum und Wirklichkeit: Wien, 1870–1930,* S. 470–471.

22. Otto Stoessel in der *Fackel* vom 13. Juli 1908, zit. nach: Edith Hoffmann, *Kokoschka: Life and Work,* Faber & Faber, London, 1947, S. 88 f. Weitere Informationen zur Kunstschau 1908 und ihrer kritischen Rezeption in: Werner J. Schweiger, *Der junge Kokoschka: Leben und Werk, 1904–1914,* C. Brandstätter, Wien und München, 1983, S. 63 ff.

23. Siehe: Eberhard Freitag, „Expressionism and Schoenberg's Self-Portraits" sowie Wassily Kandinsky, „The Paintings of Schoenberg" in: *Schoenberg as Artist,* Sonderausgabe des *Journal of the Arnold Schoenberg Institute* 2, Los Angeles, Juni 1978, S. 164–172 und 181–184; Jane Kallir, *Arnold Schoenberg's Vienna,* Rizzoli, New York, 1984; *Richard Gerstl (1883–1908),* Katalog der Ausstellung im Historischen Museum, Eigenverlag der Museen der Stadt Wien, 1984. Weitere Informationen über Schönberg und Gerstl im Abschnitt „Malerei und Graphik" der Bibliographie unter den Namen der Künstler.

24. Siehe: *Schoenberg as Artist;* Kallir, *Arnold Schoenberg's Vienna.*

25. Kandinskys Meinung zu Schönberg in: Kandinsky, „The Paintings of Schoenberg".

26. Über Strindbergs Malerei, siehe: Göran Söderström, *Strindberg og bildkonsten,* Stockholm, 1972; Torsten Matte Schmidt (Hrsg.), *Strindbergs maleri,* Malmö, 1972.

27. Zit. nach Ellen Kravitz in ihrem Vorwort zu: *Schoenberg as Artist,* S. 163.

28. Zum Stück und seiner Rezeption, siehe: Carl E. Schorske, „Explosion in the Garden: Kokoschka and Schoenberg" in: *Fin-de-siècle Vienna,* S. 335–338.

29. Hoffmann, *Kokoschka,* S. 94–95.

30. Ibid., S. 59–60.

31. Ein grundlegendes Werk über Schieles Portraits ist: Alessandra Comini, *Egon Schiele's Portraits,* University of California Press, Berkeley, Los Angeles and London, 1974. Bei den frühen, von Klimt inspirierten Portraits handelt es sich vor allem um die Bilder von Hans Massmann und Anton Peschka von 1909 sowie das von Schieles Schwester Gertrud von 1909.

32. Hoffmann, *Kokoschka,* S. 52–53.

33. Kokoschkas *Trancespieler* stellte den Schauspieler Ernst Reinhold dar. In einer Kokoschka gewidmeten Matinee des Kabaretts Fledermaus rezitierte Reinhold auswendig die *Träumenden Knaben;* Schweiger, *Der junge Kokoschka,* S. 45–46, 96. Zu Schiele und van Osen, siehe: Comini, *Egon Schiele's Portraits,* S. 47, 50, 203–204, Anmerkungen 66–68; Christian M. Nebehay, *Egon Schiele, 1890–1918: Leben, Briefe, Gedichte,* Residenz Verlag, Salzburg, 1979, S. 551–552; Frank Whitford, *Egon Schiele,* Oxford University Press, New York, 1981, S. 68–72.

34. Siehe vor allem die Serien *Der gefesselte Kolumbus* (1916) und *Bach-Kantate* (1917); über Kokoschkas graphisches Werk, siehe: Hans M. Wingler und Friedrich Welz, *Kokoschka: Das druckgraphische Werk,* 2 Bde., Verlag Galerie Welz, Salzburg, 1975, 1981.

35. Über den *Fahrenden Ritter,* siehe Angelica Z. Rudenstine, *The Guggenheim Museum Collection: Paintings, 1880–1945,* Bd. 2, The Solomon Guggenheim Museum, New York, 1976, S. 426–431.

36. Siehe Kokoschkas ausführliche Erinnerung an seinen Vater in: Hoffmann, *Kokoschka,* S. 22, Anm. 3.

37. Zur Frage von Schieles Beziehung zu seiner Schwester Gertrud, siehe: Comini, *Egon Schiele's Portraits,* S. 9–19.

38. Eine umfangreiche Studie der Vorwürfe gegen Schiele und der Umstände seiner Einkerkerung in: Alessandra Comini, *Schiele in Prison,* New York Graphic Society, Greenwich, Conn., 1973.

39. Siehe Cominis Beitrag „Allegorical Double Portraits with Klimt" in ihrem Werk: *Egon Schiele's Portraits,* S. 95–99.

40. Siehe: Comini, „Allegory as Confession: A last Self-Portrait with Wally" in: *Egon Schiele's Portraits,* S. 138–139.

41. Siehe: Robert Rosenblum, *Modern Painting and the Northern Romantic Tradition: Friedrich to Rothko,* Thames & Hudson, London, Harper & Row, New York, 1975.

42. Siehe z. B. Cominis Untersuchung der Ambiguität in der Beziehung zwischen Schiele und Klimt in: *Egon Schiele's Portraits,* S. 95–99.

43. Eine vollständige Besprechung der Selbstportraits im Gefängnis in: Comini, *Schiele in Prison.*

44. Paris von Güterslohs Bemerkung über Schieles dezente Kleidung, zitiert nach: Frank Whitford, *Egon Schiele,* S. 67.

45. Ich danke Charles Stuckey für seine Anregungen zum Thema: „Posieren" als Motiv der postimpressionistischen und frühmodernen Malerei.

46. Über van Osens Studium der Gestik Geisteskranker, siehe: Whitford, *Egon Schiele,* S. 72.

47. Über die Verbindung der Gesten Schieles zu solchen Tänzerinnen wie Mary Wigman und Ruth St. Denis, siehe: Comini, *Egon Schiele's Portraits,* S. 135, 234, Anm. 7.

48. Zum „Puppenhaften" vieler Portraits und Selbstportraits Schieles, siehe: Comini, *Egon Schiele's Portraits.*

49. Max Klinger, *Malerei und Zeichnung* (1891), 2. Aufl.: Breitkopf & Härtel, Leipzig, 1895. Über Klingers graphisches Werk, siehe:

Hans W. Singer, *Max Klingers Radierungen, Stiche und Steindrucke,* Amsler & Ruthard, Berlin, 1909.
50. Siehe: J. Kirk, T. Varnedoe und Elizabeth Streicher, *Graphic Works of Max Klinger,* Dover, New York, 1977.
51. Über Kubin, siehe: Jane Kallir, Alfred Kubin: *Visions from the Other Side,* Katalog der Ausstellung der Galerie St. Etienne, New York, 1983; Wieland Schmidt, *Alfred Kubin,* Praeger, New York und Washington D. C., 1969. Weitere Hinweise zu Kubin unter seinem Namen im Abschnitt Malerei und Graphik der Bibliographie.
52. Siehe: Henri Ellenberger, *The Discovery of the Unconscious,* Basic Books, New York, 1970. Eine vollständige Behandlung der Voraussetzungen für die Arbeiten Freuds.
53. Über Brosch, siehe: Otfried Kastner, *Klemens Brosch,* Ausstellungskatalog, Stadtamt Linz, 1963. Weitere Hinweise zu Brosch unter seinem Namen im Abschnitt Malerei und Graphik in der Bibliographie.
54. Hoffmann, *Kokoschka,* S. 32.

ZUSAMMENFASSUNG

1. Über *Die Familie,* siehe: Alessandra Comini, *Egon Schiele's Portraits,* University of California Press, Berkeley, Los Angeles and London, 1974, S. 174–180. Siehe zu dem Thema auch: Werner Hofmann, *Egon Schiele: „Die Familie",* Reclams Werkmonographien zur bildenden Kunst, Nr. 132, Reclam, Stuttgart, 1968.
2. Alois Riegl, *Spätrömische Kunstindustrie,* Druck & Verlag der Kaiserlich-Königlichen Hof- und Staatsdruckerei, Wien, 1901; Alois Riegl, *Stilfragen: Grundlegung zu einer Geschichte der Ornamentik,* G. Siemens, Berlin, 1893, Nachdruck bei G. Olms, Hildesheim, 1975. Zu Riegl, siehe auch: Dieter Bogner, „Empiria/Speculazione: Alois Riegl e la scuola viennese di storia dell'arte" in: *Le arti a Vienna: Dalla Secessione alla caduta dell'Impero Asburgico,* Katalog der Ausstellung auf der Biennale, Venedig, 1984; Dieter Bogner, „Alois Riegl et l'école viennoise d'histoire de l'art" in: *Vienne: Fin-de-siècle et modernité,* Sonderausgabe von *Cahiers du Musée national d'art moderne* 14, Paris, 1984, S. 44–55.
3. Werner Hofmann, *Gustav Klimt und die Wiener Jahrhundertwende,* Salzburg, 1970.
4. Ibid., S. 36 ff.
5. Über Gestaltpsychologie, siehe: Nicolas Pastore, *Selected History of Theories of Visual Perception,* Oxford University Press, New York, 1971, S. 268–319.
6. Wilhelm Worringer, *Abstraktion und Einfühlung,* München, 1908.
7. Jules Lubbock, „Adolf Loos and the English Dandy" in: *The Architectural Review* 174, London, August 1983, S. 48. Oskar Kokoschka erinnert sich daran, wie Loos zum Dienst erschien mit einer am Kragen offenen Uniform, die Goldman & Salatsch für ihn entworfen hatten, in: „Mein Leben: Erinnerungen an *Adolf Loos" in: Alte und moderne Kunst* 15, Wien, November/Dezember 1970, S. 4–6.
8. Adolf Loos: „Jede Kunst ist erotisch. Das erste Ornament überhaupt, das Kreuz, hatte einen erotischen Ursprung. Das erste Kunstwerk, der erste künstlerische Akt, bei dem der erste Künstler auf eine Wand kritzelte, um seinem Überschwang Ausdruck zu geben, war erotisch. Eine horizontale Linie: die liegende Frau. Eine vertikale Linie: der in sie eindringende Mann ... Aber der Mensch der heutigen Zeit, der aus einem inneren Trieb Wände mit erotischen Symbolen vollschmiert, ist ein Krimineller oder Degenerierter ... So wie das Ornament nicht mehr organisch mit unserer Kultur verbunden ist, ist es auch kein Ausdruck unserer Kultur mehr." Zit. nach: Alessandra Comini, *Gustav Klimt,* Braziller, New York, 1975, S. 6.
9. Mit den Worten von Karl Kraus: „Adolf Loos und ich, er mit Taten und ich mit Worten, haben nichts weiter getan, als zu zeigen, daß es einen Unterschied gibt zwischen einer Urne und einem Nachttopf und daß Kultur mit diesem Unterschied zu tun hat. Die anderen aber, die Verteidiger positiver Werte, lassen sich in zwei Gruppen aufteilen: diejenigen, die eine Urne mit einem Nachttopf verwechseln, und jene, die einen Nachttopf für eine Urne halten." Aus „Nachts" (1918), veröffentlicht in: Karl Kraus, *Beim Wort genommen* in: Heinrich Fischer (Hrsg.), *Karl Kraus: Werke,* Koesel, München, 1955.
10. Allan Janik und Stephen Toulmin, „Adolf Loos and the Struggle Against Ornament", ein Abschnitt des 4. Kapitels „Culture and Critique: Social Criticism and the Limits of Artistic Expression" ihres Werkes *Wittgenstein's Vienna,* Simon & Schuster, New York, 1973, S. 92 ff.
11. Siehe Anm. 38 des Kapitels „Architektur".
12. Hugo von Hofmannsthal, „Ein Brief" in: *Der Tag,* Berlin, 1902, Nachdruck in: *Die prosaischen Schriften* 1, S. Fischer, Frankfurt, 1907.

ZEITTAFEL

Die Einträge zu jedem Jahr teilen sich in drei Abschnitte: die Kunstwerke, Gebäude oder Designobjekte, die in diesem Band besprochen oder abgebildet werden; wichtige Ereignisse in Wien; eine Auswahl wichtiger Kunstwerke und Ereignisse aus Europa und Amerika. Ein über mehrere Jahre hinweg entstandenes Kunstwerk findet sich unter dem Jahr seiner Vollendung. Die Seitenzahlen beziehen sich auf die Abbildungen.

1 • 8 • 9 • 8

Carl Otto Czeschka
Wissenschaft (S. 18).
Josef Hoffmann
Eine Seite aus *Ver Sacrum* mit einem Gedicht von Rainer Maria Rilke (S. 80); Stuhl für Koloman Moser (S. 82).
Gustav Klimt
Pallas Athene (S. 188); Plakat für die Ausstellung der *I. Secession* (S. 106); Studie zu *Medizin* (S. 196).
Koloman Moser
Rundfenster für das Wiener Secessionsgebäude (S. 56, 57); Umschlag für *Ver Sacrum* (S. 112).
Joseph Maria Olbrich
Wiener Secessionsgebäude (S. 31, 56, 57); Plakate für die Ausstellungen der *II. und III. Secession* (S. 107).
Alfred Roller
Umschlag für *Ver Sacrum* (S. 112).
Otto Wagner
Perspektivische Ansicht der Stadtbahnhaltestelle am Karlsplatz (S. 24).

– *Secession I,* erste Kunstausstellung der Wiener Secession in der Gartenbaugesellschaft mit Werken der österreichischen Mitglieder sowie von Arnold Böcklin, Fernand Khnopff, Alphonse Mucha, Franz von Stuck, James A. McNeill Whistler und anderen.
– *Secession II,* Einweihung des Wiener Secessionsgebäudes von Joseph Maria Olbrich; Arbeiten der Wiener Mitglieder, einschließlich Gustav Klimts *Pallas Athene;* ein Raum mit Kunsthandwerk, u. a. Tapeten von Koloman Moser und Olbrich, sowie Arbeiten von Fernand Khnopff und Anders Zorn.
– Secession beginnt mit der Veröffentlichung von *Ver Sacrum.*
– Künstlerhausgenossenschaft, von der sich die Mitglieder der Secession getrennt haben, organisiert Jubiläumsausstellung zu Ehren des 50. Krönungstages von Kaiser Franz Josef.
– Beginn der Zeitschrift *Kunst und Kunsthandwerk.*

August, Endell. Elvira Studio, München.
Hector Guimard. Castel Béranger, Paris.
Pierre Puvis de Chavannes stirbt.
Auguste Rodin. *Monument für Balzac.*
– London: Erste Ausstellung der International Society of Sculptors, Painters and Carvers mit James A. McNeill Whistler als Präsidenten; Arbeiten von Pierre Bonnard, Paul Cézanne, Edgar Degas, Fernand Khnopff, Gustav Klimt, Max Klinger, Édouard Manet, Odilon Redon, Giovanni Segantini und Jan Toorop.

1 • 8 • 9 • 9

Josef Hoffmann
Entwurf für ein Haus (S. 40); Entwurf für eine Einrichtung (S. 40, 62).
Gustav Klimt
Studie zu *Philosophie* (S. 196).
Heinrich Lefler und Josef Urban
Entwurf für einen Kalender (S. 14).
Adolf Loos
Café Museum (S. 44); Stuhl „Café Museum" (S. 44).
Koloman Moser
Umschlagentwurf für *Ver Sacrum* (S. 80); Stoffmuster „Palmblatt" (S. 114); Stoffmuster „Vogel Bülow" (S. 81).
Joseph Maria Olbrich
Haus David Berl (S. 28); Villa Friedmann, Hinterbrühl, (S. 28).
Otto Wagner
Umschlag für *Ver Sacrum* (S. 112); Haltestelle Karlsplatz der Stadtbahn (S. 24, 30); Majolikahaus und danebenliegendes Apartmenthaus, Linke Wienzeile 38 (S. 29).

– *Secession III,* Arbeiten von Walter Crane, Eugène Grasset, Max Klinger, Constantin Meunier, Félicien Rops und Theo van Rysselberghe.
– *Secession IV,* Arbeiten der österreichischen und ausländischen Mitglieder der Secession.
– *Secession V,* Zeichnungen und Graphiken vor allem französischer Künstler.
– Josef Hoffmann zum Lehrer an der Kunstgewerbeschule ernannt.
– Ausstellung japanischer Holzschnitte im Österreichischen Museum für Kunst und Industrie.
– Joseph Maria Olbrich von Ernst Ludwig, Großherzog von Hessen, zur Künstlerkolonie Mathildenhöhe nach Darmstadt eingeladen; entwirft die Häuser aller anderen Künstler (außer für Peter Behrens) und die meisten Gebäude des Komplexes.

Victor Horta. Maison du Peuple, Brüssel.
Charles Rennie Mackintosh, School of Art, Glasgow.
Edvard Munch. *Der Tanz des Lebens.*
Paul Signac veröffentlicht *D'Eugène Delacroix au néo-impressionisme.*
– Berlin: Gründung der Berliner Sezession mit Max Liebermann als Vorsitzendem; erste Ausstellung mit Arbeiten von Arnold Böcklin, Lovis Corinth, Ferdinand Hodler, Wilhelm Leibl, Franz von Stuck und anderen.
– London: Ausstellung *L'art nouveau,* organisiert von Samuel Bing, der auch seine Sammlung japanischer Drucke zeigt.
– St. Petersburg: Gründung der Zeitschrift *Mir Iskusstva* („Welt der Kunst"); Beiträge von Léon Bakst, Sergej Diaghilew und Mikhail Vroubel.

1 • 9 • 0 • 0

Walter Sigmund Hampel
Abend (S. 193).
Gustav Klimt
Philosophie (bis 1907 leicht überarbeitet; S. 152); Studie zu *Medizin* (S. 196).
Carl Moll
Zwielicht (S. 190).
Koloman Moser
Stoffmuster „Pilze" und „Klatschmohn" (S. 114).
Robert Örley
Stoffmuster „Kosmischer Nebel" (S. 114).

– *Secession VI,* japanische Kunst.
– *Secession VII,* u. a. Gustav Klimts *Philosophie,* das erste der drei Unversitätsbilder.
– *Secession VIII,* Kunsthandwerk, Arbeiten von Charles Robert Ashbee, Charles Rennie Mackintosh (S. 84) und anderen.
– Eine Gruppe bildender Künstler, darunter Oskar Laske, Heinrich Lefler, Michael Powolny und Josef Urban, die sich im Café „Zum Blauen Freihaus" treffen, trennt sich von Künstlerhaus und Hagenbund (benannt nach dem Besitzer des Cafés); sie stehen in der Mitte zwischen den Progressiven der Sezession und den Konservativen des Künstlerhauses.
– Koloman Moser als Lehrer an die Kunstgewerbeschule berufen.
– Herausgeber Joseph August Lux beginnt mit der Publikation von *Das Interieur,* die sich dem Kunsthandwerk widmet.
– Erste Nummer von *Die Quelle,* Herausgeber Martin Gerlach, zeigt die Entwürfe vieler Künstler der Sezession.
– Ausstellung Walter Crane im Museum für Kunst und Industrie.
– Hermann Bahr, Autor und der Sezession wohlgesonnener Kritiker, veröffentlicht *Secession.*

Paul Gauguins *Noa-Noa* erscheint in Buchform (Ersterscheinung in *La revue blanche,* 1897).
Hector Guimard. Pariser Metrostationen (bis 1904).
Victor Horta. Hôtel Solvay, Brüssel.
Pablo Picasso. *Le Moulin de la Galette.*
– Paris: Weltausstellung, u. a. mit einem Interieur von Josef Hoffmann; Klimts *Philosophie* gewinnt Preis für bestes ausländisches Gemälde.
Ausstellung Auguste Rodin u. a. mit Gipsversion von *Höllenpforte* (S. 153).

1 • 9 • 0 • 1

Karl Johann Benirschke
Stoffmuster „Blumen" (S. 119).

Adolf Böhm
Landschaft (S. 160).
Josef Hoffmann
Doppelhaus für Carl Moll und Koloman Moser auf der Hohen Warte (S. 41).
Gustav Klimt
Insel im Attersee (S. 191); *Judith I* (S. 189); *Medizin* (bis 1907 leicht überarbeitet; S. 152).
Joseph Maria Olbrich
Schnapsservice „Pfau" (S. 111); Teller (S. 111); Plakat zur Ausstellung *Ein Dokument deutscher Kunst,* Darmstadt (S. 110).
– *Secession IX,* Giovanni Segantini Gedächtnisausstellung; Skulpturen von Auguste Rodin, u. a. ein Gipsmodell für *Die Bürger von Calais.*
– *Secession X,* u. a. Gustav Klimts *Medizin.*
– *Secession XI,* Gemälde von Johann Viktor Krämer.
– *Secession XII,* Jan Toorop mit skandinavischen, schweizer und russischen Künstlern.
– Alfred Roller als Lehrer an die Kunstgewerbeschule berufen.
– Ausstellung Hokusai im Museum für Kunst und Industrie.
– Petition des Künstlerhausvorstands an die Regierung für eine „Galerie für Moderne Kunst" in Wien; eigener Antrag der Secession mit gleicher Stoßrichtung.

Peter Behrens. Haus Behrens, Darmstadt.
Joseph Maria Olbrich. Haus Ernst Ludwig, Darmstadt.
Aristide Maillol. *La Méditerranée.*
– München: Wassily Kandinsky gründet die Künstlergemeinschaft „Phalanx" und wird ihr erster Vorsitzender.

1 • 9 • 0 • 2

Leopold Bauer
Tasse und Unterteller (S. 118).
Josef Hoffmann
Einrichtungsentwurf für Max Klingers *Beethoven* auf der *Secession XIV* (S. 42, 43); Haus für Dr. Hugo Henneberg auf der Hohen Warte (S. 41); Armlehnsessel (S. 85); Stoffentwürfe „Lange Ohren" (S. 119) und „Pilze" (S. 119).
Gustav Klimt
Birkenwald I (S. 192); *Beethovenfries* (S. 42, 154, 155, 197); *Emilie Flöge* (S. 198).
Alfred Kubin
Afrika (S. 179); *Selbstbefragung* (S. 179).
Koloman Moser
Plakat zur *Secession XIII* (S. 109); Armlehnstuhl „Purkersdorf" (S. 83); Sideboard und Kamin für Mosers Gästezimmer (S. 82).
Otto Wagner
Perspektivansicht Kirche am Steinhof (S. 53); Depeschenbüro „Die Zeit" (S. 36).

– *Secession XIII,* Gruppenausstellung, Arbeiten u. a. von „Die Scholle" (Münchener Künstlergruppe), Gustav Klimt und Arnold Böcklin; die Einrichtung entwirft Koloman Moser.
– *Secession XIV,* Gustav Klimt malt *Beethovenfries* als Teil der Einrichtung für Max Klingers *Beethoven*-Skulptur; Einrichtungsgestaltung von Josef Hoffmann; Reliefs von Hoffmann, Wandgemälde von Alfred Roller und Adolf Böhm, sämtlich beim Abbau der Ausstellung zerstört. *Beethovenfries* blieb ein Jahr lang hängen, dann Abbau und Verkauf.
– *Secession XV,* Gruppe Sztuka (Polen), Designkooperative Wiener Kunst im Haus, Radierungen von Edward Munch.
– Erste Ausstellung des Hagenbunds.
– Erste Ausstellung der neuen Wiener Künstlergruppe Jungbund im Künstlerhaus.
– Carl Otto Czeschka wird Hilfszeichenlehrer an der Kunstgewerbeschule.
– Beginn der Zeitschrift *Die Fläche* (erscheint bis 1904); reproduziert über 700 Illustrationen zeitgenössischer Künstler, darunter J. M. Auchentaller, Max Benirschke und Marcel Kammerer.

Julius Meier-Graefe veröffentlicht *Manet und sein Kreis.*
Auguste Perret. Appartmenthaus auf der Rue Franklin, Paris.
Henry van de Velde. Einrichtung des Folkwang Museums in Hagen.
– Berlin: Ausstellung mit 22 Gemälden aus Edward Munchs Zyklus *Fries des Lebens.*
– New York: Fertigstellung des Flastiron Building.
– Paris: Ausstellung in der Galerie Berthe Weill mit Werken von Pablo Picasso und Henri Matisse; Henri Toulouse-Lautrec Retrospektive in der Galerie Durand-Ruel.
– Rom: *Esposizione internazionale di bianco e nero,* große internationale Graphikausstellung.
– Turin: *Esposizione internazionale d'arte decorativa moderna.*

1 • 9 • 0 • 3

Josef Hoffmann
Schale mit Deckel (S. 91); Stoffentwurf „Notschrei" (S. 88); Teeservice (S. 123).
Albin Lang
Entwurf für ein Junggesellenzimmer (S. 63).
Adolf Loos
Feuerstelle und Kaminplatz in Loos' Wohnung (S. 49).
Carl Moll
Frühstück (S. 41).
Koloman Moser
Armlehnsessel (S. 78, 79); Entwurf für den Umschlag der Broschüre der Wiener Werkstätte *Einfache Möbel für ein Sanatorium* (S. 220); Blumenständer (zugeschrieben; S. 116).
Richard Müller
Schlafzimmerentwurf (S. 63).
Michael Powolny
Blumenschale (S. 118).
Alfred Roller
Plakat für *Secession XVI* (S. 109).
Otto Wagner
Wettbewerbsentwurf Postsparkassenamt (S. 58, 59).

– *Secession XVI,* „Die Entwicklung des Impressionismus in Malerei und Skulptur": Arbeiten u. a. von Goya, El Greco, Rubens, Tintoretto, Velázquez, Vermeer, französischen Impressionisten und Postimpressionisten; japanische Holzschnitte.
– *Secession XVII,* Arbeiten von der Wiener Werkstätte verbundenen Künstlern.
– *Secession XVIII,* größere Gustav Klimt Retrospektive mit u. a. der noch nicht fertigen *Jurisprudenz,* Einrichtungsgestaltung von Josef Hoffmann und Koloman Moser.
– Josef Hoffmann, Koloman Moser, Carl Otto Czeschka und der Industrielle Fritz Wärndorfer gründen den Wiener Werkstätte.
– Franz Metzner als Lehrer an die Kunstgewerbeschule berufen.
– *Ver Sacrum* stellt Erscheinen ein.
– Staatliche moderne Galerie gegründet.
– Gustav Klimt reist nach Ravenna, wo er byzantinische Mosaike studiert.
– Adolf Loos veröffentlicht Zeitschrift *Das Andere.*
– Camillo Sitte, Architekt an der Ringstraße und früherer Direktor der Kunstgewerbeschule, stirbt.

Paul Gauguin stirbt.
Victor Horta. Kaufhaus „L'Innovation", Brüssel.
Pablo Picasso. *La Vie.*
Camille Pissarro stirbt.
Louis Sullivan. Geschäft „Carson, Pirie, Scott", Chicago.
James A. McNeill Whistler stirbt.
– Mailand: Eröffnung der Galleria d'Arte Moderna.
– Paris: Paul Gauguin Retrospektive in der Galerie Ambroise Vollard.

1 • 9 • 0 • 4

Josef Hoffmann
Schatulle (S. 122); Drei Stuhlentwürfe (S. 83); Vorentwurf für die Westfassade des Sanatoriums Purkersdorf (S. 45); Stuhl „Purkersdorf" (S. 86); Tisch für Carl Moll (S. 82); Teeservice (S. 124); Stoffentwurf „Vineta" (S. 119).
Josef Hoffmann und Koloman Moser
Einrichtung der Casa Piccola; Modesalon der Schwestern Flöge (S. 100).
Alfred Kubin
Urschlamm (S. 179).
Koloman Moser
Blumenständer (S. 116); Nähkasten (S. 117); Fauteuil „Zuckerkandl" (S. 117).
Joseph Maria Olbrich
Sahnekännchen, Zuckerdose, Tee- und Kaffeekanne (S. 111).
Gebrüder Thonet und Marcel Kammerer
Tisch (S. 89).

Otto Wagner
Entwürfe für die Kirche am Steinhof (S. 33).

– *Secession XIX,* Arbeiten von Cuno Amiet, Akseli Gallen-Kallela, Ferdinand Hodler, Wilhelm Laage, Hans von Marées, Edvard Munch, Jan Thorn-Prikker und E. R. Weiss.
– *Secession XX,* u. a. Skulpturen von Franz Metzner und Hugo Lederer.
– Secession macht den Vorschlag, Gustav Klimts Universitätsbilder auf der Weltausstellung in St. Louis in einem von Josef Hoffmann entworfenen Raum zu zeigen, doch die Idee wird abgelehnt.
– Franz Cižek, Textildesigner und Pionier der Kunsterziehung für Kinder, als Lehrer an der Kunstgewerbeschule.
– Joseph August Lux beginnt mit der Veröffentlichung von *Hohe Warte,* einer Zeitschrift, die sich mit Architektur, Stadtplanung und Kunstgewerbe beschäftigt (bis 1908).
– Oskar Kokoschkas Eintritt in die Kunstgewerbeschule; er wird Mitglied der Wiener Werkstätte (bis 1909).
– Arbeiten von Aubrey Beardsley in der Galerie Miethke.

Frank Lloyd Wrigth. Larkin Building, Buffalo.
– Brüssel: Gründung der Gruppe „Vie et Lumière" durch belgische Impressionisten.
– Paris: Ausstellung Henri Matisse im Salon des Indépendants. Retrospektive Camille Pissarro in der Galerie Durand-Ruel.
– St. Louis: Weltausstellung; u. a. Arbeiten der Kunstgewerbeschule (S. 63).

1 • 9 • 0 • 5

Carl Otto Czeschka
Armband (zugeschrieben; S. 142).
Richard Gerstl
Zwei Schwestern (Karoline und Pauline Fey) (S. 164).
Josef Hoffmann
Entwürfe für Palais Stoclet, Brüssel (S. 65, 66, 68); Kerzenhalter und Übertopf (S. 120); Kaffeekanne (Frontispiz); Schüssel mit Deckel (S. 91); Eierbecher und Löffel (S. 91); Halskette mit herzförmigem Anhänger (S. 100, 140); Tafelaufsatz, Vase und Übertopf (S. 121); Samowar mit Halter und Brenner (S. 90); Tisch für Hermann Wittgenstein (S. 90); Vase (S. 83).
Gustav Klimt
Margaret Stonborough-Wittgenstein (S. 199).
Bertold Löffler
Schale (zugeschrieben, S. 118); Kerzenständer (S. 118).
Koloman Moser
Vase und Tintenfaß (S. 120); Essig- u. Ölfläschchen mit Ständer (S. 86, 120); Entwürfe für Seitenfenster und Apsismosaik der Steinhofkirche (S. 33, 55); Halsband für Emilie Flöge (S. 141).

– *Secession XXI,* ausländische Maler.
– *Secession XXII,* Skulpturen von August Gaul, Josef Hanak, Max Klinger, Ivan Meštrovič und Constantin Meunier.
– *Secession XXIII,* zeitgenössische österreichische Kunst, u. a. Entwürfe Otto Wagners für Steinhofkirche und nie ausgeführtes Stadtmuseum.
– *Secession XXIV,* Kunstschule Beuron.
– Anstatt die Sezession zu vertreten, zeigt die Galerie Miethke Arbeiten der Wiener Werkstätte (S. 116).
– Rudolf von Alt, erster Ehrenvorsitzender der Sezession, stirbt (S. 150).
– Kunstausschuß der Universität Wien verweigert vorläufiges Aufhängen der Deckengemälde Klimts; Klimt kauft Bilder vom Erziehungsministerium zurück.
– Nach Querelen ziehen sich Klimt und seine Anhänger („Klimt-Gruppe") aus der Secession zurück.
– Josef Hoffmann, Koloman Moser und Fritz Wärndorfer geben Broschüre mit dem Programm der Wiener Werkstätte heraus.
– Ausstellung Hagenbund, auch mit Arbeiten des Jungbunds.

Henri Matisse. *Luxe, calme et volupté.*
– Dresden: Gründung der Künstlergruppe „Die Brücke" durch Fritz Bleyl, Erich Heckel, Ernst Ludwig Kirchner und Karl Schmidt-Rottluff.
– New York: In 291 Fifth Avenue eröffnen Alfred Stieglitz und Edward Steichen die Little Galleries der Photo-Sezession.
– Paris: Erste Ausstellung der Fauvisten im Herbstsalon; bei dieser Gelegenheit gibt ihnen der Kritiker Louis Vauxcelles ihren Namen.
Erste Ausstellung der Intimisten mit Pierre Bonnard, Henri Matisse und Édouard Vuillard in der Galerie Henry Graves.
Retrospektive Georges Seurat und Vincent van Gogh im Salon des Indépendants.

1 • 9 • 0 • 6

Ferdinand Andri
Plakat zur *Secession XXV* (S. 108).
Carl Otto Czeschka
Tafelaufsatz (S. 137); Silberdose zum Gedenken an den Besuch des Kaisers in den Skoda-Werken, Pilsen (S. 96).
Josef Hoffmann
Sanatorium Purkersdorf (S. 45); Geburtstagstisch für die Ausstellung der Wiener Werkstätte *Der gedeckte Tisch* (S. 98); Eßbesteck für Lilly und Fritz Wärndorfer (S. 88); Tintenfaß (S. 86); Stuhl „Sieben Bälle" (S. 86).
Gustav Klimt
Garten mit Sonnenblumen (S. 195); *Blühende Wiese* (S. 194); *Fritza Riedler* (S. 201); Markenzeichen der Casa Piccola (S. 100).
Adolf Loos
Villa Karma, Montreux (S. 49, 51).
Otto Wagner
Postsparkasse (S. 34, 35, 58–60) und Einrichtungsgegenstände Armlehnstuhl (S. 35), Wandleuchte (S. 35), Warmluftgebläse (S. 61), Teppichentwurf „Sonnenblumen" (S. 81).

– *Secession XXV,* Arbeiten von Mitgliedern der „Scholle".
– *Secession XXVI,* Holzschnitte von Wassily Kandinsky.
– *Secession XXVII,* Kunsthandwerk von Charles Robert Ashbee.
– Ausstellung der Wiener Werkstätte *Der gedeckte Tisch* (S. 98).
– Heinrich Lefler und Ludwig Ferdinand Graf (Mitglieder des Hagenbunds) entwerfen Theater-Kabarett *Hölle* für Keller des Theaters an der Wien.
– Michael Powolny und Bertold Löffler gründen die von der Werkstätte unabhängige Manufaktur Wiener Keramik.
Paul Cézanne. *Große Badende;* Tod.
Henri Matisse. *Lebensfreude.*
Pablo Picasso. *Portrait Gertrude Stein.*
Henri Rousseau. *Der Schlangenbeschwörer.*
Frank Lloyd Wright. Unity Temple, Oak Park, Illinois.
– Berlin: *Die deutsche Jahrhundert-Ausstellung.*
– Dresden: Erste Ausstellung der „Brücke".
– Paris: Sergei Diaghilev organisiert Ausstellung russischer Kunst. Retrospektive Paul Gauguin im Herbstsalon.

1 • 9 • 0 • 7

Carl Otto Czeschka
Umschlag für das Programm I des Kabaretts „Die Fledermaus" (S. 129).
Josef Hoffmann
Kabarett „Fledermaus" (mit Wiener Werkstätte, S. 93); Gürtelschnalle (S. 143).
Gustav Klimt
Adele Bloch-Bauer I (S. 157, 200); *Jurisprudenz* (S. 153); *Wasserschlangen I* (S. 156).
Oskar Kokoschka
Portrait eines alten Mannes (Pater Hirsch) (S. 206); Illustrationen zum Programm I der „Fledermaus" (S. 94).
Bertold Löffler
Kacheln für Kabarett „Fledermaus" (S. 93).
Adolf Loos
Kärntner Bar (S. 49).
Michael Powolny
Kacheln für „Fledermaus" (S. 93).
Otto Wagner
Kirche am Steinhof (S. 32, 33, 53–55).
Fritz Zeymer
Illustrationen für Programm I der „Fledermaus" (S. 129).

– *Secession XXVIII,* Münchener Sezession.
– Begegnung Gustav Klimts und Egon Schieles, Beginn ihrer lebenslangen Freundschaft.
– Ausstellung der Universitätsbilder Klimts in der Galerie Miethke.
– Carl Otto Czeschka geht nach Hamburg, doch weitere Zusammenarbeit (bis 1913) mit Wiener Werkstätte.
– Koloman Moser verläßt Ausschuß der Wiener Werkstätte.

– Wiener Werkstätte eröffnet eigenes Verkaufsbüro in Wien; erste Serien von Postkarten und Bilderbögen für Kinder.
– Ausstellung Vincent van Gogh in der Galerie Miethke.

Antonio Gaudí. Casa Milá, Barcelona.
Henri Matisse. *Blauer Akt.*
Joseph Maria Olbrich. Hochzeitsturm, Darmstadt.
Pablo Picasso. *Les Demoiselles d'Avignon.*
– München: Hermann Muthesius gründet Deutschen Werkbund.
– Paris: Retrospektive Paul Cézanne im Herbstsalon.

1 • 9 • 0 • 8

Carl Otto Czeschka
Illustrationen zu *Die Nibelungen* (S. 95, 131); Vitrine (S. 97).
Richard Gerstl
Familie Arnold Schönberg (S. 164); *Lachendes Selbstportrait* (S. 164).
Josef Hoffmann
Ausstellungspavillon für *Kunstschau Wien 1908* (S. 96, 97); Brosche (S. 143).
Emil Hoppe
Projekt für den Ausstellungspavillon für Design der *Kunstschau Wien 1908* (S. 127).
Rudolf Kalvach
Plakat für *Kunstschau Wien 1908* (S. 134).
Gustav Klimt
Hoffnung II (S. 203); *Der Kuß* (S. 158, 202).
Oskar Kokoschka
Zeichnungen für *Mörder Hoffnung der Frauen* (S. 185); *Die träumenden Knaben* (S. 94, 130); *Junges Mädchen aus drei Blickrichtungen* (S. 184); Plakat für *Kunstschau Wien 1908* (S. 135).
Bertold Löffler
Entwurf für die Weinkarte des Hotel Savoy (S. 221); Umschlag für Kabarett „Fledermaus" (S. 92); Raum mit Plakaten und Drukken für *Kunstschau Wien 1908* (S. 96); Plakat für Kabarett „Fledermaus" (S. 128); Plakat für *Kunstschau Wien 1908* (S. 133).
Carl Moll
Weißes Interieur (S. 105).
Michael Powolny
Putto mit Korb „Frühlingsblumen" (S. 136).
Otto Prutscher
Halskette und Ohrringe (S. 145).

– *Secession XXX,* Ehrenausstellung für Kaiser Franz Josef.
– *Secession XXXI,* moderne russische Kunst.
– Otto Wagner Vorsitzender des Achten Internationalen Architektenkongresses in Wien.
– Erste Ausstellung Egon Schieles im Stift Klosterneuberg.
– Mitwirkung von Oskar Kokoschka, Heinrich Lefler, Josef Urban und anderen Künstlern bei der Organisation der Parade auf der Ringstraße zu Ehren Kaiser Franz Josefs.
– Tod Joseph Maria Olbrichs in Düsseldorf. Großherzog von Hessen möchte Gustav Klimt als Nachfolger Olbrichs in Darmstadt; Klimt schlägt statt dessen Josef Hoffmann vor, der aber ablehnt.
– Jubiläumsausstellung der Albrecht-Dürer-Gesellschaft.
– Selbstmord Richard Gerstls.
– *Kunstschau Wien 1908,* organisiert vom Österreichischen Künstlerbund (progressive Abspaltung der Secession), mit Werken österreichischer Künstler, Vorsitz Gustav Klimt. Ausstellung des ersten bedeutenden illustrativen Werks von Kokoschka, *Die träumenden Knaben* (S. 94, 130). Größere Retrospektive für Gustav Klimt, Einrichtungsentwurf von Koloman Moser.
– Ausstellung Hagenbund zu Ehren Kaiser Franz Josefs; u. a. Arbeiten der polnischen Gruppe „Sztuka".
– Ausstellung zu Ehren Kaiser Franz Josefs mit Tableaux aus der österreichischen Geschichte; Tableaux und Dekoration von Remigius Geyling, Carl Leopold Hollitzer, Heinrich Lefler und Bertold Löffler.
– Erste Gemälde Arnold Schönbergs.

Constantin Brancusi. *Der Kuß* (S. 158).
Henri Matisse. *Harmonie in Rot* (S. 98); Veröffentlichung von *Notes d'un peintre.*
Wilhelm Worringer veröffentlicht *Abstraktion und Einfühlung.*
– Paris: Georges Braques *Häuser und Bäume* (gemalt in l'Estaque) in der Galerie Kahnweiler; Kritiker Louis Vauxcelles schreibt von *bizarreries cubiques* und prägt später den Begriff „Kubismus".

1 • 9 • 0 • 9

Carl Otto Czeschka
Pokal mit Deckel (S. 137); *Akt mit Umhang* (S. 182).
Josef Hoffmann
Behälter für Ballkarten (S. 137).
Marcel Kammerer
Projekt für Empfangshalle, Grand Hotel Wiesler, Graz (S. 74).
Oskar Kokoschka
Frauenmord und Plakat für *Mörder Hoffnung der Frauen* (S. 214, 215); *Hans Tietze und Erica Tietze-Conrat* (S. 167); *Ludwig Ritter von Janikowsky* (S. 207); *Das wahnsinnige Mädchen* (S. 184); *Peter Altenberg* (S. 166).
Otto Wagner
Perspektivansicht Neustiftgasse 40 (S. 38).

– Bertold Löffler an Kunstgewerbeschule berufen.
– Eröffnung eines Verkaufbüros der Wiener Werkstätte in Karlsbad.
– Alfred Roller Leiter der Kunstgewerbeschule.
– Ausstellung Hagenbund mit Arbeiten von Wilhelm Busch.
– *Kunstschau 1909,* u. a. Arbeiten von Gustav Klimt, Egon Schiele, Cuno Amiet, Ernst Barlach, Pierre Bonnard, Maurice Denis, Paul Gauguin, Vincent van Gogh, Henri Matisse, Edvard Munch, Maurice de Vlaminck und Édouard Vuillard. Zwei Stücke von Oskar Kokoschka, die satirische Komödie *Sphinx und Strohmann* und *Mörder Hoffnung der Frauen.*
– Michael Powolny und Otto Pruscher Lehrer an der Kunstgewerbeschule.
– Gründung und erste Ausstellung der Neukunstgruppe mit Egon Schiele, Albert Paris von Gütersloh, Anton Faistauer, Anton Peschka und anderen im Salon Pisko.

Peter Behrens. A.E.G. Gasturbinen-Fabrik, Berlin.
Frank Lloyd Wright. Robie House, Chicago.
– München: Gründung der Neuen Künstlervereinigung, erster Vorsitzender Wassily Kandinsky; Mitglieder u. a. Alexei von Jawlensky, Alfred Kubin und Gabriele Münter (später auch Franz Marc).
– Paris: Veröffentlichung des ersten futuristischen Manifests von Filippo Tommaso Marinetti im *Figaro.*

1 • 9 • 1 • 0

Leopold Forstner
Weibliche Figur für das Vestibül im Palais Stoclet, Brüssel (S. 65).
Josef Hoffmann
Karaffe, Weinglas und Wassergläser (S. 89); Samowar mit Stövchen (S. 125); Trinkglas (S. 89).
Gustav Klimt
Der Park (S. 160); Mosaike im Palais Stoclet (*Die Erwartung,* S. 72–73; *Die Erfüllung,* S. 71).
Oskar Kokoschka
Herwarth Walden (S. 184); *Karl Kraus* (S. 184); *Paul Scheerbart* (S. 168).
Bertold Löffler
Entwurf für das Logo der Wiener Keramik (S. 93).
Adolf Loos
Haus Steiner (S. 51).
Egon Schiele
Der Künstler zeichnet ein Aktmodell vor dem Spiegel (S. 175); *Dr. Erwin von Graff* (S. 168); *Eduard Kosmack* (S. 208); *Liegendes männliches Modell mit gelbem Kissen* (S. 177); *Selbstbildnis mit um den Kopf geschlungenem Arm* (S. 212); *Stehender männlicher Rückenakt* (S. 174).
Arnold Schönberg
Kritik I (S. 165); *Schleier* (S. 165).

– Ausstellung des Hagenbunds mit Arbeiten der ungarischen Künstlergruppe Kéve.
– Kunstpavillon der *Internationalen Jagdausstellung* mit Arbeiten von „Klimt-Gruppe", Sezession und Künstlerhaus.
– Hagenbund zeigt Arbeiten schwedischer Künstler.
– Selbstmord des Kunstkritikers Ludwig Hevesi.
– Ausstellung mit Gemälden Arnold Schönbergs im Kunstsalon Heller.

Henri Matisse. *Der Tanz* (zweite Version).
Pablo Picasso. *Portrait Ambroise Vollard.*
– Berlin: Herwarth Walden gründet Wochenzeitschrift *Der Sturm;* Themen sind Avantgardemusik, Literatur, Drama und bildende Künste; bis 1912 viele Portraitzeichnungen von Kokoschka (S. 184).
– London: Roger Fry organisiert Ausstellung *Manet und die Postimpressionisten* mit Arbeiten u. a. von Paul Cézanne, Vincent van Gogh und Henri Matisse.
– Moskau: Erste Ausstellung der Gruppe „Bubnovyi Valet" (Karo Bube) mit Natalie Gontcharova, Wassily Kandinsky, Mikhail Larionov und Kasimir Malewitsch.
– Paris: Umfassende Präsentation der Kubisten im Salon des Indépendants und im Herbstsalon.

1 • 9 • 1 • 1

Klemens Brosch
Zeppelin über Linz (S. 180).
Josef Hoffmann und Wiener Werkstätte
Palais Stoclet, Brüssel (S. 46, 64–73).
Adolf Loos
Haus am Michaelerplatz (Goldman & Salatsch, S. 48).
Egon Schiele
Zimmer des Künstlers in Neulengbach (S. 172); *Liegender Halbakt* (S. 187); *Selbstbildnis mit schwarzer Vase (Selbstbildnis mit gespreizten Fingern)* (S. 209).
Otto Wagner
Idealentwurf für den 22. Stadtbezirk (S. 38).

– Ausstellung Hagenbund mit Arbeiten von Anton Faistauer, Albert Paris von Gütersloh und Oskar Kokoschka.
– Ausstellung Gustav Klimt in der Galerie Miethke.
– Modeabteilung der Wiener Werkstätte unter Leitung von Eduard Wimmer-Wisgrill erhält Genehmigung zur Produktion von Damenkleidung.
– Fassade des Hauses am Michaelerplatz von Adolf Loos verursacht öffentliche Kontroverse.

Umberto Boccioni. *Die Gemütszustände.*
Georges Braque fertigt seine ersten *papier collé.*
Walter Gropius und Adolf Meyer. Fagus Werk in Alfeld an der Leine.
Wassily Kandinsky veröffentlicht *Über das Geistige in der Kunst.*
Mikhail Larionov. Erste rayonistische Gemälde.
Henri Matisse. *Das rote Studio.*
– München: Gründung der Gruppe *Der blaue Reiter* mit Wassily Kandinsky, Paul Klee, August Macke und Franz Marc; erste Ausstellung enthält auch Werke von Robert Delaunay, Henri Rousseau und Arnold Schönberg.
– Moskau: Mikhail Larionov und Natalie Gontcharova verlassen die Gruppe „Karo Bube" und gründen „Oslinyi Khvost" (Eselsschwanz).
– Rom: Österreichischer Pavillon der Internationalen Kunstausstellung mit Arbeiten der Wiener Werkstätte und Gustav Klimts (*Der Kuß, Jurisprudenz* und *Emilie Flöge*).

1 • 9 • 1 • 2

Klemens Brosch
Ende der Arbeit (S. 180); *Schwalben über dem Südufer* (S. 180).
Oskar Kokoschka
Plakat „Vortrag O. Kokoschka" für eine Lesung im Akademischen Verband für Literatur und Musik (S. 169).
Adolf Loos
Haus Scheu (S. 51).
Egon Schiele
Agonie (S. 210); *Herbstsonne (Sonnenaufgang)* (S. 172); *Selbstbildnis als Gefangener* (S. 174).
Otto Wagner
Entwurf für zweite Villa Wagner (S. 37).
Eduard Josef Wimmer-Wisgrill
Entwürfe für Kleider „Bubi" und „Franziska" (S. 102).

– *Secession XL,* Plakate.
– Ausstellung Hagenbund mit Arbeiten norwegischer Künstler.
– Egon Schiele wird in Neulengbach verhaftet und 24 Tage lang eingekerkert wegen „Ausstellung einer erotischen Zeichnung in einem für Kinder zugänglichen Raum".
– Frühjahrsausstellung des Hagenbunds ist die letzte in der Zedlitzgasse; Stadtverwaltung untersagt Benutzung der Ausstellungsräume.
– Josef Hoffmann gründet Österreichischen Werkbund.
– Wiener Keramik vereinigt sich mit der Manufaktur Franz Schleiss zur Vereinigten Wiener & Gmunder Keramik.

Umberto Boccioni veröffentlicht *Die futuristische Bildhauerkunst – Technisches Manifest.*
Marcel Duchamp. *Akt, eine Treppe hinabsteigend, Nr. 2.*
Albert Gleizes und Jean Metzinger veröffentlichen *Du Cubisme.*
Wassily Kandinsky und Franz Marc veröffentlichen den Almanach *Der Blaue Reiter.*
Pablo Picasso. *Ma Jolie; Gitarre; Stilleben mit Stuhl.*
– Berlin: Eröffnung der Galerie Der Sturm mit Arbeiten des Blauen Reiters, der Expressionisten und Oskar Kokoschkas.
– Paris: Ausstellung der Futuristen in der Galerie Bernheim-Jeune mit Arbeiten von Giacomo Balla, Umberto Boccioni, Massimo Carrà, Luigi Russolo und Gino Severini (danach in London, Berlin und Brüssel).
Gründung der Section d'Or, erste Ausstellung mit Arbeiten von Alexander Archipenko, Albert Gleizes, Juan Gris, František Kupka, Fernand Léger, Jean Metzinger, Francis Picabia und den drei Brüdern Marcel Duchamp, Jacques Villon und Raymond Duchamp-Villon.

1 • 9 • 1 • 3

Josef Hoffmann
Entwurf für ein Schlafzimmer, Landhaus Primavesi (S. 75).
Karaffe und Weinglas (S. 89).
Gustav Klimt
Die Mädchen (S. 205).
Arnold Nechansky
Stoffmuster „Pompei" (S. 101).
Egon Schiele
Mann und Frau (S. 213).
Eduard Josef Wimmer-Wisgrill
Mantel „Prinzessin Metternich" (S. 103).
– *Secession XLIII,* u. a. sechs Arbeiten von **Egon Schiele.**
– Fritz Wärndorfer wird gezwungen, Stellung als Manager der Wiener Werkstätte aufzugeben; emigriert in die Vereinigten Staaten. Beginn der Finanzierung der Werkstätte durch Familie Primavesi.

Guillaume Apollinaire veröffentlicht *Les peintres cubistes: Méditations ésthetiques.*
Umberto Boccioni. *Urformen der Bewegung im Raum.*
Wassily Kandinsky. *Improvisation Nr. 30; Die Kanonen.*
– Berlin: Herwarth Waldens *Erster deutscher Herbstsalon* in der Galerie „Der Sturm" mit Robert und Sonia Delaunay, Natalie Gontcharova, Wassily Kandinsky, Mikhail Larionov, Fernand Léger, Franz Marc, Piet Mondrian und den Futuristen. Guillaume Apollinaire nennt ihn „ersten Salon der Orphik".
– New York: *International Exhibition of Modern Art* (Armory Show) führt europäische Avantgarde in New York ein; Arbeiten u. a. von Georges Braque, Paul Cézanne, Paul Gauguin, Vincent van Gogh, Henri Matisse, Pablo Picasso, Auguste Rodin und Georges Seurat. Ausstellung danach in Chicago und Boston.
– St. Petersburg: Premiere der futuristischen Oper *Sieg über die Sonne* mit Bühne von Kasimir Malewitsch.

1 • 9 • 1 • 4

Klemens Brosch
Birken, Stacheldraht, Gefallene (S. 180).
Josef Hoffmann
Österreichischer Pavillon auf der Ausstellung Deutscher Werkbund in Köln (S. 50); Landhaus Primavesi, Winkelsdorf, Tschechoslowakei (S. 50); Armband (S. 142).
Gustav Klimt
Baroneß Elisabeth Bachofen-Echt (S. 204).
Oskar Kokoschka
Pietà – Es ist genug (S. 170); *Die Windsbraut* (S. 170).
Egon Schiele
Mann und Frau (Liebespaar) (S. 175); *Selbstbildnis im Wams mit erhobenem rechten Ellbogen* (S. 176); *Gelbe Stadt* (S. 173).

Eduard Josef Wimmer-Wisgrill
Raum der Wiener Werkstätte im Österreichischen Pavillon der Ausstellung Deutscher Werkbund in Köln (S. 99).
Karl Witzmann
Raum der dekorativen Künste im österreichischen Pavillon der Ausstellung Deutscher Werkbund in Köln (S. 99).

– Erzherzog Franz Ferdinand am 28. Juni in Sarajewo erschossen.
– Beginn des Ersten Weltkriegs am 28. Juli.
– Ausstellung Pablo Picasso in der Galerie Miethke.
Giorgio de Chirico. *Geheimnis und Melancholie einer Straße.*
Marsden Hartley. *Portrait eines deutschen Offiziers.*
Piet Mondrian. Serie *Pier und Ozean.*
Pablo Picasso. *Ein Glas Absinth.*
Antonio Sant'Elia. *Manifest der futuristischen Architektur;* Projekt einer Neuen Stadt.
– Köln: Ausstellung Deutscher Werkbund, u. a. Fabrikmodell von Walter Gropius und Adolf Meyer und Glaspavillon von Bruno Taut.
– London: Ausrufung des Vortizismus durch Wyndham Lewis in der ersten Ausgabe von *Blast: Review of the Great English Vortex.*
– Mailand: Erste Ausstellung der Gruppe „Nuove Tendenze".
– Moskau: Vladimir Tatlin veranstaltet *Erste Ausstellung malerischer Reliefs* in seinem Atelier.
– Rom: Ausstellung von Mitgliedern des Österreichischen Künstlerbundes.
– New York: Ausstellung *Negro Art* in den Alfred Stieglitz' Little Galleries der Photo-Sezession.

1 • 9 • 1 • 5

Klemens Brosch
Erinnerung an die Wiener Schlittschuhbahn (S. 180); *Blick durch die Glastür* (S. 181).
Josef Hoffmann
Villa Skywa-Primavesi, Hietzing (S. 50); Anhänger (S. 144); Brieftasche (S. 139).
Oskar Kokoschka
Fahrender Ritter (S. 170).
Egon Schiele
Der Tod und das Mädchen (S. 211); *Sitzendes Paar* (S. 148); *Selbstbildnis mit erhobener linker Hand* (S. 176); *Zwei Mädchen in verschränkter Stellung liegend* (S. 177).

– Otto Primavesi wird Manager, Dagobert Peche Mitglied der Wiener Werkstätte.

Vladimir Tatlin. „Malerische Reliefs" und „Eck-Reliefs".
– Moskau: Wassily Kandinsky kehrt nach Rußland zurück.
– New York: Alfred Stieglitz beginnt mit der Monatsschrift für moderne Kunst, *291.*
Marcel Duchamp zieht nach New York, erste Verwendung des Begriffs „ready-made" für gefundene Objekte.
– Petrograd: *0.10: Die letzte futuristische Bilderausstellung* mit Arbeiten von Kasimir Malewitsch, Liubov Popova, Vladimir Tatlin und anderen; erste Ausstellung suprematistischer Arbeiten Tatlins.

1 • 9 • 1 • 6

Gustav Klimt
Friedericke Maria Beer (S. 102).
Alfred Kubin
Der Krieg (nach einem schon vor 1903 entworfenen Motiv; S. 179).
Dagobert Peche
Klöppeleien (S. 104).

– Wiener Werkstätte eröffnet Modegeschäft auf der Kärntnerstraße.

Umberto Boccioni stirbt bei militärischer Ausbildung.
Franz Marc fällt im Krieg.
– Berlin: Erste Ausstellung von Max Ernst in „Der Sturm".
Österreichischer Kunsterbund unter Vorsitz von Klimt stellt in der Berliner Secession aus.
– Moskau: Kasimir Malewitsch organisiert Ausstellung *Magazin* mit Arbeiten von Liubov Popova, Aleksandr Rodchenko, Vladimir Tatlin und anderen.
– New York: Katherine S. Dreier wird Vorsitzende der Society of Independent Artists.
– Zürich: Hugo Ball eröffnet „Cabaret Voltaire"; Propagierung des Dadaismus durch Guillaume Apollinaire, Jean Arp, Richard Huelsenbeck, Marcel Janco, Tristan Tzara und andere.

1 • 9 • 1 • 7

Egon Schiele
Arnold Schönberg (S. 17); *Vier Bäume* (S. 171); *Liegender Akt mit gelbem Tuch* (S. 186).

– Oskar Kokoschka an der Ostfront schwer verwundet; kehrt nach Dresden zurück und erhält dort Lehrauftrag an der Akademie.
– Dagobert Peche gründet und leitet Züricher Filiale der Wiener Werkstätte (bis 1919).

– Tod **Edgar Degas'.**
– Tod **Auguste Rodins.**
– Ferrara: Carlo Carrà und Giorgio de Chirico gründen Schule der „metaphysischen Malerei".
– Leiden: Theo van Doesburg verkündet Programm von „de Stijl"; beteiligt sind u. a. Piet Mondrian, Bart van der Leck und der Architekt J. J. P. Oud. Erste Ausgabe der Zeitschrift *De Stijl.*
Mondrian entwickelt Neoplastizismus.
– Moskau: Aleksander Rodchenko Vladimir Tatlin und Georgii Yakulov gestalten das Innere des Cafés Pittoresque.
– New York: *First Annual Exhibition of the Society of Independent Artists,* u. a. Arbeiten von Francis Picabia; Duchamps Ready-made *Springbrunnen* zurückgewiesen.
– Paris: Uraufführung des Balletts *Parade:* Musik von Erik Satie, Szenario von Jean Cocteau, Bühne und Kostüme von Pablo Picasso, Choreographie von Léonide Massine.
Guillaume Apollinaire prägt den Begriff „Surrealismus".
– Zürich: Eröffnung der Galerie „Dada".

1 • 9 • 1 • 8

Gustav Klimt
Die Braut (S. 161); *Johanna Staude* (S. 162).
Dagobert Peche
Schmuckdose (S. 104); Plakat für die Spitzenabteilung der Wiener Werkstätte (S. 104); Stoffmuster „Rosenkavalier" (S. 101).
Egon Schiele
Die Familie (S. 218); *Sitzender Akt in Schuhen und Strümpfen* (S. 186).

– Tod von vier bedeutenden Künstlern: Gustav Klimt (6. Februar), Otto Wagner (11. April), Koloman Moser (10. Oktober) und Egon Schiele (31. Oktober).
– *Secession XLIX,* Arbeiten von Egon Schiele, Anton Faistauer, Albert Paris von Gütersloh, Ludwig Heinrich Jungnickel, Alfred Kubin und Anton Peschka.
– Ausstellung der Zeichnungen Schieles in der Galerie Arnot.
Guillaume Apollinaire stirbt.
Marcel Duchamp. *Tu m'* (sein letztes Gemälde).
Ferdinand Hodler stirbt.
Charles-Édouard Jeanneret (Le Corbusier) und **Amedée Ozenfant** veröffentlichen in ihrem Werk *Après le cubisme* das Manifest des Purismus.
Kasimir Malewitsch. *Suprematistische Komposition: Weiß auf Weiß.*
– Basel: Gründung des Künstlerklubs „Das neue Leben". Mitglieder u. a. Jean Arp, Augusto Giacometti und Marcel Janco.
– Berlin: Gründung des Berliner Dada durch Richard Huelsenbeck.
– Zürich: Ausstellung *Hundert Jahre Wiener Malerei,* u. a. mit Arbeiten von Egon Schiele.

BIBLIOGRAPHIE

ALLGEMEIN

Kultureller Hintergrund

Benjamin, Walter. *Gesammelte Schriften.* 12 Bde. Frankfurt a. M.: Suhrkamp Verlag, 1980.

Boyer, John W. *Political Radicalism in Late Imperial Vienna.* Chicago: University of Chicago Press, 1981.

Breicha, Otto und Gerhard Fritsch, Hrsg. *Finale und Auftakt: Wien, 1898–1914.* Salzburg: O. Müller, 1964.

Broch, Hermann. *Schriften zur Literatur I. Kritik* und *Schriften zur Literatur II. Theorie.* Frankfurt a. M.: Suhrkamp Verlag, 1975.

Crankshaw, Edward. *The Fall of the House of Habsburg.* New York: Penguin, 1983.

Daviau, Donald G. *Der Mann von Übermorgen: Hermann Bahr, 1863–1934.* Wien: Österreichischer Bundesverlag, 1984.

Feuchtmüller, Rupert und Christian Brandstätter. *Markstein der Moderne: Österreichs Beitrag zur Kultur- und Geistesgeschichte des 20. Jahrhunderts.* Wien, München und Zürich: Molden, 1980.

Fuchs, Albert. *Geistige Strömungen in Österreich, 1867–1918.* Wien: Löcker Verlag, o. J.

Hamann, Richard und Jost Hermann. *Deutsche Kunst und Kultur von der Gründerzeit bis zum Expressionismus.* Bd.: *Stilkunst um 1900.* Berlin: Akademie Verlag, 1967.

Janik, Allan und Stephen Toulmin. *Wittgenstein's Vienna.* New York: Simon & Schuster, 1973.

Johnston, William M. *The Austrian Mind: An Intellectual and Social History, 1848–1938.* Berkeley, Los Angeles und London: University of California Press, 1972.

Kraus, Karl. *Werke,* 14 Bde. Hrsg. Heinrich Fischer. München: Koesel, 1955.

Kraus, Karl. *Die letzten Tage der Menschheit,* 2 Bde. Frankfurt a. M.: dtv, 1964.

———. *Karl Kraus: In These Great Times.* Herausgegeben von Harry Zohn. Manchester: Carcanet Press, 1976.

———. *No Compromise: Selected Writings of Karl Kraus.* Herausgegeben von Frederick Ungar. New York: Ungar, 1977.

Luft, David S. *Robert Musil and the Crisis of European Culture, 1880–1942.* Berkeley, Los Angeles and London: University of California Press, 1980.

McGrath, William J. *Dionysian Art and Populist Politics in Austria.* New Haven und London: Yale University Press, 1974.

Musil, Robert. *Der Mann ohne Eigenschaften,* vol. 1, Berlin: Rowohlt, 1930; vol. 2, Berlin: Rowohlt, 1932; vol. 3, Lausanne: Imprimerie centrale, 1943.

Die neue Körpersprache: Grete Wiesenthal und ihr Tanz (Ausstellungskatalog). Wien: Hermesvilla; Eigenverlag der Museen der Stadt Wien, 1985.

Nielsen, Erika, Hrsg. *Focus on Vienna 1900: Change and Continuity in Literature, Music, Art and Intellectual History.* Houston German Studies, Nr. 4. München: W. Fink, 1982.

Pascal, Roy. *From Naturalism to Expressionism: German Literature and Society, 1880–1918.* New York: Basic Books, 1973.

Rozenblit, Marsha L. *The Jews of Vienna, 1867–1914: Assimilation and Identiy.* Albany, N. Y.: State University of New York Press, 1983.

Schorske, Carl E. *Fin-de-Siècle Vienna: Politics and Culture.* New York: Knopf, 1980.

Shedel, James. *Art and Society: The New Art Movement in Vienna, 1897–1914.* Palo Alto, Calif.: Society for the Promotion of Science, 1981.

Traum und Wirklichkeit: Wien, 1870–1930 (Ausstellungskatalog). Wien: Historisches Museum der Stadt Wien; Eigenverlag der Museen der Stadt Wien, 1985.

Vienne: Fin-de-siècle et modernité. Sonderausg. der *Cahiers du Musée national d'art moderne* (Paris), 14 (1984).

Wagner, Nike. *Geist und Geschlecht: Karl Kraus und die Erotik der Wiener Moderne.* Frankfurt am Main: Suhrkamp, 1982.

Werfel, Alma Mahler, *And the Bridge Is Love.* New York: Harcourt, Brace, 1958.

Worbs, Michael. *Nervenkunst und Psychoanalyse im Wien der Jahrhundertwende.* Frankfurt am Main: Europäische Verlagsanstalt, 1981.

Zweig, Stefan. *Die Welt von Gestern: Erinnerungen eines Europäers.* Stockholm, 1942.

Kunsthistorischer Hintergrund

Ahlers-Hestermann, Friedrich. *Stilwende: Aufbruch der Jugend um 1900.* Berlin: Gebrüder Mann, 1941; Nachdr., 1956.

Ankwicz von Kleehoven, Hans. „Die Anfänge der Wiener Secession." *Alte und moderne Kunst* (Wien), 5, Nr. 6/7 (1960), S. 6–10.

Le arti a Vienna: Dalla Secessione alla caduta dell'Impero Asburgico (Ausstellungskatalog). Venedig: Edizioni la Biennale di Venezia, 1984.

Bahr, Hermann. *Die Überwindung des Naturalismus.* Dresden: E. Pierson, 1891.

———. *Secession.* Wien: L. Rosner, 1900.

———. „Ein Brief an die Secession." *Ver Sacrum* (Vienna), 4 (1901), S. 227–38.

Billcliffe, Roger und Peter Vergo. „Charles Rennie Mackintosh and the Austrian Art Revival." *The Burlington Magazine* (London), 119 (November 1977), S. 739–44.

Bisanz, Hans. „Edvard Munch og Portrett-Kunsten i Wien etter 1900." *Årbok for Oslo Kommunes Kunstsamlinger* (Oslo), 1963.

Bisanz-Prakken, Marian. „Das Quadrat in der Flächenkunst der Wiener Secession." *Alte und moderne Kunst* (Wien), 27, Nr. 180/181 (1982), S. 40–46.

Breuer, Robert. „Zur Revision des Japonismus." *Deutsche Kunst und Dekoration* (Darmstadt), 19 (Oktober 1906–März 1907), S. 445–48.

Chipp, Herschel B. *Viennese Expressionism, 1910–1924* (Ausstellungskatalog). Berkeley: University Art Gallery, University of California, 1963.

Franz Cizek: Pionier der Kunsterziehung (1865–1946) (Ausstellungskatalog). Wien: Historisches Museum der Stadt Wien; Eigenverlag der Museen der Stadt Wien, 1985.

Clair, Jean. *Vienne, 1880–1938: L'apocalypse joyeuse* (Ausstellungskatalog). Paris: Centre Georges Pompidou, 1986.

Comini, Alessandra. „From Façade to Psyche: The Persistence and Transformation of Portraiture in Fin-de-Siècle Vienna." In Tibor Horvath, ed. *Evolution générale et développements regionaux en histoire de l'art.* Acts of the Twenty-second International Congress of Art Historians, 1969, Budapest, 1972.

———. „Vampires, Virgins and Voyeurs in Imperial Vienna." In Thomas B. Hess und Linda Nochlin, Hrsg. *Women as Sex Objects.* Art News Annual 38. New York: Macmillan, 1972.

———. *The Fantastic Art of Vienna.* New York: Knopf, 1978.

Eschmann, Karl. *Es war nicht alles Jugendstil zwischen 1890–1920.* Kassel: Stauda, 1982.

Heller, Reinhold. „Recent Scholarship on Vienna's ‚Golden Age': Gustav Klimt and Egon Schiele." *Art Bulletin* (New York), 59 (März 1977), S. 111–18.

Hevesi, Ludwig. „Die Wiener Sezession und ihr ‚Ver Sacrum'." *Kunstgewerbeblatt* (Leipzig), 10 (Mai 1899), S. 141–53.

———. *Acht Jahre Sezession (März 1897–Juni 1905): Kritik, Polemik, Chronik.* Wien: Verlagsbuchhandlung Carl Konegen, 1906. Nachdruck, hrsg. von Otto Breicha. Klagenfurt: Ritter Verlag, 1984.

———. *Altkunst – Neukunst: Wien, 1894–1908.* Wien: Verlagsbuchhandlung Carl Konegen, 1909.

Hofmann, Werner. *Modern Painting in Austria.* Wien: Kunstverlag Wolfrum, 1965.

———. *Experiment Weltuntergang: Wien um 1900* (Ausstellungskatalog). Hamburg: Kunsthalle; München: Prestel Verlag, 1981.

Holme, Charles. „The Art Revival in Austria." *The Studio* (London), Sonderausg., 1906.

Howarth, Thomas. *Charles Rennie Mackintosh and the Modern Movement.* London: Routledge & Kegan Paul, 1952.

Japanischer Farbholzschnitt und Wiener Secession (Ausstellungskatalog). Wien: Österreichisches Museum für angewandte Kunst, 1973.

Kallir, Jane. *Austria's Expressionism* (Ausstellungskatalog). New York: Galerie St. Etienne; Rizzoli, 1981.

Kantor, Robert. „Art, Ambiguity and Schizophrenia." *The Art Journal* (New York), 24, Nr. 3 (1965), S. 234–39.

Kossatz, Horst-Herbert. „The Vienna Secession and Its Early Relations with Great Britain." *Studio International* (London), 181 (Januar 1971), S. 9–21.

Lux, Joseph August. „XIV. Kunst-Ausstellung der Vereinigung bildender Künstler Österreichs-Secession 1902: Klingers Beethoven und die moderne Raum-Kunst." *Deutsche Kunst und Dekoration* (Darmstadt), 10, Nr. 1 (1902), S. 475 ff.

———. „Biedermeier als Erzieher." *Hohe Warte* (Leipzig und Wien), 1 (1904–05).

Madsen, Stephen T. *The Sources of Art Nouveau.* New York: George Wittenborn, 1956.

Nebehay, Christian M. *Ver Sacrum, 1898–1903.* New York: Rizzoli, 1977.

Neuwirth, Walter M. „Die sieben heroischen Jahre der Wiener Moderne." *Alte und moderne Kunst* (Wien), 9 (Mai–Juni 1964), S. 28–31.

Pott, Gertrude. *Die Spiegelung des Secessionismus im österreichischen Theater.* Wiener Forschungen zur Theater- und Medienwissenschaft, Nr. 3. Wien und Stuttgart: W. Braumüller, 1975.

Powell, Nicolas. *The Sacred Spring: The Arts in Vienna, 1898–1918.* London: Studio Vista; Greenwich, Conn.: New York Graphic Society, 1974.

Ramberg, G. *Zweck und Wesen der Sezession.* Wien, 1898.

Schmalenbach, Fritz. *Jugendstil: Ein Beitrag zur Theorie und Geschichte der Flächenkunst.* Würzburg: K. Triltsch, 1935.

Schmutzler, Robert. *Art Nouveau – Jugendstil.* Stuttgart: Gerd Hatje; New York: Abrams, 1962.

Schweiger, Werner J., Hrsg. *Wiener Jugendstilgärten.* Wien: Maioli, 1979.

Sekler, Eduard F. „Mackintosh and Vienna." *The Architectural Review* (London), 144 (Dezember 1968), S. 455–56.

Seling, Helmut, Hrsg. *Jugendstil: Der Weg ins 20. Jahrhundert.* Heidelberg und München: Keyser, 1959.

Selz, Peter und Mildred Constantine, Hrsg. *Art Nouveau: Art and Design at the Turn of the Century.* New York: The Museum of Modern Art, 1960.

Sotriffer, Kristian. „Vincent van Gogh und sein Einfluß in Wien." *Alte und moderne Kunst* (Wien), 9 (Mai–Juni 1964), S. 25 ff.

Sotriffer, Kristian, Hrsg. *Der Kunst ihre Freiheit: Wege der österreichischen Moderne von 1880 bis zur Gegenwart.* Wien: Buch & Kunstverlag Tusch, 1984.

Ver Sacrum: Die Zeitschrift der Wiener Secession, 1898–1903 (Ausstellungskatalog). Wien: Museen der Stadt Wien, 1982.

Vergo, Peter. *Art in Vienna, 1898–1918: Klimt, Kokoschka, Schiele and Their Contemporaries.* Oxford: Phaidon, 1975; Nachdr., 1981.

———. „Fritz Wärndorfer as Collector." *Alte und moderne Kunst* (Wien), 26, Nr. 177 (1981), S. 33–38.

———. *Vienna 1900: Vienna, Scotland and the European Avant-Garde* (Ausstellungskatalog). Edinburgh: National Museum of Antiquities of Scotland, 1983.

Vetter, Adolf. „Die Werkbundbewegungen in Österreich." In *Der Verkehr: Jahrbuch des Deutschen Werkbundes.* Jena: E. Diederichs, 1914.

Wagner-Rieger, Renate, Hrsg. *Die Wiener Ringstraße: Bild einer Epoche.* 11 Bde. Wien, Köln und Graz: Verlag Hermann Böhlaus, 1969–70; Wiesbaden: Franz Steiner Verlag, 1972–.

Waissenberger, Robert. *Die Wiener Secession.* Wien: Jugend & Volk Verlagsgesellschaft, 1971.

———. „Hagenbund, 1900–1938: Geschichte der Wiener Künstlervereinigung." *Mitteilungen der Österreichischen Galerie* (Salzburg), 16, Nr. 60 (1972), S. 54–130.

———. *Der Hagenbund* (Ausstellungskatalog). Wien: Historisches Museum der Stadt Wien, 1975.

Waissenberger, Robert, Hrsg. *Wien, 1890–1920.* Wien und Heidelberg: Verlag Carl Überreuter, 1984.

———. *Wien, 1870–1930: Traum und Wirklichkeit.* Salzburg und Wien: Residenz Verlag, 1984.

Wien um 1900 (Ausstellungskatalog). Wien: Künstlerhaus; Kulturamt der Stadt Wien; Historisches Museum der Stadt Wien, 1964.

Wunberg, Gotthart, Hrsg. *Die Wiener Moderne: Literatur, Kunst und Musik zwischen 1890–1910.* Stuttgart: Reclam, 1982.

Zuckerkandl, Berta. *Zeitkunst Wien, 1901–1907.* Wien und Leipzig: H. Heller, 1908.

ARCHITEKTUR

Achleitner, Friedrich. *Österreichische Architektur im 20. Jahrhundert.* Salzburg und Wien: Residenz Verlag, 1983.

Ankwicz von Kleehoven, Hans. „Austria and 20th Century Architecture." *Austria International* (Wien), 1 (1950).

Behne, Adolf. *Der moderne Zweckbau.* München, 1926.

Borsi, Franco und Ezio Godoli. *Wiener Bauten der Jahrhundertwende.* Stuttgart: Deutsche Verlags Anstalt, 1985.

Dreger, Moritz. „Die neue Bauschule." *Ver Sacrum* (Leipzig), 2, Nr. 8 (1899), S. 17–24.

Feuerstein, Günther. *Vienna Present and Past: Architecture, City Prospect, Environment.* Wien: Jugend & Volk Verlagsgesellschaft, 1974.

Lux, Joseph August. *Die moderne Wohnung und die Ausstattung*. Wien und Leipzig, 1905.

Mang, Karl und Eva Mang. *Viennese Architecture, 1860–1930, in Drawings*. New York: Rizzoli, 1979.

Müller, Michael. *Die Verdrängung des Ornaments: Zur Dialektik von Architektur und Lebenspraxis*. Frankfurt a. M.: Suhrkamp, 1977.

Roth, Alfred. *Begegnung mit Pionieren: Le Corbusier, Piet Mondrian, Adolf Loos, Josef Hoffmann, Auguste Perret, Henry van de Velde*. Basel und Stuttgart: Birkhäuser Verlag, 1973.

Uhl, Ottokar. *Moderne Architektur in Wien von Otto Wagner bis heute*. Wien und München: A. Schroll, 1966.

Josef Hoffmann

Baroni, Daniele and Antonio D'Auria. *Josef Hoffmann e la Wiener Werkstätte*. Mailand: Electa, 1981. Deutsche Ausg., *Josef Hoffmann und die Wiener Werkstätte*. Stuttgart: Deutsche Verlags Anstalt, 1984.

Behrens, Peter. „The Work of Josef Hoffmann." *Society of Architects Journal* (London), 2 (1924), S. 589–99.

Bogner, Dieter. „Die geometrischen Reliefs von Josef Hoffmann." *Alte und moderne Kunst* (Wien), 27, Nr. 184/185 (1982), S. 24–32.

Borsi, Franco und Alessandro Perizzi. *Josef Hoffmann: Tempo e geometria*. Rom: Officina, 1982.

Breckner, Gunter. *Josef Hoffmann: Sanatorium Purkersdorf*. Wien und New York: Galerie Metropol, o. J.

Eisler, Max. „Josef Hoffmann, 1870–1920." *Wendingen* (Amsterdam), Sonderausg. zu Hoffmann, 3 (August-Sept. 1920), S. 4 ff.

Fagiolo, Maurizio. *Hoffmann: „Mobili semplici" – Vienna, 1900–1910* (Ausstellungskatalog). Rom: Emporio Floreale, 1977.

Fanelli, Giovanni und Ezio Godoli. *La Vienna di Hoffmann, architetto della qualità*. Rom: Laterza, 1981.

Frey, Dagobert. „Josef Hoffmann zu seinem 50. Geburtstag." *Der Architekt* (Wien), 23 (1920), S. 65–80.

Gebhard, David. *Josef Hoffmann: Design Classics* (Ausstellungskatalog). Fort Worth: Fort Worth Art Museum, 1982.

Girardi, Vittoria. „Josef Hoffmann maestro dimenticato." *L'architettura* (Rom), 2 (Oktober 1956), S. 432–41.

Gresleri, Giuliano. *Josef Hoffmann*. Bologna: Zanichelli, 1981.

Josef Hoffmann, Architect and Designer, 1870–1956. Wien und New York: Galerie Metropol, 1981.

Hoffmann, Josef. „Einfache Möbel." *Das Interieur* (Wien), 2 (1901), S. 193–208.

———. *Josef Hoffmann: Selbstbiographie*. Hrsg. von Otto Breicha. Wien und München: Ver Sacrum, 1972.

Hoffmann, Josef und Koloman Moser. „Das Arbeitsprogramm der Wiener Werkstätte." *Hohe Warte* (Leipzig und Wien), 1 (1904–05), S. 268.

Hofmann, Werner. „Josef Hoffmann, ein Formschöpfer unserer Zeit." *Das Forum* (Wien), 3 (Januar 1956), S. 36–37.

Khnopff, Fernand. „Josef Hoffmann, Architect and Decorator." *The International Studio* (London), 13 (Mai 1901), S. 261–67.

Kleiner, Leopold. *Josef Hoffmann*. Berlin, Leipzig, und Wien: E. Hübsch, 1927.

Lane, Terence. *Vienna 1913: Josef Hoffmann's Gallia Apartment* (Ausstellungskatalog). Melbourne: National Gallery of Victoria, 1984.

Levetus, A. S. „A Brussels Mansion Designed by Prof. Josef Hoffmann of Vienna." *The Studio* (London), 61 (1914), S. 189–96.

Lux, Joseph August. „Innen-Kunst von Prof. Josef Hoffmann, Wien." *Innen-Dekoration* (Darmstadt), 13 (Mai 1902), S. 129–52.

Rochowanski, Leopold W. *Josef Hoffmann: Eine Studie, geschrieben zu seinem 80. Geburtstag, mit Zeichnungen von Josef Hoffmann*. Wien: Verlag der Österreichischen Staatsdruckerei, 1950.

Sekler, Eduard F. „The Stoclet House by Josef Hoffmann." In Douglas Fraser, Howard Hibbard und Milton J. Lewine, Hrsg. *Essays in the History of Architecture Presented to Rudolf Wittkower*. London: Phaidon, 1967.

———. *Josef Hoffmann: Das architektonische Werk – Monographie und Werkverzeichnis*. Salzburg: Residenz Verlag, 1982.

Vergo, Peter. „Fritz Wärndorfer and Josef Hoffmann." *The Burlington Magazine* (London), 235 (Juli 1983), S. 402–10.

Zuckerkandl, Berta. „Josef Hoffmann." *Die Kunst* (München), 10 (1903–04), S. 1–31.

Adolf Loos

Altenberg, Peter. „Eine neue ‚Bar' in Wien." *Wiener Allgemeine Zeitung* (Wien), 22. Februar 1909.

Banham, Reyner. „Ornament and Crime: The Decisive Contribution of Adolf Loos." *The Architectural Review* (London), 121 (Februar 1957), S. 85–88.

Czech, Hermann und Wolfgang Mistelbauer. *Das Looshaus*. Wien: Verlag Löcker & Wögenstein, 1976; erw. Ausg., Wien: Löcker Verlag, 1984.

Gilber, Jacques und Gilles Barbet. „Loos' Villa Karma." *The Architectural Review* (London), 145 (März 1969), S. 215–16.

Glück, Franz. *Adolf Loos*. Paris: G. Crès, 1931.

———. „Adolf Loos und das Buchdrucken." *Philobiblon* (Hamburg), 20 (September 1976).

Gravagnuolo, Benedetto. *Adolf Loos: Theory and Works*. Übersetzt von C. H. Evans. New York: Rizzoli, 1982.

Hitchcock, Henry-Russell. „Houses by Two Moderns" (Le Corbusier and Loos). *The Arts* (New York), 16 (September 1926), S. 33–41.

Hofmann, Werner. „Die Emanzipation der Dissonanzen." In *Adolf Loos, 1870–1933: Raumplan – Wohnungsbau* (Ausstellungskatalog). Berlin: Akademie der Künste, 1983.

Jeanneret, Charles-Édouard [Le Corbusier]. Introduction to „Ornement et crime." *L'esprit nouveau* (Paris), 1 (15. November 1920).

Kokoschka, Oskar. „Mein Leben: Erinnerungen an Adolf Loos." *Alte und moderne Kunst* (Wien), 15 (November–Dezember 1970), S. 4–6.

Kossatz, Horst-Hermann. „Josef Hoffmann, Adolf Loos und die Wiener Kunst der Jahrhundertwende." *Alte und moderne Kunst* (Wien), 15 (November–Dezember 1970), S. 2–4.

Kraus, Karl. „Das Haus am Michaelerplatz." *Die Fackel* (Wien), 12 (Dezember 1910).

———. „Die Schönheit im Dienste des Kaufmannes: Offener Brief an Loos." *Die Fackel* (Wien), 17 (Dezember 1915).

———. „A. Loos, Rede am Grab." *Die Fackel* (Wien), 35 (Oktober 1933).

Kubinsky, Mihaly. *Adolf Loos*. Berlin: Henschel Verlag, 1970.

Kulka, Heinrich, Herausgeber *Adolf Loos: Das Werk des Architekten*. Wien: A. Schroll, 1931; Nachdruck, 1979.

Künstler, Gustav. „Der ‚Traditionalist' Adolf Loos." *Österreichische Zeitschrift für Kunst und Denkmalpflege* (Wien), 22, Nr. 2 (1968), S. 83–90.

Kurrent, Friedrich. *Adolf Loos* (Ausstellungskatalog). München: Museum Villa Stuck, 1982.

Loos, Adolf. *Das Andere: Ein Blatt zur Einführung abendländischer Kultur in Oesterreich* (Wien), 1, Nr. 1/2 (1903).

———. *Ins Leere gesprochen, 1897–1900.* Paris: G. Crès, 1921; Nachdr. Wien: G. Prachner, 1981.

———. *Trotzdem, 1900–1930.* Innsbruck: Brenner Verlag, 1931.

———. *Adolf Loos: Sämtliche Schriften.* Hrsg. von Franz Glück. Wien und München: Verlag Herold, 1962.

———. *Adolf Loos: Spoken into the Void – Collected Essays, 1897–1900.* Einleitung von Aldo Rossi, hrsg. von Joan Ockman, übersetzt von Jane O. Newman und John H. Smith. Cambridge, Mass.: MIT Press, 1982.

———. *Die Potemkinsche Stadt: Verschollene Schriften 1897–1933.* Hrsg. von Adolf Opel. Wien: G. Prachner, 1983.

Adolf Loos. Sonderausg. von *Bau: Schrift für Architektur und Städtebau* (Wien), 25, Nr. 1 (1970).

Lubbock, Jules. „Adolf Loos and the English Dandy." *The Architectural Review* (London), 174 (August 1983), S. 43–49.

Marilaun, Karl. *Adolf Loos.* Wien und Leipzig, 1922.

Münz, Ludwig und Gustav Künstler. *Adolf Loos, Pioneer of Modern Architecture.* Übersetzt von Harold Meek. New York: Praeger, 1966.

Neutra, Richard. „Ricordo di Loos." *Casabella* (Mailand), Nr. 233 (November 1959), S. 45–46.

———. *Review of Adolf Loos: Pioneer of Modern Architecture,* von Ludwig Münz und Gustav Künstler. *Architectural Forum* (New York), 125 (Juli–August 1966), S. 88–89, 116.

Perugini, G. *Perchè Loos.* Rom, 1970.

Rukschcio, Burkhardt. „Speisezimmermobiliar von Adolf Loos um 1900." *Alte und moderne Kunst* (Wien), 26, Nr. 176 (1981), S. 48–49.

Rukschcio, Burkhardt und Roland L. Schachel. *Adolf Loos: Leben und Werk.* Salzburg: Residenz Verlag. 1982.

Rykwert, Joseph. „Adolf Loos: The New Vision." *Studio International* (London), 186 (Juli–August 1973), S. 17–21.

Schachel, Roland L. „Adolf Loos, Amerika und die Antike." *Alte und moderne Kunst* (Wien), 15, Nr. 113 (1970), S. 6–10.

Worbs, Dietrich. „Adolf Loos in Vienna: Aesthetics as a Function of Retail Trade Establishments." *Architects Yearbook* (London), 14 (1974), S. 181–96.

Joseph Maria Olbrich

Bahr, Hermann. „Ein Dokument deutscher Kunst." In *Bildung.* Berlin: Insel Vlg., 1900.

Clark, Robert Judson. „Joseph Maria Olbrich and Vienna." Ph.D. Dissertation, Princeton University, 1974.

Creutz, Max. *Das Warenhaus Tietz in Düsseldorf.* Berlin: E. Wasmuth, 1909.

„Ein Dokument deutscher Kunst": Darmstadt, 1901–1976 (Ausstellungskatalog). Darmstadt: Hessisches Landesmuseum, 1976.

Hauptmann, Peter und Klara Hauptmann. „The House of the Vienna Secession Movement." *Studio International* (London), 181 (April 1971), S. 168–69.

Hevesi, Ludwig. „Das Haus der Sezession." *Kunst und Kunsthandwerk* (Wien), 1 (Juni 1898), S. 227–28, und 1 (Dezember 1898), S. 405–407.

———. „Ein modernes Landhaus von J. M. Olbrich." *Kunst und Kunsthandwerk* (Wien), 2 (Dezember 1899), S. 430–44.

———. „Auf Olbrichs Spuren." *Fremdenblatt* (Wien), Oktober 25, 1908, S. 17–18.

Hoffmann, H. C. „Joseph M. Olbrichs architektonisches Werk für die Ausstellung ‚Ein Dokument deutscher Kunst' auf der Mathildenhöhe zu Darmstadt, 1901." *Kunst in Hessen und am Mittelrhein* (Darmstadt), 7 (1967).

Latham, Ian. *Joseph Maria Olbrich.* New York: Rizzoli, 1980.

Lux, Joseph August. „Ideen von Olbrich." *Der Architekt* (Wien), 10 (Oktober 1904), S. 39–40.

———. *Joseph Maria Olbrich: Eine Monographie.* Berlin: E. Wasmuth, 1919.

Olbrich, Joseph Maria. „Das Haus der Secession." *Der Architekt* (Wien), 5 (Januar 1899), S. 5.

———. *Ideen von Olbrich.* Einleitung von Ludwig Hevesi. Wien: Gerlach & Schenk, 1899; Leipzig: Baumgärtner, 1904.

———. *Architektur von Olbrich.* 4 Bde. Berlin: E. Wasmuth, 1904.

Olbrich-Gedächtnis-Ausstellung (Ausstellungskatalog) Darmstadt: Ernst Ludwig Haus, 1908

Joseph Maria Olbrich, 1867–1908 (Ausstellungskatalog). Darmstadt: Mathildenhöhe, 1983.

Joseph Maria Olbrich, 1867–1908: Das Werk des Architekten (Ausstellungskatalog). Darmstadt: Hessisches Landesmuseum, 1967.

Schreyl, Karl H. *Joseph Maria Olbrich: Die Zeichnungen in der Kunstbibliothek Berlin – Kritischer Katalog.* Berlin: Gebrüder Mann Verlag, 1972.

Sperlich, Hans G. *Versuch über Joseph Maria Olbrich.* Darmstadt: Justus-von-Liebig-Verlag, 1965.

Sterk, Harald. „Olbrich und der totale Anspruch der Kunst." *Neue Zeit* (Graz), (19. Juni 1968).

Veronesi, Giulia. *Joseph Maria Olbrich.* Mailand: Il Balcone, 1948.

Wagner, Otto. „Joseph M. Olbrich" (Nachruf). *Hohe Warte* (Leipzig und Wien), 4 (1908), S. 257–58.

Otto Wagner

Asenbaum, Paul. „Otto Wagner: Möbel und Innenräume, ausgeführte Interieurs für Wohnungen und Villen." Dissertation, Universität Salzburg, 1984.

Asenbaum, Paul, Peter Haiko, Herbert Lachmayer und Reiner Zettl. *Otto Wagner: Möbel und Innenräume.* Salzburg und Wien: Residenz Verlag, 1984.

Aus dem Nachlaß Otto Wagners: Unbekannte Entwürfe, Skizzen und Pläne. Wien: Eternit-Impulse, 1984.

Aus der Wagner Schule. Wien: A. Schroll, 1901.

Bernabei, Giancarlo. *Otto Wagner.* Bologna: Zanichelli, 1983.

Dreger, Moritz. „Otto Wagners Kunstakademie." *Die Zeit* (Wien), 216 (1898).

Frey, Dagobert. „Otto Wagner: Historische Betrachtungen und Gegenwartsgedanken." *Der Architekt* (Wien), 22 (1919), S. 1–9.

Geretsegger, Heinz und Max Peintner. *Otto Wagner, 1841–1918: The Expanding City and the Beginning of Modern Architecture.* Übersetzt von Gerald Onn. New York: Rizzoli, 1979.

Giusti Baculo, Adriana. *Otto Wagner: Dall'architettura di stile allo stile utile.* Neapel: Edizione scientifiche italiane, 1970.

Graf, Otto Antonia. *Die vergessene Wagnerschule.* Wien: Jugend & Volk Verlagsgesellschaft, 1969.

———. Einleitung zu *Otto Wagner: Das Werk des Architekten* (Ausstellungskatalog). Darmstadt: Hessisches Landesmuseum, 1985.

Haiko, Peter. „Zum Frühwerk Otto Wagners." *Wiener Geschichtsblätter,* 29 (1974), S. 282 ff.

———. „Otto Wagner: Von der Renaissance der Renaissance zur Naissance der Kunst." In *Wien und die Architektur des 20. Jahrhunderts.* Akten des 26. Internationalen Kunsthistorikerkongresses, 1983, Wien. Erscheint demnächst.

Haiko, Peter, Harald L. Löwenthal und Mara Reissberger. „‚Die weiße Stadt': Der Steinhof in Wien – Architektur als Reflex der Einstellung zur Geisteskrankheit." *Kritische Berichte* (Hamburg), 9, Nr. 6 (1981).

Hevesi, Ludwig. „Otto Wagners moderne Kirche (29. November 1899)." In *Acht Jahre Sezession (März 1897–Juni 1905): Kritik, Polemik, Chronik.* Wien: Verlagsbuchhandlung Carl Konegen, 1906. Nachdr., hrsg. von Otto Breicha. Klagenfurt: Ritter Verlag, 1984.

Hollein, Hans. *Otto Wagner.* Tokio: A.D.A. Edita, 1978.

Die Kunst des Otto Wagner (Ausstellungskatalog). Wien: Akademie der bildenden Künste, 1984.

Lux, Joseph August. *Die Wagner Schule 1902.* Leipzig: Baumgärtner, 1902.

———. *Otto Wagner: Eine Monographie.* München: Delphin, 1914.

———. „In memoriam Otto Wagner, Wien." *Deutsche Kunst und Dekoration* (Darmstadt), 42 (April–September 1918), S. 198–99.

———. „Otto Wagner und die neue Sachlichkeit." *Deutsche Kunst und Dekoration* (Darmstadt), 62 (Juni 1928), S. 203.

‚Moderne Architektur': Professor Otto Wagner und die Wahrheit über beide. Wien: Verlagsbuchhandlung Spielhagen & Schurich, 1897.

Neutra, Richard. „Meine Erinnerungen an Otto Wagner." *Baukunst und Werkform* (Nürnberg), 12, Nr. 9 (1959), S. 476.

Peichl, Gustav, Hrsg. *Die Kunst des Otto Wagner* (Ausstellungskatalog). Wien: Akademie der bildenden Künste; Wiener Akademie-Reihe, 1984.

Pirchan, Emil, *Otto Wagner, der große Baukünstler.* Wien, 1956.

Pozetto, Marco, Hrsg. *Die Schule Otto Wagners, 1894–1912.* Wien und München: A. Schroll, 1980.

Roessler, Arthur. „Otto Wagner und seine Schule." In Otto Schönthal, Hrsg. *Das Ehrenjahr Otto Wagners an der k. k. Akademie der bildenden Künste in Wien: Arbeiten seiner Schüler.* Wien: E. Kosmack, 1912.

Roller, Paul, Hrsg. *Otto Wagner Schule.* Wien, 1902.

Sturm, Josef. *Schachner oder Wagner, zum Wettbewerb um den Bau des Kaiser Franz Josef Stadtmuseums.* Wien, 1902.

Tietze, Hans. *Otto Wagner.* Wien, Rikola, 1922.

Wagner, Otto. *Einige Skizzen: Projekte und ausgeführte Bauwerke.* 4 Bde. Wien: A. Schroll, 1892–1922.

———. *Moderne Architektur: Seinen Schülern ein Führer auf diesem Kunstgebiet.* Wien, 1895. Neuer Titel *Die Baukunst unserer Zeit: Dem Baukunstjünger ein Führer auf diesem Kunstgebiet.* Wien: A. Schroll, 1914; Nachdr., Wien: Löcker Verlag, 1979.

———. *Zur Kunstförderung ein Mahnwort.* Wien: E. Kosmack, 1909.

———. *Die Groszstadt: Eine Studie über diese.* Wien: A. Schroll, 1911.

Otto Wagner (Ausstellungskatalog). Wien: Historisches Museum der Stadt Wien, 1963.

Otto Wagner: Das Werk des Architekten, 1841–1918 (Ausstellungskatalog). Darmstadt: Hessisches Landesmuseum, 1963.

Otto Wagner: Vienna, 1841–1918 – Designs for Architecture (Ausstellungskatalog). Oxford: Museum of Modern Art, 1985.

Wagner Schule: Projekte, Studien, Skizzen. Leipzig, 1905.

Wick-Wagner, Luise. „Der Freiheit eine Gasse: Versuch eines Porträts von Otto Wagner." *Baukunst und Werkform* (Nürnberg), 12, Nr. 9 (1959), S. 476–84.

DESIGN

Adlmann, Jan E. *Vienna Moderne, 1898–1918: An Early Encounter Between Taste and Utility* (Ausstellungskatalog). Houston: Sarah Campbell Blaffer Gallery, University of Houston; New York: Cooper-Hewitt Museum, 1979.

Ankwicz von Kleehoven, Hans. „Dagobert Peche als Graphiker." *Die graphischen Künste* (Wien), 49, Nr. 2/3 (1926), S. 51–60.

———. „Carl Otto Czeschka." *Alte und moderne Kunst* (Wien), 6, Nr. 47 (1961), S. 14–17.

Asenbaum, Paul, Stefan Asenbaum und Christian Witt-Dörring, Hrsg. *Moderne Vergangenheit: Wien, 1800–1900* (Ausstellungskatalog). Wien: Künstlerhaus; Gesellschaft bildender Künstler Österreichs, 1981.

Asenbaum, Stefan und Julius Hummel, Hrsg. *Gebogenes Holz: Konstruktive Entwürfe – Wien, 1840–1910* (Ausstellungskatalog). Wien: Künstlerhaus; Eigenverlag Julius Hummel & Stefan Asenbaum, 1979.

Bangert, Albrecht. *Jugendstil – Art Deco: Schmuck und Metall Arbeiten.* München: Heyne, Ratgeber, 1981.

Behal, Vera J. *Möbel des Jugendstils: Sammlung des Österreichischen Museums für angewandte Kunst in Wien.* München: Prestel Verlag, 1981.

Bisanz-Prakken, Marian. „Ludwig Heinrich Jungnickel." In *Oskar Laske, Ludwig Heinrich Jungnickel, Franz von Zülow* (Ausstellungskatalog). Wien: Graphische Sammlung Albertina, 1978.

Brandstätter, Christian, Hrsg. *Weihnachtskarten der Wiener Werkstätte.* Wien: Molden, 1979.

Breiner-Neckel, Ilse. „Das Plakat der Wiener Sezession: Beitrag zur Untersuchung der Entwicklungsgeschichte des Plakats." Dissertation, Universität Wien, 1958.

Bülow, J. „Architekt Dagobert Peche, Wien." *Deutsche Kunst und Dekoration* (Darmstadt), 32 (1913), S. 363.

Candilis, Georges. *Bugholzmöbel.* Stuttgart: Krämer, 1979.

Eisler, Max. „Ornament und Form: Zu den Arbeiten der Wiener Werkstätte." *Die Kunst* (München), 38 (1917–18), S. 358–60.

———. „Dagobert Peche." *Deutsche Kunst und Dekoration* (Darmstadt), 45 (1919), S. 77.

Feuerstein, Günther. *Vienna Today and Yesterday: Arts and Crafts, Applied Art, Design.* Wien: Jugend & Volk Verlagsgesellschaft, 1974.

Flögl, Mathilde. *Die Wiener Werkstätte, 1903–1928: Modernes Kunstgewerbe und sein Weg.* Wien: Krystall Verlag, 1929.

Gerlach, Martin, Hrsg. *Formenwelt aus dem Naturreich.* Wien u. Leipzig: M. Gerlach, 1906.

Giese, Herbert. „Aspekte des Wiener Kunstgewerbes um 1900: Dualismus als Prinzip.“ *Alte und moderne Kunst* (Wien), 27, Nr. 183 (1982), S. 33 ff.

Glas aus Wien: J. & L. Lobmeyr vom Biedermeier bis zur Gegenwart (Ausstellungskatalog). Zürich: Museum Bellerive, 1979.

Hansen, Traude. *Die Postkarten der Wiener Werkstätte: Verzeichnis der Künstler und Katalog ihrer Arbeiten.* München und Paris: Verlag Schneider-Henn, 1982.

———. *Wiener Werkstätte: Mode – Stoffe. Schmuck, Accessoires.* Wien und München: C. Brandstätter, 1984.

Kallir, Jane. *Viennesse Design and the Wiener Werkstätte.* New York: Braziller, demnächst.

Kohn, Jacob und Josef Kohn. *Bugholzmöbel* (Ausstellungskatalog). 1916. Nachdr., München: Verlag Graham Dry, 1982.

Koller, Gabriele. „Die Kunstgewerbeschule des k. k. Österreichischen Museums für Kunst und Industrie, Wien, 1899–1905.“ Dissertation, Universität Wien, 1983.

Kossatz, Horst-Herbert. *Ornamentale Plakatkunst Wiener Jugendstil, 1897–1914.* Salzburg: Residenz Verlag, 1970.

Limberg, Eva. „Verzeichnis der Künstlerpostkarten der Wiener Werkstätte.“ *Antiquitätenzeitung* (München), 13 (1981), S. 371–80.

Lux, Joseph August. *Das neue Kunstgewerbe in Deutschland.* Leipzig, 1908.

Mang, Karl. *Thonet, Bugholzmöbel.* Wien: C. Brandstätter, 1982.

Mascha, Ottokar. *Österreichische Plakatkunst.* Wien: Kunstverlag J. Löwy, 1915.

Meurer, M. *Vergleichende Formenlehre des Ornaments und der Pflanze.* Dresden, 1909.

Mrazek, Wilhelm. *Künstlerpostkarten aus der Wiener Werkstätte, 1908–1915.* Salzburg: Verlag Galerie Welz, 1977.

Mrazek, Wilhelm, Hrsg. *Die Wiener Werkstätte: Modernes Kunsthandwerk von 1903–1932* (Ausstellungskatalog). Wien: Österreichisches Museum für angewandte Kunst, 1967.

Müller, Dorothée. *Klassiker des modernen Möbeldesign: Otto Wagner, Adolf Loos, Josef Hoffmann, Koloman Moser.* München: Keyser, 1980.

Nebehay, Christian M. *Handzeichnungen, Secessionsplakate* (Ausstellungskatalog). Wien: Galerie Christian Nebehay, 1974.

Neuwirth, Waltraud. *Das Glas des Jugendstils: Sammlung des Österreichischen Museums für angewandte Kunst, Wien.* Materialien zur Kunst des 19. Jahrhunderts, Nr. 9. München: Prestel Verlag, 1973.

———. *Österreichische Keramik des Jugendstils: Sammlung des Österreichischen Museums für angewandte Kunst, Wien.* Materialien zur Kunst des 19. Jahrhunderts, Nr. 18. München: Prestel Verlag, 1974.

———. *Wiener Keramik: Historismus, Jugendstil, Art Deco.* Braunschweig: Klinkhardt & Biermann, 1974.

———. *Wiener Gold und Silberschmiede und ihre Punzen 1867–1922.* 2 Bde., Wien, 1976.

———. *Wiener Werkstätte Keramik.* Wien, 1981.

———. *Josef Hoffmann: Bestecke für die Wiener Werkstätte.* Wien: W. Neuwirth, 1982.

———. *Wiener Werkstätte: Avantgarde, Art Deco, Industrial Design.* Wien: W. Neuwirth, 1984.

Oberhuber, Oswald und Erika Patka. *Frühes Industriedesign Wien, 1900–1908: Wagner, Kolo Moser, Loos, Hoffmann, Olbrich, Ofner.* Wien: Galerie nächst St. Stephan, 1977.

———. *Eduard Josef Wimmer-Wisgrill: Modeentwürfe, 1912–1927, aus dem Besitz der Hochschule für angewandte Kunst in Wien.* Wien: Hochschule für angewandte Kunst, 1983.

Pabst, Michael. *Wiener Grafik um 1900.* München: Verlag Silke Schreiber, 1984.

Rochowanski, Leopold W. *Wiener Keramik.* Leipzig und Wien: Thrysos Verlag, 1923.

Schweiger, Werner J. „Tendenzen des Kunstgewerbes um die Jahrhundertwende: Marginalien und Realien in lexikalischer Form.“ In Helmuth Gsöllpointner, Angela Hareiter und Laurids Ortner. *Design ist unsichtbar.* Wien: Löcker Verlag, 1981.

———. *Wiener Werkstätte: Kunst und Handwerk, 1903–1932.* Wien: C. Brandstätter, 1982.

———. *Wiener Werkstätte Bilderbögen.* Wien: C. Brandstätter, 1983.

Selle, Gert. *Jugendstil und Kunstindustrie: Zur Ökonomie und Ästhetik des Kunstgewerbes um 1900.* Ravensburg: Otto Maier Verlag, 1974.

Steinlein, Stephan. „Ludwig Heinrich Jungnickel, München.“ *Deutsche Kunst und Dekoration* (Darmstadt), 17 (November 1905).

Völker, Angela. *Wiener Mode und Modefotografie: Die Modeabteilung der Wiener Werkstätte, 1911–1932* (Ausstellungskatalog). Wien: Österreichisches Museum für angewandte Kunst; München und Paris: Verlag Schneider-Henn, 1984.

Wendel, Georg. *Österreichisches Kunstgewerbe.* Wien und Leipzig: Carl Fromme, 1920.

Wichmann Siegfried. Hrsg. *Konstruktiver Jugendstil, 1900–1908: Wiener Secession* (Ausstellungskatalog). München: Galerie Arnoldi-Livie, 1977

———. *Jugendstil, Floral Funktional* (Ausstellungskatalog). München: Bayerisches Nationalmuseum, 1984.

Wiener Secession Druckgraphik, 1897–1972. Wien: Vereinigung bildender Künstler „Wiener Secession“, 1972.

Zuckerkandl, Berta. „Erinnerungen an Dagobert Peche.“ *Neues Wiener Journal* (Wien), April 19, 1923, S. 3.

Koloman Moser

Ankwicz von Kleehoven, Hans. „Kolo Moser: Sein Leben und Schaffen“ (Manuskript des Vortrags, Januar 1927). Archiv Österreichische Galerie Wien.

Baroni, Daniele und Antonio D'Auria. *Kolo Moser, Grafico e Designer* (Ausstellungskatalog). Mailand: Padiglione d'Arte Contemporanea; Edizione Gabriele Mazotta, 1984.

Fenz, Werner. *Kolo Moser: Internationaler Jugendstil und Wiener Sezession.* Salzburg: Residenz Verlag, 1976.

———. *Koloman Moser: Graphik, Kunstgewerbe, Malerei.* Salzburg und Wien: Residenz Verlag, 1984.

Gedächtnisausstellung Kolo Moser (Ausstellungskatalog). Wien: Österreichisches Museum für angewandte Kunst, 1927.

Gerlach, Martin, Hrsg. „Flächenschmuck von Koloman Moser.“ *Die Quelle* (Wien), Folio-Ausgabe, 3 (1901–02).

Lux, Joseph August. „Josef Hoffmann, Kolo Moser.“ *Deutsche Kunst und Dekoration* (Darmstadt), 15 (1904–05), S. 1–46.

Moser, Koloman. „Zu den Kunstverglasungen der Kirche der Niederösterreichischen Landes-Heil- und Pflege-Anstalten.“ *Deutsche Kunst und Dekoration* (Darmstadt), 21 (1907), S. 106.

———. „Mein Werdegang.“ *Velhagen und Klasings Monatshefte* (Bielefeld und Leipzig), 10 (1916).

Kolo Moser Maler und Designer (Ausstellungskatalog). Wien und New York: Galerie Metropol, 1982.

Nachlaßausstellung Kolo Moser (Ausstellungskatalog). Wien: Kunstverlag Wolfrum, 1920.

Oberhuber, Oswald und Julius Hummel. *Koloman Moser, 1868–1918* (Ausstellungskatalog). Wien: Hochschule für angewandte Kunst; Österreichisches Museum für angewandte Kunst, 1979.

Rösler, A. „Zu den Bildern von Koloman Moser, Wien.“ *Deutsche Kunst und Dekoration* (Darmstadt), 38 (1914).

Ver Sacrum (Leipzig), Sonderausg. zu Koloman Moser, 4 (1899).

Zuckerkandl, Berta. „Koloman Moser.“ *Die Kunst* (München), 10 (1904).

MALEREI UND GRAPHIK

Klemens Brosch

Baum, Peter. *Klemens Brosch (1894–1926), Carl Anton Reichel (1874–1944), Aloys Wach (1892–1940)* (Ausstellungskatalog). Linz: Neue Galerie der Stadt Linz, Wolfgang-Gurlitt-Museum, 1982.

Kastner, Otfried. *Klemens Brosch* (Ausstellungskatalog). Linz: Stadtamt Linz, 1963.

Kirschl, Wilfried. *Der Zeichner Klemens Brosch* (Ausstellungskatalog). Innsbruck: Galerie im Taxispalais, 1979.

Oberleitner, Hans. *Gedächtnisausstellung Klemens Brosch: Zum 60. Geburtstag* (Ausstellungskatalog). Linz: Oberösterreichisches Landesmuseum, 1954.

Richard Gerstl

Breicha, Otto. „Gerstl, der Zeichner.“ *Albertina-Studien* (Wien), Jg. 3, Bd. 2 (1965).

Born, Wolfgang. „Ein österreichischer van Gogh.“ *Neues Wiener Journal* (Wien), (27. September 1931).

Eisler, Georg. „Über Richard Gerstl.“ *Tagebuch* (Wien), 21 (Juli–August 1966), S. 24 ff.

Gerstl, Alois. „Biographische Aufzeichnungen über Richard Gerstl.“ *Mitteilungen der Österreichischen Galerie* (Salzburg), 18, Nr. 62 (1974), S. 137–40.

Richard Gerstl, 1883–1908 (Ausstellungskatalog). Berlin: F. Gurlitt, 1932.

Richard Gerstl (1883–1908) (Ausstellungskatalog). Wien: Historisches Museum der Stadt Wien; Eigenverlag der Museen der Stadt Wien, 1984.

Hofmann, Werner. „Der Wiener Maler Richard Gerstl.“ *Das Kunstwerk* (Baden-Baden), 10, Nr. 1/2 (1956–57).

Kallir, Otto [Nirenstein]. „Richard Gerstl (1883–1908): Beiträge zur Dokumentation seines Lebens und Werkes.“ *Mitteilungen der Österreichischen Galerie* (Salzburg), 18, Nr. 64 (1974), S. 125–93.

Krapf, Almut. „Gerstls Diez-Bildnis.“ *Die Presse* (Wien), (8./9. August 1981).

Mikl, Josef. „Richard Gerstl und der österreichische Kunstverstand.“ *Bau: Schrift für Architektur und Städtebau* (Wien), Nr. 112 (1966).

Gustav Klimt

Bahr, Hermann. *Gegen Klimt.* Vienna: J. Eisenstein, 1903.

———. *Gustav Klimt: 50 Handzeichnungen.* Leipzig und Wien: Thrysos Verlag, 1922.

Benesch, Otto. „Hodler, Klimt und Munch als Monumentalmaler“ (1962). In *Otto Benesch: Collected Writings,* vol. 4. Hrsg. von Eva Benesch. London: Phaidon, 1973.

Bisanz-Prakken, Marian. *Der Beethovenfries: Geschichte, Funktion, Bedeutung.* Salzburg: Residenz Verlag, 1977; erweiterte Ausg., Deutscher Taschenbuch Verlag, 1980.

———. „Gustav Klimt und die Stilkunst Jan Toorops.“ *Klimt-Studien,* Sonderausg. *Mitteilungen der Österreichischen Galerie* (Salzburg), 22/23, Nr. 66/67 (1978–79).

———. „The Beethoven Exhibition of the Vienna Secession and the Younger Viennese Tradition of the *Gesamtkunstwerk*.“ In Erika Nielsen, Hrsg. *Focus on Vienna 1900: Change and Continuity in Literature, Music, Art and Intellectual History*. Houston German Studies, Nr. 4. München: W. Fink, 1982.

———. „Der Beethovenfries von Gustav Klimt in der XIV. Ausstellung der Wiener Secession (1902).“ In *Traum und Wirklichkeit: Wien, 1870–1930* (Ausstellungskatalog). Wien: Historisches Museum der Stadt Wien; Eigenverlag der Museen der Stadt Wien, 1985.

Breicha, Otto, Hrsg. *Gustav Klimt: Die goldene Pforte – Werk, Wesen, Wirkung. Bilder und Schriften zu Leben und Werk.* Salzburg: Verlag Galerie Welz, 1978.

Comini, Alessandra. *Gustav Klimt.* New York: Braziller, 1975.

———. *Gustav Klimt.* Tokio: Serge Sabarsky, 1981.

Dobai, Johannes. „Das Bildnis Margaret Stoneborough-Wittgensteins von Gustav Klimt.“ *Alte und moderne Kunst* (Wien), 5 (August 1960), S. 8–11.

———. „Zu Gustav Klimts Gemälde ‚Der Kuß‘.“ *Mitteilungen der Österreichischen Galerie* (Salzburg), 12, Nr. 56 (1968), S. 106 ff.

———. *Opera completa di Klimt.* Mailand: Rizzoli, 1978.

———. *Gustav Klimt: Die Landschaften.* Salzburg: Verlag Galerie Welz, 1983.

Eisler, Max. *Gustav Klimt.* Wien, 1920.

Eisler, Max, Hrsg. *Gustav Klimt: Eine Nachlese.* Wien: Österreichische Staatsdruckerei, 1931.

Fischel, Hartwig. „Gustav Klimt.“ *Kunst und Kunsthandwerk* (Wien), 21 (1918), S. 66 ff.

Fischer, Wolfgang Georg. „Gustav Klimt und Emilie Flöge.“ *Alte und moderne Kunst* (Wien): Teil 1, 28, Nr. 186/187 (1983), S. 8–15; Teil 2, 28, Nr. 188 (1983), S. 28–33; Teil 3, 28, Nr. 190/191 (1983), S. 54–59.

Frodl, Gerbert. „Begegnungen im Theater: Hans Makart und Gustav Klimt.“ *Klimt-Studien,* Sonderausg. von *Mitteilungen der Österreichischen Galerie* (Salzburg), 22/23, Nr. 66/67 (1978–79).

Glück, Gustav. „Gustav Klimt: Einige Worte der Erinnerung.“ *Die bildenden Künste* (Wien), 2 (1919), S. 11 ff.

Hevesi, Ludwig. „Kunstschau Wien 1908.“ *Zeitschrift für bildende Kunst* (Leipzig), 19 (1908), S. 245 ff.

Hofmann, Werner. *Gustav Klimt und die Wiener Jahrhundertwende.* Salzburg: Galerie Welz, 1970.

Hofstätter, Hans H. *Gustav Klimt: Erotische Zeichnungen. Köln:* Du Mont, 1979.

Kallir, Jane. *Gustav Klimt. Egon Schiele* (Ausstellungskatalog). Essays von Thomas Messer und Alessandra Comini. New York: Galerie St. Etienne; Crown, 1980.

Gustav Klimt and Egon Schiele (Ausstellungskatalog). New York: The Solomon R. Guggenheim Museum, 1965.

Koller, Manfred. „Monumentale Kunst um 1900 und heute: Der Beethovenfries von Gustav Klimt – Entstehung und Schicksal.“ *Parnass* (Linz), 3 (1984), S. 19 ff.

Leshko, Jaroslav. „Klimt, Kokoschka und die mykenischen Funde.“ *Mitteilungen der Österreichischen Galerie* (Salzburg), 13, Nr. 57 (1969), S. 16–40.

Lux, Joseph August. „Kunstschau Wien 1908.“ *Deutsche Kunst und Dekoration* (Darmstadt), 23, Nr. 1 (1908–09), S. 33–61.

Nebehay, Christian. „Gustav Klimt als Buchillustrator für die Zeitschrift ‚Ver Sacrum‘.“ In *Festschrift für Dr. Josef Stummvoll.* Wien, 1967.

———. *Gustav Klimt: Dokumentation.* Wien: Verlag der Galerie Christian Nebehay, 1969.

———. *Gustav Klimt: Sein Leben nach zeitgenössischen Berichten und Quellen.* München: Deutscher Taschenbuch Verlag, 1979.

Novotny, Fritz. „Zu Gustav Klimts ‚Schubert am Klavier‘.“ *Mitteilungen der Österreichischen Galerie* (Salzburg), 7, Nr. 51 (1963), S. 90 ff.

Novotny, Fritz und Johannes Dobai. *Gustav Klimt.* Salzburg: Verlag Galerie Welz, 1967; Englische Ausg., New York und Washington, D. C.: Praeger, 1968.

Ottmann, Franz. „Gustav Klimts ‚Medizin‘.“ *Die bildenden Künste* (Wien), 2 (1919), S. 267 ff.

Sabarsky, Serge. *Gustav Klimt: Zeichnungen aus amerikanischem Privatbesitz* (Ausstellungskatalog). Wien: Historisches Museum der Stadt Wien; Eigenverlag der Museen der Stadt Wien, 1985.

Salten, Felix. *Gustav Klimt.* Wien und Leipzig, 1903.

Spiegel, Else. „Ferdinand Hodler über sein Kunstprinzip und über Klimt.“ *Wiener Feuilletons und Notizen-Correspondenz* (Wien), (26. Januar 1904).

Strobl, Alice. „Zu den Fakultätsbildern von Gustav Klimt.“ *Albertina-Studien* (Wien), Jg. 2, vol. 4 (1964), S. 138–69.

———. *Gustav Klimt: Die Zeichnungen.* 3 Bde. Salzburg: Verlag Galerie Welz, 1980–84.

Ver Sacrum (Wien), Sonderausg. zu Gustav Klimt, 6, Nr. 22 (1903).

Vergo, Peter. „Gustav Klimt's Beethoven Frieze.“ *The Burlington Magazine* (London), 115, Nr. 839 (1973), S. 109 ff.

———. „Gustav Klimts ‚Philosophie‘ und das Progamm der Universitätsgemälde.“ *Klimt-Studien,* Sonderausg. von *Mitteilungen der Österreichischen Galerie* (Salzburg), 22/23, Nr. 66/67 (1978–79).

Weixlgärtner, Arpad. „Gustav Klimt.“ *Die graphischen Künste* (Wien), 35 (1912), S. 49 ff.

Zuckerkandl, Berta. „Klimts Deckengemälde.“ *Deutsche Kunst und Dekoration* (Darmstadt), 22 (1908), S. 69 ff.

Oskar Kokoschka

Benincasa, Carmine. *Oskar Kokoschka, 1886–1980.* Venedig: Marsilio, 1984.

Biermann, Georg. *Oskar Kokoschka.* Bibliothek der jungen Kunst, Nr. 52. Leipzig und Berlin: Kinkhardt & Biermann, 1929.

Bisanz, Hans. *Oskar Kokoschka, die frühen Jahre* (Ausstellungskatalog). Wien: Historisches Museum der Stadt Wien, 1983.

Breicha, Otto. *Oskar Kokoschka: Vom Erleben im Leben – Schriften und Bilder.* Salzburg: Galerie Welz, 1978.

Fenjö, Ivan. *Oskar Kokoschka, die frühe Graphik.* Wien: Euro-Art, 1976.

Goldscheider, Ludwig. *Kokoschka.* Köln: Phaidon, 1963.

Gordon, Donald E. „Oskar Kokoschka and the Visionary Tradition.“ In Gerald Chapple und Hans H. Schulte, Hrsg. *The Turn of the Century: German Literature and Art, 1890–1915.* McMaster Colloquium on German Literature. Bonn: Bouvier Verlag, 1981.

Hodin, Josef Paul. *Bekenntnis zu Kokoschka: Erinnerungen und Deutungen.* Berlin und Mainz: Florian Kupferberg, 1963.

———. *Oskar Kokoschka: Sein Leben, seine Zeit.* Berlin und Mainz: Florian Kupferberg, 1968.

———. *Oskar Kokoschka: Eine Psychographie.* Wien: Europa Verlag, 1971.

———. *Kokoschka und Hellas.* Wien: Euro-Art, 1975.

Hoffmann, Edith. *Kokoschka: Life and Work.* Einleitung von Herbert Read und zwei Essays von Oskar Kokoschka. London: Faber & Faber, 1947.

Kamm, Otto. „Oskar Kokoschka und das Theater.“ Ph.D. Dissertation, Universität Wien, 1958.

Kokoschka Lithographs (Ausstellungskatalog). London: The Arts Council of Great Britain, 1966.

Kokoschka, Oskar. *Die träumenden Knaben.* Leipzig: Kurt Wolff Verlag, 1917. Nachdruck, Wien: Jugend & Volk Verlagsgesellschaft, 1968.

———. *A Sea Ringed with Visions [Spuren im Treibsand].* Übersetzt von Eithne Wilkins und Ernst Kaiser. New York: Horizon, 1962.

———. *My Life.* Übersetzt von David Britt. London: Thames & Hudson; New York: Macmillan, 1974.

Leshko, Jaroslav. „Oskar Kokoschka: Paintings, 1907–1915.“ Ph.D. Dissertation, Columbia University, 1977.

Lischka, Gerhard J. *Oskar Kokoschka, Maler und Dichter.* Frankfurt am Main: Lang, 1972.

Rathenau, Ernest, Hrsg. *Oskar Kokoschka: Handzeichnungen.* vol. 1, Berlin: Ernest Rathenau, 1935; vol. 2, Berlin und London: E. Rathenau, 1962; vol. 3–5, New York und Berlin: E. Rathenau, 1966–77.

Russell, John. Einleitung zu *Oskar Kokoschka: Watercolors, Drawings, Writings.* New York: Abrams, 1963.

Sabarsky, Serge. *Oskar Kokoschka: Disegni e acquarelli.* Mailand: Mazotta, 1983.

———. *Oskar Kokoschka: The Early Years, 1907–1924* (Ausstellungskatalog). New York: Serge Sabarsky Gallery, 1985.

Schvey, Henry J. *Oskar Kokoschka: The Painter as Playwright.* Detroit: Wayne State University Press, 1982.

Schweiger Werner J. *Der junge Kokoschka: Leben und Werk, 1904–1914.* Wien und München: C. Brandstätter, 1983.

Spielmann, Heinz, Hrsg. *Oskar Kokoschka: Die Fächer für Alma Mahler.* Hamburg: Verlag Hans Christians, 1969.

Stefan, Paul *Oskar Kokoschka: Dramen und Bilder.* Leipzig: Kurt Wolff Verlag, 1913.

Tietze, Hans. „Der Fall Kokoschka.“ *Der Kreis* (Hamburg), Jg. 7, Nr. 2 (Februar 1930), S. 81–85.

Westheim, Paul. „Oskar Kokoschka.“ *Das Kunstblatt* (Weimar), Jg. 1, Nr. 10 (Oktober 1917), S. 289–320.

———. *Oskar Kokoschka: Das Werk Kokoschkas in 135 Abbildungen.* Berlin: Paul Cassirer Verlag, 1925.

Welz, Friedrich. *Oskar Kokoschka: Frühe Druckgraphik, 1906–1912.* Salzburg: Verlag Galerie Welz, 1977.

Wingler, Hans M. *Oskar Kokoschka: Das Werk des Malers.* Salzburg: Verlag Galerie Welz, 1956.

Wingler, Hans M., und Friedrich Welz. *Kokoschka: Das druckgraphische Werk.* 2 Bände Salzburg: Verlag Galerie Welz, 1975; 1981.

Alfred Kubin

Bisanz, Hans. *Alfred Kubin, Zeichner, Schriftsteller und Philosoph.* München: Spangenberg, 1977.

Breicha, Otto, Hrsg. *Alfred Kubin: Weltgeflecht – Ein Kubin Kompendium/Schriften und Bilder zu Leben und Werk.* Salzburg: Verlag Galerie Welz, 1978.

Brockhaus, Christoph. *Alfred Kubin: Das zeichnerische Frühwerk bis 1904.* Baden-Baden: Staatliche Kunsthalle, 1977.

Esswein, Hermann. *Alfred Kubin: Der Künstler und sein Werk.* München, 1911.

Kallir, Jane. *Alfred Kubin: Visions from the Other Side* (Ausstellungskatalog). New York: Galerie St. Etienne, 1983.

Kubin, Alfred. *Die andere Seite: Ein phantastischer Roman.* München: Nymphenburger Verlag, 1908; Nachdr., Wien, Linz und München: E. Gerlach, 1952.

Alfred Kubin (Ausstellungskatalog). Hannover: Kestner Gesellschaft, 1964.

Alfred Kubin: Zum 90. Geburtstag (Ausstellungskatalog). Salzburg: Galerie Welz, 1967.

Marks, A. *Der Illustrator Alfred Kubin.* München: Spangenberg, 1977.

Mitsch, Erwin. *Alfred Kubin: Zeichnungen.* Salzburg, 1967.

Müller-Thalheim, Wolfgang K. *Erotik und Dämonie im Werk Alfred Kubins: Eine psycho-pathologische Studie.* München: Nymphenburger Verlag, 1970.

Raabe, Paul. *Alfred Kubin: Leben, Werk, Wirkung Werkverz.* Hamburg: Rowohlt, 1957.

Riemerschmidt, Ulrich, Hrsg. *Alfred Kubin: Aus meinem Leben – Gesammelte Prosa mit 73 Abbildungen.* München: Spangenberg, 1974.

Sabarsky, Serge. *Alfred Kubin, 1877–1959: Exhibition of Drawings and Watercolors* (Ausstellungskatalog). New York: Serge Sabarsky Gallery, 1970.

Schmidt, Paul F. *Alfred Kubin.* Bibliothek der jungen Kunst, Nr. 6. Leipzig: Kinkhard & Biermann, 1924.

Schmied, Wieland. *Der Zeichner Alfred Kubin.* Salzburg: Residenz Verlag, 1967. Englische Ausg., *Alfred Kubin.* New York und Washington, D. C.: Praeger, 1969.

Schneditz, Wolfgang. *Alfred Kubin.* Wien: Verlag Brüder Rosenbaum, 1956.

Sebba, Gregor. *Kubin's Dance of Death and Other Drawings.* New York: Dover, 1973.

Egon Schiele

Arnold, Matthias. *Egon Schiele: Leben und Werk.* Stuttgart: Belser, 1984.

Benesch, Heinrich. *Mein Weg mit Egon Schiele.* New York: Verlag Johannespresse, 1965.

Benesch, Otto. *Egon Schiele as Draughtsman.* Wien: State Printing Office of Austria, 1950.

———. „Egon Schiele und die Graphik des Expressionismus" (1958). In *Otto Benesch: Collected Writings,* vol. 4. Hrsg. von Eva Benesch. London: Phaidon, 1973.

———. „Egon Schiele." *Art International* (Lugano), 2, Nr. 9/10 (1959), S. 37–38, 75–76.

Bisanz, Hans. *Egon Schiele* (Ausstellungskatalog). Wien: Historisches Museum der Stadt Wien, 1981.

Chipp, Herschel B. „An Early Sketchbook of Egon Schiele." *Artforum* (San Francisco), 2 (Januar 1964), S. 32–33.

Comini, Alessandra. „Egon Schieles Kriegstagebuch 1916." *Albertina-Studien* (Wien), 4, Nr. 2 (1966), S. 86–102.

———. *Schiele in Prison.* Greenwich, Conn.: New York Graphic Society, 1973.

———. *Egon Schiele's Portraits.* Berkeley, Los Angeles, and London: University of California Press, 1974.

———. *Egon Schiele.* New York: Braziller, 1976.

Davis, Richard. „Portrait of Paris von Gütersloh by Egon Schiele in the Minneapolis Institute of Arts." *Art Quarterly* (Detroit), 19, Nr. 1 (1956), S. 93.

Demetrion, James T. *Egon Schiele and the Human Form: Drawings and Watercolors* (Ausstellungskatalog). Des Moines: Des Moines Art Center, 1971.

Fischer, Wolfgang. „Egon Schiele als Militärzeichner." *Albertina-Studien* (Wien), 4, Nr. 2 (1966), S. 70–82.

Grimschitz, Bruno. *Gedächtnisausstellung Egon Schiele* (Ausstellungskatalog). Wien, 1928.

Gütersloh, Albert P. von. *Egon Schiele: Versuch einer Vorrede.* Wien: Verlag Brüder Rosenbaum, 1911.

Hertlein, Edgard. „Frühe Zeichnungen von Egon Schiele." *Alte und moderne Kunst* (Wien), 12, Nr. 95 (1967), S. 32 ff.

Hofmann, Werner. *Egon Schiele: „Die Familie."* Reclams Werkmonographien zur bildenden Kunst, Nr. 132. Stuttgart: Reclam, 1968.

Kallir, Jane. *Gustav Klimt, Egon Schiele* (Ausstellungskatalog). Essays von Thomas Messer und Alessandra Comini. New York: Galerie St. Etienne; Crown, 1980.

Kallir, Otto [Nirenstein]. *Egon Schiele: Persönlichkeit und Werk.* Berlin, Wien und Leipzig: Paul Zsolnay Verlag, 1930. Wiederaufl. in deutsch und englisch.

Kallir, Otto [Nirenstein]. *Egon Schiele: Œuvre Catalog of Paintings.* Essays von Otto Benesch und Thomas Messer. Wien: Paul Zsolnay Verlag; New York: Crown, 1966.

———. *Egon Schiele: Das druckgraphische Werk.* Wien: Paul Zsolnay Verlag, 1970. Englische Ausg., *Egon Schiele: The Graphic Work.* New York: Crown, 1970.

Karpfen, Fritz. *Das Egon Schiele Buch.* Wien: Verlag der Wiener Graphischen Werkstätte, 1921.

Gustav Klimt and Egon Schiele (Ausstellungskatalog). New York: The Solomon R. Guggenheim Museum, 1965.

Koschatzky, Walter. „Aus einem Briefwechsel Egon Schieles." *Albertina-Studien* (Wien), 2, Nr. 4 (1964), S. 170 ff.

Koschatzky, Walter, Hrsg. *Egon Schiele: Aquarelle und Zeichnungen.* Salzburg, 1968.

Künstler, Gustav. *Egon Schiele als Graphiker.* Wien, 1946.

Leopold, Rudolf. *Egon Schiele: Paintings, Watercolors, Drawings.* Übersetzt von Alexander Lieven. London und New York: Phaidon, 1973.

Malafarina, Gianfranco. *L'opera di Schiele.* Mailand: Rizzoli, 1982.

Mitsch, Erwin. *Egon Schiele, 1890–1918.* Salzburg: Residenz Verlag, 1974. Englische Ausg., *The Art of Egon Schiele.* Übersetzt von W. Keith Haughan. London: Phaidon, 1975.

———. *Egon Schiele: Drawings and Watercolors.* New York: Rizzoli, 1976.

Nebehay, Christian M. *Egon Schiele: Frühe Werke und Dokumentation* (Ausstellungskatalog). Wien: Galerie Christian Nebehay, 1968.

———. *Egon Schiele, 1890–1918: Leben, Briefe, Gedichte.* Salzburg: Residenz Verlag, 1979.

Roessler, Arthur. *Egon Schiele.* Bedeutende Künstler: Monatsschrift für Künstler und Kunstfreunde, Nr. 3. Wien und Leipzig: Verlag Brüder Rosenbaum, 1911.

———. *Egon Schiele im Gefängnis: Aufzeichnungen und Zeichnungen.* Wien und Leipzig: Verlag Carl Konegen, 1922.

———. *Erinnerungen an Egon Schiele: Marginalien zur Geschichte des Menschentums eines Künstlers.* Wien und Leipzig: Verlag Carl Konegen, 1922.

———. „Zu Egon Schieles Städtebildern.“ *Österreichische Bau- und Werkkunst* (Wien), 2 (1925–26), S. 9–14.

Roessler, Arthur, Hrsg. *Briefe und Prosa von Egon Schiele.* Wien: Verlag Richard Lanyi, 1921.

———. *In memoriam Egon Schiele.* Essays von Otto Benesch, Max Eisler, u. a. Wien: Verlag Richard Lanyi, 1921.

Sabarsky, Serge. *Egon Schiele disegni erotici.* Mailand: Edizioni Gabriele Mazotta, 1981. Englische Ausg., *Egon Schiele: Watercolors and Drawings.* New York: Abbeville, 1983.

———. *Egon Schiele Aquarelle und Zeichnungen aus den Beständen des Historischen Museums der Stadt Wien und aus amerikanischem Privatbesitz* (Ausstellungskatalog). Hannover: Kestner Gesellschaft; Wien: Historisches Museum der Stadt Wien, 1982.

———. *Egon Schiele, vom Schüler zum Meister: Zeichnungen und Aquarelle, 1906–1918* (Ausstellungskatalog). Wien: Akademie der bildenen Künste; Mailand: Edizioni Gabriele Mazotta, 1984.

Schwartz, Heinrich. „Schiele, Dürer and the Mirror.“ *Art Quarterly* (Detroit), 30, Nr. 3/4 (1967), S. 210–23.

Selz, Peter. „Egon Schiele.“ *Art International* (Lugano), 4, Nr. 10 (1960), S. 39 ff.

Whitford, Frank. *Egon Schiele.* New York: Oxford University Press, 1981.

Wilson, Simon. *Egon Schiele.* Ithaca, N. Y.: Cornell University Press, 1980.

Arnold Schönberg

Breitenbach, Edgar. „Arnold Schönberg and the Blaue Reiter.“ *The Quarterly Journal of the Library of Congress* (Washington, D. C.), 34, Nr. 1 (1977), S. 32–38.

Comini, Alessandra. „Through a Viennese Looking Glass Darkly: Images of Arnold Schönberg and His Circle.“ *Arts Magazine* (New York), 58 (Mai 1984), S. 107–19.

Freitag, Eberhard. „Expressionism and Schoenberg's Self-Portraits.“ In *Schoenberg as Artist,* Sonderausg. von *Journal of the Arnold Schoenberg Institute* (Los Angeles), 2 (Juni 1978), S. 164–72.

Grisebach, Lucius, Herausgeber *Hommage à Schönberg: Der Blaue Reiter und das Musikalische in der Malerei der Zeit* (Ausstellungskatalog). Berlin: Nationalgalerie, 1974.

Gütersloh, Paris von. „Schönberg der Maler.“ In *Arnold Schönberg.* München: R. Piper Verlag, 1912.

Hahl-Koch, Jelena. „Abstraction et musique atonale: Kandinsky et Schönberg.“ *L'œil* (Paris), 250 (Mai 1976), S. 24 ff.

Hahl-Koch, Jelena, Hrsg. *Arnold Schoenberg, Wassily Kandinsky: Letters, Pictures and Documents.* Übersetzt von John C. Crawford. London und Boston: Faber & Faber, 1984.

Hilmar, Ernst, Hrsg. *Arnold Schoenberg Gedenkausstellung* 1974 (Ausstellungskatalog). Wien: Universal, 1974.

Hofmann, Werner. „Beziehung zwischen Malerei und Musik.“ In *Schönberg, Webern, Berg: Bilder, Partituren, Dokumente* (Ausstellungskatalog). Wien: Museum des 20. Jahrhunderts; Verlag Brüder Rosenbaum, 1969.

Kallir, Jane. *Arnold Schoenberg's Vienna.* New York: Galerie St. Etienne, Rizzoli, 1984.

Kravitz, Ellen. „Schoenberg on Canvas: A Different View of Composer Arnold Schoenberg.“ *The Enquirer Magazine* (Cincinnati), 11. Mai 1975, S. 16–17.

Kropfinger, Klaus. „Schönberg und Kandinsky.“ In *Arnold Schönberg* (Ausstellungskatalog). Berlin: Akademie der Künste, 1974.

Linke, Karl. „Gedanken zu Schönberg.“ *Der Merker* (Wien), 2, Nr. 17 (1911), S. 710–14.

Rufer, Josef. *The Works of Arnold Schoenberg: A Catalogue of His Compositions, Writings and Paintings.* Übersetzt von Dika Newlin. London: Faber & Faber, 1962.

Russell, John. „Schoenberg the Painter.“ *Keynote* (New York), 6 (Januar 1983).

Stuckenschmidt, H. H. *Arnold Schoenberg: His Life, World and Work.* Übersetzt von Humphrey Searle. New York: Schirmer, 1977.

Waissenberger, Robert. „Der Bereich der Malerei in Arnold Schönbergs Leben.“ In *Arnold Schönberg Gedenkausstellung, 1974* (Ausstellungskatalog). Wien: Universal, 1974.

Wohlgemuth, Gerhard. „Schönberg und die Künste.“ In Mathias Hansen and Christa Müller, Hrsg. *Arnold Schönberg, 1874–1951* (Ausstellungskatalog). Berlin: Akademie der Künste der Deutschen Demokratischen Republik, 1976.

BILDNACHWEIS

Die in diesem Buch abgebildeten Photographien sind in den meisten Fällen von den Besitzern oder Verwaltern der Werke zur Verfügung gestellt worden, die in den Bildunterschriften angegeben sind. Die Herausgeber waren soweit wie möglich um die Erlaubnis bemüht, jede Abbildung wiedergeben zu dürfen. Die Photographien und die Quellen der Bilder sind nachfolgend in alphabetischer Folge aufgeführt.

Bill Aller, New York: 16, 94 m., 113, 126, 132, 138

Der Architekt, vol. 9 (1903): 41 u. r.

© The Art Institute of Chicago, alle Rechte vorbehalten: 172 o. r.

Chris Burke, New York: 107, 108

Comini, *Egon Schiele's Portraits,* © 1974 The Regents of the University of California: 176 l.

Prudence Cuming Associates, Ltd., London: 65 r., 74, 87, 100 o. r. und u. r., 127, 140 r., 141, 173

Deutsche Kunst und Dekoration; vol. 3 (Oktober 1898 – März 1899): 56, 57 u.; vol. 10 (Juli 1902): 42, 43, 154 o., 155; vol. 19 (Oktober 1906 – März 1907): 45 (außer o. l.), 98 r., 100 o. l., 116 u.; vol. 22 (April–September 1908): 152, 153 r.; vol. 23 (Oktober 1908 – März 1909): 93 o. l. und u. l., 96, 97, 105; vol. 25 (Oktober 1909 – März 1910): 47; vol. 34 (April–September 1914): 50 u. r., 99

Phil Evola, New York: 184 m. l. und u. l.

© Galerie St. Etienne, New York, alle Rechte vorbehalten: 176 r.

Galerie Welz, Salzburg: 154, 197 o.

Sidney Geist, New York: 158 l.

Marianne Haller, Südstadt: 78, 79

Victor Harrandt, Graphische Sammlung Albertina, Wien, alle Rechte vorbehalten: 27 m. und u., 148, 174, 175 u., 177 u., 179, 182 u., 184 u. r., 196 (außer o. r.), 197 u. l. und r.

David Heald, The Solomon R. Guggenheim Museum, New York: 170 u.

Helmut Kredo, Vereinigung bildender Künstler Wiener Secession: 31 u. l.

Kate Keller, The Museum of Modern Art, New York: 86 o. l., 169, 215

© 1986 David Kellog, New York: 102 u.

Kleiner, *Josef Hoffmann,* © 1927 E. Hübsch Verlag: 50 (außer u. r.)

Stephen B. Leek, West Palm Beach: 101 o. und m.

Loos Archiv, Graphische Sammlung Albertina, Wien: 44 u. r., 49 o., 51 o.

Georg Mayer, Wien: 14, 33 o., 40, 55, 57 o., 62, 63, 81, 82 o. l., 83 u. l., 88 o. r., 90 u. r., 91 m., 102 o. l. und m., 103, 104 u. r., 114, 123, 124 u., 125, 136 r., 137 u. l. und r., 139 o. l. und r.

The Metropolitan Museum of Art, New York, alle Rechte vorbehalten: 101 u., 102 o. r., 186 l.

Franz Michalek, Stadtmuseum Linz-Nordico, alle Rechte vorbehalten: 181

Moderne Bauformen, vol. 13 (1914): 46, 68 u.

© Direktion der Museen der Stadt Wien: 18, 19, 24, 26, 27 o., 33 u. l. und r., 36, 37, 38, 52, 53, 58, 59, 80, 92, 93 o. r., 128, 129 o., 131 u., 136 l., 137 o., 139 u., 150, 151, 160 r., 172 u. l., 182 o., 183 o. l. und u. l., 184 o. l., 188, 196 o. r., 198, 209

© 1986 Museum Associates, Los Angeles County Museum of Art, alle Rechte vorbehalten: 94 o., 129 u. l. und r., 214

Nabutt-Lieven, Wien: 84

Jerome Neuner, New York: 30

Mali Olatunji, The Museum of Modern Art, New York: 112, 130

Österreichische Postsparkasse, Wien: 34

Knud Peter Petersen, Berlin: 28, 31 o. r.

Photo Archive, Österreichische Nationalbibliothek: 161

© Photo Meyer, Wien: 218

Eric Pollitzer, New York: 95, 131 o., 172 o., 186 o. r.

© Georg Riha, Wien: 54, 60, 61

Serge Sabarsky Gallery, New York: 166, 207

© Roberto Schezen, New York: 31 o. l., 32, 35 o., 48, 49 m. und u., 51 m. und u.

Arnold Schoenberg Institute, University of Southern California, Los Angeles: 165

John Schwartz, New York: 89 o. r., 111 o. l., 116 o. r., 117, 122, 124 o.

Sekler, *Josef Hoffmann: The Architectural Work,* © 1985 Princeton University Press: 41 u. l. (aus *Das Interieur,* vol. 4 (1903)), 75 (aus *Das Interieur,* vol. 15 (1914))

Staatliche Kunstsammlungen Dresden, Gemäldegalerie Neue Meister, alle Rechte vorbehalten: 192

Lee Stalsworth: 106, 109 r., 110, 111 o. r. und u., 134, 135

Mit freundlicher Genehmigung von Mme. Jacques Stoclet, Brüssel, Nachdruck streng untersagt: 64, 67, 69–73

Soichi Sunami: 160 l., 167

Tietze-Tilley, Wien: 2, 120, 121, 140 l., 142 u., 145

Kirk Varnedoe; New York: 29, 83 u. r., 153 l., 157

Ver Sacrum; vol. 1 (1898): 80; vol. 3 (1900): 84 o., vol. 4 (1901): 81

LEIHGEBER

Kunstbibliothek, Staatliche Museen Preußischer Kulturbesitz, Berlin

Staatliche Kunstsammlungen Dresden, Gemäldegalerie Neue Meister

Neue Galerie der Stadt Linz/Wolfgang-Gurlitt-Museum, Linz

Oberösterreichisches Landesmuseum, Linz

Stadtmuseum Linz-Nordico

Los Angeles County Museum of Art

The Minneapolis Institute of Arts

Bayerische Staatsgemäldesammlungen, Neue Pinakothek, München

The Metropolitan Museum of Art, New York

Musée d'Orsay, Paris

Nationalgalerie, Prag

Galleria d'Arte Moderna di Ca'Pesaro, Venedig

Graphische Sammlung Albertina, Wien

Historisches Museum der Stadt Wien

Hochschule für angewandte Kunst, Wien

Museum moderner Kunst, Wien

Niederösterreichisches Landesmuseum, Wien

Österreichische Galerie, Wien

Österreichisches Museum für angewandte Kunst, Wien

Hirshhorn Museum and Sculpture Garden, Smithsonian Institution, Washington, D. C.

Joh. Backhausen & Söhne, Wien

E. Bakalowits & Söhne, Wien

Nelson Blitz jr.

Werner Blohm, Bundesrepublik Deutschland

Tim Chu

Dr. Wolfgang Fischer, Wien

Genossenschaftliche Zentralbank, Wien

Bernard Goldberg

Julius Hummel, Wien

Alice M. Kaplan

Ellen and Peter Landesmann, Wien

Mr. und Mrs. Leonard A. Lauder

J. & L. Lobmeyr, Wien

Miles J. Lourie

James May

Markus Mizné, Rio de Janeiro

Österreichische Postsparkasse, Wien

The Robert Gore Rifkind Collection, Beverly Hills

Lawrence A. Schoenberg, Los Angeles

Familie Wärndorfer

Galerie Norbert A. Drey, München

Fischer Fine Art, London

Barry Friedman Ltd., New York

Nele Haas-Stoclet, Galerie Gauchat, Brüssel

Galerie Metropol, New York und Wien

Serge Sabarsky Gallery, New York

Besitz von Dr. Otto Kallir, mit Genehmigung der Galerie St. Etienne, New York

David Tunick, Inc., New York

Christa Zetter, Galerie bei der Albertina, Wien

Anonyme Leihgeber

KURATOREN DES MUSEUM OF MODERN ART

INDEX

Im Index sind die Kunstwerke jeweils bei den Künstlern aufgeführt. Die fett gedruckten Ziffern verweisen auf Abbildungen. Geburts- und Todesjahre sind bei den Künstlern angegeben, aus deren Werk sich im Buch eine Abbildung findet.